par M. Pothier.

F. 4. 1527. S.

F

TRAITÉ
DU CONTRAT
DE LOUAGE,
SELON LES REGLES
TANT DU FOR DE LA CONSCIENCE,
QUE DU FOR EXTÉRIEUR.
PAR L'AUTEUR
DU TRAITÉ DES OBLIGATIONS.

A PARIS,
Chez D E B U R E l'aîné, Quai des Augustins,
à l'Image S. Paul.

A ORLEANS,
Chez J. ROUZEAU-MONTAUT, Imprimeur du Roi,
de la Ville, & de l'Université.

M. DCC. LXIV.
Avec Approbation & Privilege du Roi.

TABLE
DES CHAPITRES,

Articles, Sections & Paragraphes, contenus dans le Traité du Contrat de Louage.

PREMIERE PARTIE.

a ij

PARTIE II.

TABLE

PARTIE V.

APPENDICE.

Fin de la Table des Chapitres.

TRAITÉ
DU CONTRAT
DE LOUAGE.

IL y a deux efpeces de Contrats de Louage : le louage des chofes, & le louage des ouvrages. Nous traiterons du louage des chofes dans les fix premieres Parties de ce Traité. Nous verrons dans la premiere, ee que c'eft que le contrat de louage, quelle eft fa nature, & quelles font les chofes qui en forment la fubftance : Nous traiterons dans la feconde des obligations du locateur ou bailleur qui naiffent de ce contrat ; dans la troifiéme, de celles du conducteur ou preneur ; dans la quatriéme, nous traiterons de ce

A

qui concerne l'exécution du contrat de louage, & des droits qu'il donne, soit au locateur, soit au conducteur; dans la cinquiéme, nous traiterons de la résolution du contrat de louage: enfin dans la sixiéme, nous traiterons des tacites reconductions & autres especes particulieres de contrats de louage, des promesses de louer, & des arrhes: nous traiterons dans la septiéme du louage des ouvrages.

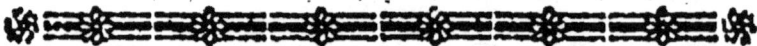

PREMIERE PARTIE.

Ce que c'est que le Contrat de Louage de choses : quelle est sa nature., & quelles sont les choses qui en forment la substance.

CHAPITRE PREMIER.

Ce que c'est que le Contrat de Louage de choses, & quelle est sa nature.

1. LE contrat de louage est celui qu'on appelle Bail à loyer : on l'appelle aussi Bail à ferme, lorsque ce sont des fonds de terre ; ou des droits qui en font l'objet.

On peut le définir, un contrat par lequel l'un des deux contractans s'oblige de faire jouir ou user l'autre d'une chose pendant le temps convenu, & moyennant un certain prix que l'autre de son côté s'oblige de lui payer.

Celui qui s'oblige à faire jouir l'autre s'appelle locateur ou bailleur ; l'autre s'appelle conducteur, preneur, locataire ; quelquefois colon, fermier, lorsque ce sont des héritages de campagne qui sont loués.

2. Ce contrat convient en beaucoup de choses avec le contrat de vente.

1°. Il est comme le contrat de vente un contrat du droit des gens, c'est-à-dire, qui se gouverne par les seules regles du droit naturel, & qui n'est assujetti à aucune forme par le droit civil.

2°. C'est un contrat *consensuel* ; car il se forme par le seul consentement des contractans, comme le contrat de vente.

3°. Il est comme le contrat de vente, *synallagmatique* ; car il contient des engagemens réciproques que chacun des contractans contracte envers l'autre ; il est comme lui *commutatif* ; car dans ce contrat chacun des contractans se propose de recevoir autant qu'il donne.

4°. De même que trois choses composent le contrat de vente, la chose qui

eſt vendue, le prix, & le conſentement
des contractans : de même trois choſes
compoſent le contrat de louage ; la choſe
qui eſt louée, le prix qu'on appelle loyer
ou ferme, & le conſentement des contractans.

3. La différence qu'il y a entre l'un
& l'autre contrat, c'eſt que dans le contrat de vente, le vendeur s'oblige à faire
avoir la choſe à l'acheteur à titre de propriétaire & à lui tranſmettre tout le droit
qu'il y a ; dans le contrat de louage, le
locateur ne s'oblige point à faire avoir
la choſe au conducteur, mais ſeulement
à l'en faire jouir, à l'en faire uſer.

4. Cette différence entre le contrat de
louage & celui de vente eſt eſſentielle ;
cependant il reſte toujours un très-grand
rapport entre l'un & l'autre contrat, &
on peut même dire que le contrat de
louage s'analyſe en une eſpece de contrat
de vente ; car le contrat de louage renferme en quelque façon non la vente de
la choſe même qui eſt louée, mais la
vente de la jouiſſance & de l'uſage de
cette choſe pour le temps que doit durer
le bail, & la ſomme convenue pour le
loyer en eſt le prix ; par exemple le bail
à ferme d'une terre s'analyſe en une vente
que le bailleur fait au fermier des fruits
qui y ſeront à recueillir pendant le temps

du bail, & la ferme de chaque année du bail, eſt le prix des fruits que le fermier recueillera durant ladite année.

C'eſt pourquoi les Romains ſe ſervoient quelquefois des termes de vente & achat pour ſignifier le contrat de louage. *Ll. 19. & 20. ff. de act. empt. & ibi Cujac.* Les fermiers des impôts étoient appellés *redemptores.*

Le rapport entre ces deux contrats eſt ſi grand, qu'il paroît quelquefois de l'incertitude ſi un contrat eſt contrat de vente ou contrat de louage ; par exemple, s'il étoit dit par un acte que je vous ai cédé & tranſporté la jouiſſance d'un tel héritage pour un tel temps & pour tel prix ; on demande ſi le contrat eſt un contrat de vente ou de louage ? La queſtion n'eſt pas une pure queſtion de nom ; car ces contrats ont des effets très-différents. Dans le contrat de vente, la choſe eſt aux riſques de l'acheteur ; dans celui de louage, elle demeure aux riſques du locateur. Pour décider cette queſtion, Caroccius rapporte cette regle ; ſçavoir, que ſi la ceſſion eſt faite pour le prix de pluſieurs ſommes d'argent uniformes & payables par chacun an, le contrat eſt contrat de louage, & que ſi elle eſt faite pour un prix unique, le contrat doit être reputé contrat de vente.

On doit plutôt dire que lorſque la jouiſ-

fance eft accordée pour un temps qui n'excede pas neuf ans, le contrat eft préfumé
être un contrat de louage, quand même le
prix pour tout le temps de la jouiffance
confifteroit dans une fomme unique, les
parties pouvant par un contrat de louage
ramaffer en une feule fomme & en un feul
prix, le prix de chacune des années du
bail ; au contraire, fi le temps de la jouiffance excede celui de neuf années, le
contrat doit être préfumé un contrat de
vente, fi le prix confifte dans une fomme
unique, ou de bail à rente, s'il confifte
en plufieurs fommes payables par chacun
an.

5. Le contrat de louage ou de bail à
loyer ou à ferme eft auffi très-différent
du contrat de bail à rente qui fera la
matiere du Traité qui doit fuivre celui-ci ;
nous y ferons voir les différences. Voici
la principale : dans le bail à rente, le
bailleur ainfi que le vendeur dans le contrat de vente, s'oblige envers le preneur
à lui faire avoir l'héritage à titre de propriétaire, & par la tradition qu'il lui en
fait en exécution du bail, il lui en tranfporte effectivement la propriété lorfqu'il
eft lui-même propriétaire, fous la déduction néanmoins du droit de rente fonciere
qu'il s'y retient. Au contraire dans les
baux à loyer ou à ferme, le bailleur

s'oblige feulement perfonnellement envers le preneur à lui permettre la jouiffance ou l'ufage de la chofe, & ne lui tranfporte aucun droit dans la chofe par la tradition qu'il lui en fait.

CHAPITRE II.

De ce qui forme la fubftance du Contrat de louage.

TRois chofes, comme nous l'avons dit, forment la fubftance du contrat de louage ; la chofe louée, le prix convenu pour le loyer, & le confentement des contractans. Nous traiterons féparément de ces trois chofes.

SECTION PREMIERE.

De la chofe louée.

6. On ne peut pas concevoir un Contrat de louage, fans une chofe dont la jouiffance ou l'ufage foit accordé par le locateur au locataire pour un temps convenu entre eux. Il eft donc de l'effence du Contrat de louage, 1°, qu'il y ait une chofe ; 2°. qu'elle foit fufceptible du

A iv

Contrat de louage ; 3°. qu'il y ait une jouiffance ou ufage de cette chofe qui foient l'objet & la matiere du Contrat ; 4°. qu'il y ait un temps pendant lequel doive durer cette jouiffance.

ARTICLE PREMIER.

Il faut qu'il y ait une chofe.

7. Il fuit de-là que fi celle qui en faifoit l'objet n'exiftoit plus dès le temps du Contrat, le Contrat eft nul.

Par exemple, j'ai fait marché pour le louage d'un tel cheval déterminé que je connoiffois : le loueur de chevaux s'eft obligé de me le fournir auffi-tôt que ce cheval feroit de retour : lors du marché ce cheval étoit mort ; le Contrat eft nul, faute d'une chofe qui en ait été l'objet, & il n'en réfulte aucune obligation.

Néanmoins fi le loueur de chevaux fçavoit la mort de ce cheval, & qu'il ne m'en ait pas averti, il fera tenu envers moi de mes dommages & intérêts, *in id quod mea intereft non fuiffe deceptum.* Son obligation en ce cas ne nait pas du Contrat de louage, n'y en ayant point eu ; mais du dol qu'il a commis envers moi, en ne m'avertiffant pas, & m'empêchant ainfi de prendre d'autres mefures : il ne fera pas reçu à m'offrir un autre cheval à la place ; car je peux n'avoir pas en ce cheval, que je ne connois pas, la même confiance que j'avois dans celui que je voulois louer, dont je connoissois la bonté.

8. Il est à la vérité de l'essence du Contrat de louage qu'il y ait une chose qui soit l'objet du Contrat ; mais il n'est pas nécessaire que ce soit une chose déterminée ; une chose quoiqu'indéterminée en peut aussi être l'objet.

Par exemple, je peux faire marché avec un loueur de chevaux, non-seulement pour le louage d'un tel cheval, qui est une chose déterminée, mais pour le louage d'un cheval indéterminement, sans spécifier quel est celui qu'il doit fournir : ce Contrat de louage est valable ; & pour remplir son obligation, il suffit qu'il me fournisse un cheval, quel qu'il soit, pourvu qu'il soit d'une bonté commune & ordinaire, & capable de me rendre le service pour lequel il m'a été loué.

ARTICLE II.

Quelles choses peuvent être louées.

9. On peut louer toutes sortes de choses, des meubles aussi-bien que des maisons & des fonds de terre.

A v

On peut louer non-seulement des choses corporelles, on peut aussi louer des Droits incorporels, comme un Droit de Champart, une dîme, des rentes.

On peut aussi louer & donner à ferme des Droits Seigneuriaux, & ce Bail à ferme comprend les arrérages de cens, les amendes & profits de fiefs, & de censives qui naîtront & écheront pendant le temps du bail.

On peut pareillement affermer des Droits de Justice, & ce bail comprend les droits utiles, tels que les amendes & les confiscations.

On peut même affermer certains Offices; sçavoir, les Offices Domaniaux, tels que sont les Greffes, certains Notariats & certaines Sergenteries fiéfées.

10. Il y a des choses qui ne sont pas susceptibles du Contrat de vente, & qui le sont du Contrat de louage : par exemple, les biens qui font partie du Domaine de la Couronne, ne peuvent être vendus, mais on les peut donner à ferme ; il en est de même des biens d'Eglise.

Un homme libre n'est pas susceptible du Contrat de vente, mais il peut louer ses services.

Observez néanmoins qu'il n'y a que les services ignobles & appréciables à prix d'argent qui soient susceptibles du contrat de louage, tels que ceux des serviteurs & servantes, des manœuvres, des artisans, &c.

Ceux que leur excellence, ou la dignité de la personne qui les rend, empêche de pouvoir s'apprécier à prix d'argent, n'en sont pas susceptibles.

C'est pourquoi le Contrat qui intervient entre un Avocat & son client, qui le charge de la défense de sa cause, n'est pas un Contrat de louage, mais un Contrat de mandat : la somme d'argent que ce client donne à l'Avocat, n'est pas le prix du service qu'il lui rend, qui n'est pas appréciable ; ce n'est qu'une marque que ce client lui donne de sa reconnoissance, qui n'est pas incompatible avec le Contrat de mandat, quoique gratuit de sa nature. *L. 6. ff. mand.*

11. Au contraire il y a des choses qui, quoique susceptibles du Contrat de vente, ne le sont pas du Contrat de louage ; telles sont toutes les choses qui se consomment par l'usage qu'on en fait, comme l'argent comptant, le bled, le vin, &c. La raison en est sensible : il est de la nature du Contrat de louage, comme nous l'avons vu ci-dessus, que le locateur conserve la propriété de la chose dont il n'accorde au locataire que la jouissance & l'usage, & qu'en conséquence le locataire contracte l'obligation de la rendre

A vj

après l'expiration du temps pendant lequel l'ufage lui en a été accordé : or il eft évident que cela ne peut avoir lieu dans les chofes qui fe confomment entierement par l'ufage qu'on en fait ; elles ne font donc pas fufceptibles du contrat de louage.

12. Il y a des chofes qui ne peuvent ni fe louer, ni fe vendre; telles font les chofes fpirituelles, les bénéfices, les fonctions Eccléfiaftiques.

C'eft pourquoi le contrat par lequel un Gentilhomme prend un Eccléfiaftique pour fon Chapelain, & s'engage de lui donner une certaine fomme par an pour appointements, ne doit pas paffer pour un contrat de louage. Ces appointements à la vérité font dus ; le Chapelain a droit d'en demander en Juftice le payement ; mais cette dette ne nait pas d'un contrat de louage : ces appointements ne font pas dus comme le prix de fes fervices, lefquels ne font pas appréciables, & ne peuvent par conféquent être la matiere d'un contrat de louage ; mais ils font dus en vertu d'une autre efpece de contrat fans nom, *facio ut des*, par lequel en conféquence de ce que l'Eccléfiaftique s'engage de rendre les fervices de Chapelain, le Gentilhomme s'engage, de fon côté, de lui donner la fomme convenue, quoique ce

ne foit pas comme le prix defdits fervices.

On ne peut louer à la vérité le bénéfice même ; mais on peut louer & donner à ferme les revenus du bénéfice , &
je ne vois même rien qui empêche qu'on
ne puiffe faire entrer dans le bail le ca-
fuel & les offrandes , lorfqu'on en convient expreffément.

13. Le Droit de Patronage ou de pré-
fentation à des bénéfices Eccléfiaftiques,
eft un droit fpirituel, qui par conféquent
n'eft fufceptible en lui-même ni du contrat de venté , ni du contrat de louage ;
& la vente & le louage qui feroient faits
de ce droit feroient des contrats nuls &
fimoniaques, qui ne peuvent produire
aucune obligation entre les parties contractantes.

Quoique le droit de Patronage ne puiffe pas fe vendre féparément de la terre à
laquelle il eft attaché , il eft cenfé vendu avec la terre, comme faifant partie
des dépendances de cette terre, lorfque
la terre eft vendue, & il paffe à l'acheteur de la terre. Au contraire dans le
bail à ferme de la terre , quelque général qu'il foit , le droit de Patronage n'y
eft pas compris , parce que les baux à
ferme d'une terre ne comprennent que
les droits utiles & pécuniaires, & non

ceux qui font purement honorifiques, tel qu'eft le droit de Patronage.

14. Les chofes confacrées au culte Divin *res Divini juris* ne font pas plus fufceptibles du contrat de louage que du contrat de vente : par exemple, on ne peut pas louer une Eglife, un Cimetiere, &c.

On tolere néanmoins le louage des bancs & des chaifes dans les Eglifes ; on tolere pareillement le louage qui fe fait par les Marguilliers au profit de la Fabrique de l'argenterie, des ornements & du fon des Cloches pour les obfeques qui fe font dans les Eglifes.

On peut même dire que ce n'eft pas proprement un contrat de louage, & que ce qu'on donne aux obfeques pour l'ufage de l'argenterie & des ornements, 8 pour le fon des cloches, n'eft pas proprement donné comme le prix de l'ufage de ces chofes, qui n'eft pas appréciable, mais comme une contribution aux charges de la Fabrique, à laquelle on affujettit ceux qui fe fervent des meubles de la Fabrique.

On peut louer auffi la tonte de l'herbe qui croît dans les Cimetieres, & l'émondage des arbres qui y font ; car ces chofes deviennent prophanes, lorfqu'elles font féparées du fond.

15. Les choses qui sont *publici juris*, c'est-à-dire, qui sont destinées aux usages publics, comme les places publiques, les rues, les grands-chemins, ne sont pas plus susceptibles du contrat de louage que du contrat de vente.

16. Le droit de chasse est aussi un droit qui ne peut pas s'affermer : les Seigneurs & possesseurs de fief qui ont ce droit, ne l'ont que *ad obléctamentum*, & non *ad quæstum*.

De-là il suit qu'un bail à ferme qu'un Seigneur de fief auroit fait à quelqu'un de son droit de chasse dans l'étendue de son fief, est un contrat nul, qui ne doit produire aucune obligation civile ni dans la personne du bailleur, ni dans celle du preneur.

Il n'en produit pas dans la personne du bailleur ; c'est pourquoi le bailleur peut quand bon lui semblera, & sans attendre l'expiration du temps porté par le bail, signifier au preneur qu'il n'entend pas exécuter le bail qu'il lui a fait, & qu'il révoque la permission de chasser qu'il lui avoit donnée ; & du jour de cette signification, il peut, nonobstant le bail qu'il lui a fait, l'empêcher de chasser : il est évident qu'il ne peut se plaindre de ce qu'il a chassé auparavant cette signification ; car le bail, quoique nul en tant que bail à ferme, renferme une permiffion qui lui eft donnée de chaffer, laquelle dure jufqu'à ce qu'elle foit révoquée.

Ce bail ne produit pas non plus d'obligation dans la perfonne du preneur ; c'eft pourquoi le Seigneur eft fans action pour demander les fermes : mais fi le Fermier les a bien voulu payer, il n'en a pas la répétition, *fciens indebitum folvit* ; on ne peut pas même dire qu'il ait fait ce payement fans caufe, en le faifant *fidem implevit.*

17. Le droit de chaffe ne peut pas à la vérité *principaliter & per fe* faire la matiere d'un contrat de louage ; mais dans le bail à loyer qui feroit fait d'un château, on pourroit ftipuler que le locataire auroit la faculté de chaffer & faire chaffer fur les domaines en dépendants, pourvu que ce locataire fût une perfonne de qualité à chaffer, & non du nombre de celles à qui la chaffe eft défendue par les Ordonnances.

18. La Loi 44. *ff. locat.* dit qu'on ne peut louer les droits de fervitude *locare fervitutem nemo poteft* ; c'eft des droits de fervitudes prédiales qu'il eft parlé en cette loi ; le fens eft que le propriétaire d'un héritage auquel eft attaché un droit de fervitude fur l'héritage voifin, ne peut pas donner à ferme à quelqu'un fon droit

de fervitude féparément de fon héritage.
Par exemple, fi l'héritage A a un droit
de pâturage fur l'héritage B, le propriétaire de l'héritage A ne peut affermer féparément de fa terre ce droit de pâturage
au laboureur de l'héritage C ; la raifon
eft que ce droit de pâturage ne peut s'exercer que pour l'utilité de l'héritage A auquel il eft dû ; le propriétaire de l'héritage fervant n'eft obligé d'y fouffrir que
les beftiaux qui fervent à l'exploitation
de l'héritage auquel la fervitude eft dûe.

Mais lorfque le propriétaire de l'héritage A donne à ferme fon héritage, le
droit de fervitude qui eft dû à cet héritage, eft compris dans le bail à ferme
qu'il fait de l'héritage A comme une dépendance de cet héritage, & le fermier
a droit de faire paître fes troupeaux fur
l'héritage fervant ; car il le fait pour l'utilité de l'héritage A, qu'il tient à ferme,
& à qui le droit de fervitude eft dû.

Lorfque le propriétaire d'un héritage
accorde à fon voifin pour un certain
nombre d'années, pour un certain prix
par chacun an la faculté d'y faire paître
fes troupeaux, ou celle d'y paffer, d'y
puifer de l'eau, &c. Ce contrat ne renferme pas le louage d'aucun droit de fervitude ; mais plutôt le louage de l'héritage
même, pour cet ufage.

19. Le droit de servitude personnelle d'usage d'un héritage n'est pas plus susceptible du contrat de louage, que les droits de servitudes prédiales; car ce droit étant borné à l'usage de la personne même à qui ce droit est dû, elle ne peut pas accorder à un autre la faculté d'user de cet héritage; & par conséquent elle ne peut pas louer à un autre son droit.

Il en est autrement du droit d'usufruit; ce droit donnant à l'usufruitier la pleine & entiere disposition de tous les fruits qui seront à percevoir dans l'héritage pendant tout le temps de la durée de ce droit; c'est une conséquence qu'il puisse le donner à ferme; & en donnant à ferme son droit d'usufruit, c'est proprement l'héritage dans lequel il a ce droit qu'il donne à ferme, plutôt que son droit d'usufruit.

20. De même qu'on peut vendre la chose d'autrui, comme nous l'avons établi en notre Traité du contrat de vente, *n. 7.* par la loi 28. ff. *de cont. empt.* de même on peut louer & donner à ferme la chose d'autrui, non-seulement celle dont on a le droit de jouir, mais même celle dans laquelle on n'a aucun droit; & le contrat est valable, non qu'on puisse faire passer par ce contrat au locataire ou fermier un droit de jouir ou d'user de la

chose qu'on n'a pas soi-même ; mais en ce qu'on s'oblige par le contrat à la garantie envers le locataire ou fermier, au cas qu'il soit empêché dans la jouissance de cette chose. Cela est conforme aux principes établis en notre Traité des Obligations, *n.* 133. & 136.

21. De même qu'on ne peut acheter sa propre chose *suæ rei emptio non valet*, *L.* 16. *ff. decontr. empt. Traité du contrat de vente*, *n.* 8. de même on ne peut prendre à loyer ou à ferme sa propre chose, *rei suæ conductio nulla est*, *l.* 15. *ff. depos. L.* 20. *Cod. loc.* ce qui doit s'entendre d'une chose dont celui qui la prend à loyer ou à ferme a la pleine propriété qui renferme le droit d'en jouir ; car il n'est pas douteux que le propriétaire d'une chose qui n'en a que la nuë propriété peut la prendre à loyer ou à ferme de l'usufruitier à qui le droit d'en jouir appartient.

De ce principe que *rei suæ conductio nulla est* il suit que si je vous ai donné à loyer ma maison pour le prix de trois cent liv. de loyer par an, avec rénonciation au droit de la loi Æ*de*, & qu'ensuite au bout de quelque temps, il soit intervenu entre nous une convention par laquelle il soit dit, que vous me l'avez soûbaillée pour le prix de trois cent cinquante liv. par an pour le temps qui restoit à expirer du bail ; cette seconde convention n'eſt pas un contrat de louage ou de ſoûbail que vous me faſſiez de ma maiſon, *cùm res mea à me conduci non poſſit* ; mais c'eſt un contrat ſans nom par lequel, pour obtenir de vous la réſolution du bail que je vous avois fait de ma maiſon, je m'o-blige à vous payer la ſomme de cinquante livres par chacune année du temps qui en reſtoit à expirer, & cette créance n'eſt qu'une créance ordinaire qui ne doit pas vous donner les droits des locateurs de maiſons.

ARTICLE III.

De la jouiſſance ou uſage qui doit faire l'objet du Contrat de Louage.

22. Il eſt de l'eſſence du contrat de louage, qu'il y ait une certaine jouiſſance ou un certain uſage d'une choſe, que le locateur s'engage de faire avoir au loca-taire pendant le temps convenu, & c'eſt proprement ce qui fait l'objet & la ma-tiere du contrat de louage.

L'eſpece de jouiſſance ou d'uſage qu'on accorde par le bail, ou y eſt exprimée, ou elle ne l'eſt pas. Lorſqu'elle y eſt ex-primée le locataire ne peut pas ſe ſervir de la choſe pour un autre uſage que pour celui qui eſt exprimé par le bail. Par exemple, ſi on vous a loué un cheval pour faire un voyage à Lyon, il ne vous eſt pas permis de le mener plus loin. Si, voulant boniﬁer un champ, je l'ai donné à ferme à un laboureur pour un certain nombre d'années pour y faire du ſainfoin & de l'avoine, il ne lui eſt pas permis de s'en ſervir pour un autre uſage, & d'y ſemer de l'orge ou d'autres grains : s'il le fait, j'aurai action *locati* contre lui pour qu'il lui ſoit fait défenſes d'y ſemer à l'avenir de pareils grains, & pour qu'il ſoit condamné en mes dommages & intérêts, réſultants de ce qu'il ne s'eſt pas conformé au bail.

23. Lorſque l'eſpece de jouiſſance ou d'uſage n'eſt pas exprimée par le bail, le contrat ne laiſſe pas d'être valable ; alors l'objet & la matiere du contrat, eſt l'eſpece de jouiſſance ou d'uſage auquel la choſe eſt de ſa nature deſtinée, & auquel on a coutume de la faire ſervir ; & le locateur peut empêcher le conducteur de faire ſervir la choſe à d'autres uſages, lorſqu'il a quelqu'intérêt de l'empêcher.

Par exemple, lorſqu'une maiſon eſt donnée à loyer, on préſume que c'eſt pour être exploitée de la même maniere qu'elle l'a été juſqu'au temps du bail : c'eſt pourquoi le locataire ne pourroit pas y établir une forge, s'il n'y en avoit pas eu auparavant, ni en faire un cabaret. Néanmoins la profeſſion du locataire connue au temps du bail, doit faire ſuivre une autre regle, & doit faire préſumer que la maiſon lui a été louée pour la faire ſervir aux uſages qu'exige ſa profeſſion : c'eſt pourquoi, ſi j'ai loué ma maiſon à un Serrurier connu pour tel dans la ville ; quoique ma maiſon n'ait toujours été occupée que comme maiſon bourgeoiſe, je ſuis cenſé la lui avoir louée pour la faire ſervir à tout ce qu'exige ſa profeſſion, & je ne pourrai pas l'empêcher d'y établir une forge, &c.

24. L'uſage pour lequel une choſe eſt louée doit être un uſage honnête, & qui ne ſoit pas contraire aux bonnes mœurs ; autrement non - ſeulement le contrat eſt nul, comme le ſont tous les contrats contraires aux bonnes mœurs, mais le locateur qui a connoiſſance au temps du bail du mauvais uſage que le locataire entend faire de la choſe qui lui eſt louée, ſe rend coupable & participant de tout le mal qui ſe commettra.

Par éxemple, ſi un Serrurier avoit loué à un voleur des ferremens pour ouvrir les portes des maiſons où il ſe propoſoit de voler, il n'eſt pas douteux que le Serrurier eſt coupable & complice des vols qu'aura fait ce voleur à l'aide de ces inſtrumens, & qu'il est obligé à la restitution des choses volées, conjointement & solidairement avec le voleur ; il peut même être poursuivi criminellement, s'il y a preuve du fait, & puni comme complice des vols.

C'est sur ce principe qu'il a été jugé par Arrêt du Parlement de Toulouse, du 19 Mai 1579 ; qu'un homme qui avoit loué sa maison à des vagabonds connus pour tels, pour leur servir de retraite, étoit responsable des désordres commis par ses locataires.

C'est aussi conformément à ce principe que l'Ordonnance de Saint Louis de l'an 1254, porte la peine de la confiscation des maisons, contre les propriétaires qui les ont données à loyer pour en faire des lieux de prostitution.

25. Il n'y a que le ministere public qui puisse être reçu à prouver que le propriétaire, lorsqu'il a fait le bail, avoit connoissance du mauvais usage qu'on se proposoit de faire de sa maison : le locataire ne seroit pas écouté pour se défendre de payer les loyers que le propriétaire lui demande, à offrir la preuve que la maison lui a été louée pour cet usage, & qu'en conséquence le contrat est nul, & le propriétaire mal fondé à en demander les loyers.

Mais dans le for de la conſcience les loyers que le propriétaire de la maiſon a reçus de ces ſortes de baux, ſont un gain deshonnête & illicite, qu'il doit employer en aumônes.

26. Le louage des maſques & des habits de bal eſt un contrat valable dans le for extérieur ; l'uſage pour lequel ces choſes ſont louées n'étant pas défendu par les Loix ſéculieres : mais la ſévérité des maximes de l'Evangile ne permettant pas les bals, & autres ſemblables divertiſſemens, on ne peut douter que dans le for de la conſcience, le commerce que font les Marchands qui louent ces ſortes de choſes, eſt un commerce deshonnête & illicite, & que le gain qu'ils y font eſt un gain illicite, dont ils ne doivent pas profiter : on ne doit donc les abſoudre qu'en leur faiſant promettre de renoncer à ce commerce, & d'employer en aumônes le gain qu'ils y ont fait.

ARTICLE IV.

Du temps du Louage.

27. Les contrats de louage ou de baux à loyer, ou à ferme, ſe font pour un temps convenu entre les parties, & ils ne ſe font point à toujours ; en cela ils diffèrent

différent des baux à rente, ou à longues années.

Il paroît que chez les Romains le temps le plus ordinaire des baux à loyer ou à ferme des héritages étoit le temps d'un luftre qui eft de cinq ans, *in quinquennium.* Parmi nous le temps de ces baux varie.

Ceux qui font faits pour un temps long font préfumés baux à rente, plutôt que fimples baux à loyer ou à ferme ; & ils font cenfés faits pour un temps long, lorfqu'ils font faits pour dix ans ou plus ; ce temps de dix ans étant appellé en Droit, *longum tempus,* comme il appert par la préfcription de dix ans, qui eft appellée, *præfcriptio longi temporis.*

Néanmoins fi les parties avoient expreffément déclaré par le bail qu'elles n'entendoient faire qu'un fimple bail à loyer ou à ferme, le bail, quoique fait pour un temps plus long que celui de neuf ans, ne fera reputé qu'un fimple bail à ferme ou à loyer entre les parties contractantes.

Pareillement, quoique les baux à vie, foient préfumés tenir plutôt de la nature des baux à rente que des fimples baux à loyer ou à ferme, & renfermer une conftitution d'ufufruit ; néanmoins on peut faire auffi de fimples baux à loyer ou à ferme d'héritages pour le temps de la vie du

B

locataire ou fermier, ou pour le temps de celle du bailleur. Les baux que les Chapitres de Sainte Croix & de S. Agnan d'Orleans font à leurs Chanoines, des maisons clauſtrales pour le temps de leur vie canoniale, ſont de ſimples baux à loyer.

28. Le temps que doit durer le bail eſt ordinairement exprimé par le contrat ; ſi on a omis de l'exprimer, le bail ne laiſſe pas d'être valable ; & ſi c'eſt le bail d'un héritage dont les fruits ſe recueillent tous les ans, tel qu'eſt un pré, une vigne, &c. le bail, lorſque le temps n'eſt pas exprimé par le contrat, eſt cenſé fait pour un an : lorſque le bail eſt d'un héritage dont les fruits ne ſe recueillent qu'après pluſieurs années, le bail eſt cenſé être fait pour tout le temps qui eſt néeſſaire pour que le Fermier en puiſſe percevoir les fruits. Par exemple, ſi après avoir pêché mon étang, qu'on a coutume de pêcher tous les trois ans, je le donne à ferme à quelqu'un pour un certain prix, ſans exprimer pour quel temps, je ſuis cenſé l'avoir donné à ferme pour le temps de trois ans.

Lorſque les terres d'une métairie ſont partagées en trois ſoles ou ſaiſons, comme en Beauce, où une partie s'enſemence en bled, une autre partie en avoine, & autres menus grains qui ſe ſement au mois de Mars, & une autre se repose; si le temps que doit durer le bail n'est pas exprimé par le contrat, & qu'il soit dit seulement que le bail est fait à raison de tant par an, je pense que le bail doit être présumé être fait pour le temps de trois ans.

Par la même raison dans le Val-de-Loire, où les terres sont partagées en deux saisons, dont l'une tour à tour est ensemencée, & l'autre se repose, le temps du bail, lorsqu'il n'est pas exprimé par le contrat, doit être de deux ans.

De même lorsque les bois taillis d'un Domaine sont partagés en un certain nombre de coupes; par exemple, en douze coupes, dont il s'en fait une tous les ans, le bail, lorsque le temps n'est pas exprimé, doit être censé fait pour autant d'années qu'il y a de coupes.

29. A l'égard des baux des maisons de Ville, il faut suivre l'usage des lieux.

A Paris il y a quatre termes par chaque année, d'où les baux commencent & auxquels ils finissent; le premier Janvier, le premier Avril, le premier Juillet & le premier Octobre. Lorsqu'il n'y a pas de bail par écrit qui exprime le temps que le bail doit durer, il dure toujours jusqu'à l'un de ces termes pour lequel l'une ou l'autre des parties doit donner ou

B ij

prendre congé. Suivant un Acte de notorieté du Châtelet de Paris, du 28 Mars 1713, ce congé doit être signifié dans un délai de six mois pleins avant le jour du terme, lorsque le loyer excede mille livres. Denisar dit qu'il en est de même lorsque c'est le loyer d'une maison entiere, ou d'une boutique ouvrante sur une rue, ou lorsque le congé est donné à un Commissaire ou à un Maître d'Ecole, qui par son état est obligé de loger dans le quartier, quoique dans tous ces cas le loyer fût d'une somme moindre de 1000 liv. Hors ces cas il suffit qu'il y ait un temps de trois mois plein jusqu'au terme ; & lorsque le loyer de l'appartement est au-dessous de 300 liv. un temps de six semaines suffit.

Ce congé n'est pas nécessaire lorsqu'il y a un bail où le temps qu'il doit durer est exprimé.

A Orleans nous n'avons qu'un terme d'où les baux des maisons commencent & auxquels ils finissent ; sçavoir, celui de S. Jean pour les maisons de la Ville, & celui de la Toussaint pour la Campagne. Lorsque les parties ne se sont pas expliquées sur la durée du bail, il est censé fait pour un an, à commencer du prochain terme ; & si le locataire est entré en jouissance avant le terme, il est censé fait tant pour le temps qui doit courir depuis qu'il est entré en jouissance, jusqu'au terme, que pour un an depuis ledit terme : il expire de plein droit au bout de l'année, sans qu'il soit nécessaire de signifier de loyer auparavant.

30. A l'égard des baux de chambres garnies ou de meubles, dans lesquels le temps du bail n'est pas exprimé, s'il est dit que c'est à raison de tant par an, le bail est censé fait pour un an ; s'il est dit à raison de tant par mois, ou de tant par semaine, ou de tant par jour, le bail est censé fait seulement pour le temps d'un mois ou d'une semaine, ou d'un jour : les parties ne s'obligent réciproquement l'une envers l'autre que pour ce temps ; & si le locataire continue la jouissance pendant plusieurs mois ou plusieurs semaines, &c. ce sont autant de tacites réconductions qui sont censées intervenir entre les parties.

31. Néanmoins quoiqu'on m'ait donné à loyer des chevaux & une voiture à la journée, s'il est dit par le bail que c'est pour faire un tel voyage, le bail est censé fait pour le temps nécessaire pour faire ce voyage, & il n'est pas douteux que le locateur ne seroit pas fondé à demander que je les lui rendisse avant ce temps.

Mais si mon voyage avoit manqué,

ſerois-je fondé à lui rendre les chevaux
& la voiture avant la fin du temps qu'auroit dû durer le voyage pour lequel je
les avois pris à loyer ? Je penſe que je
ſuis tenu en ce cas de le dédommager de
ce qu'il a pu ſouffrir de l'inexécution de
notre marché.

S E C T I O N　I I.

Du prix.

32. Il ne peut y avoir de contrat de
louage ſans un prix convenu pour la jouiſſance & uſage de la choſe louée, lequel
prix eſt appellé loyer ou ferme. Si on
accordoit l'uſage d'une choſe, ſans exiger de celui à qui on l'accorde aucun prix,
ce ne ſeroit pas un contrat de louage,
mais une autre eſpece de contrat, que
nous appellons, *prêt à uſage*, & qui eſt
appellé en Droit, *commodatum*.

33. Ce prix, comme dans le contrat
de vente, doit être un prix ſérieux qui
ait été convenu, avec intention qu'il
pourroit être exigé. Il n'eſt pas ſérieux,
ſi par le même contrat le locateur fait
remiſe au conducteur du prix qui y eſt
exprimé ; ce n'eſt plus un contrat de louage, puiſqu'il n'y a point d'obligation de
la part du preneur de payer le prix ; c'eſt

en ce cas un contrat de *commodat.*

34. Au reste, pourvu que le conducteur ait contracté l'obligation de payer le prix ; quoique par la suite *& ex intervallo* le locateur lui en ait fait remise, le contrat de louage ne laisse pas de subsister : de même que le contrat de vente subsiste, quoique le prix ait été *ex intervallo* remis à l'acheteur.

De-là nait la décision de la question suivante : un Tapissier a loué des meubles à son neveu pour le temps de six ans, pour un certain prix d'argent par an ; son neveu s'étant marié peu après, il lui a, pour présent de noces, fait remise des loyers pendant tout le temps que devoit durer le bail. A la fin de ce temps on demande par quelle action le Tapissier peut demander la restitution des meubles, & ses dommages & intérêts pour ceux qui se trouvent être gâtés ? Si c'est par l'action *ex conducto*, ou par l'action *ex commodato ?* ce qu'il importe de sçavoir ; car suivant les principes établis en notre Traité des obligations, N°. 142, dans l'action *ex commodato*, le debiteur est tenu de la faute la plus légere ; au lieu que dans l'action *ex conducto*, il n'est tenu que de la faute commune, *tenetur de levi non levissimâ culpâ, L. 5. §. 6. ff. commod.* il faut décider en ce cas qu'il y a lieu à l'action *ex conducto*, & non à l'action *ex commodato* ; car le contrat de louage ayant reçu dans l'espece proposée toute sa perfection par le consentement des parties ; la remise du prix qui en a été faite depuis au locataire, n'en a pas changé la nature ni les obligations.

35. Il faut aussi pour que ce prix soit un vrai prix, un prix sérieux, & qui puisse former un contrat de louage, que ce prix soit de quelque considération, eu égard à la valeur de la jouissance ou usage de la chose louée ; car s'il n'étoit d'aucune considération, comme si une métairie étoit louée pour un écu, ce ne sera pas un contrat de louage, mais un contrat de prêt à usage , *commodatum.*

36. Il n'est pas pourtant nécessaire, que ce prix égale la valeur de la jouissance ou usage de la chose donnée à loyer; si le prix ou loyer est au-dessus ou au-dessous, il y aura à la vérité iniquité dans ce prix ou loyer, qui oblige dans le for intérieur à restitution le locateur ou le conducteur ; mais cette iniquité du prix n'empêche pas que le contrat ne soit valable.

Il y a même cette différence entre ce contrat & celui de vente, que celui-ci est sujet à restitution pour cause de lézion énorme, lorsqu'un héritage a été vendu pour un prix au-dessous de la moitié du juſte prix, comme nous l'avons vu en notre Traité du contrat de vente, *part. 5. ſec. 2.* Au contraire le contrat de louage, même d'un héritage n'eſt pas ſujet à reſtitution pour la ſeule cauſe de lézion, quelque énorme qu'elle ſoit ; la raiſon en eſt que dans le contrat de louage la lézion ne peut tomber que ſur les fruits de l'héritage qui ſont quelque choſe de mobilier, & que ſuivant les principes de notre Droit Franç ois, il n'y a pas lieu à la reſtitution en aliénation de meubles; c'eſt ce qui nous eſt atteſté par Maſuer, *T. 23. n. 44.* où il dit que » par coutume générale de » France, on ne donne jugement reſciſ- » ſoire pour fait de meubles, encore que » la lézion d'outre moitié de juſte prix fût » manifeſte , ni pour ventes de fruits ou » louage de quelque poſſeſſion. Dumou- lin, *ad conſ. Par. §. 22. gl. 1. n. 41.* atteſte la même choſe. Notre Coutume d'Orleans art. 446, en a une diſpoſition. La Cou- tume de Bretagne , art. 29. a néanmoins ſuivi des principes différents ; elle admet la reſciſion des contrats de choſes mobi- liaires , pourvu que l'objet ne ſoit pas au- deſſous de cent livres.

37. Le loyer doit être certain & déter- miné, de même que le prix dans le contrat de vente, & ce que nons avons dit à

B v

cet égard au sujet du prix du contrat de vente, reçoit ici pareille application.

. Doit-on suivre à l'égard du contrat de louage la décision de la Loi *fin. Cod. de contr. empt.* qui prononce la nullité d'un contrat de vente, *quasi ex defectu conditionis*, lorsque la vente ayant été faite pour le prix qui seroit réglé par un tel, ce tel a refusé de faire l'estimation, ou est mort avant que de l'avoir faite ? La Loi paroît décider pour l'affirmative ; car il y est dit à la fin, *quod etiam in hujusmodi locatione locum habere sancimus.* Néanmoins je pense qu'on ne doit pas décider la même chose indistinctement dans le contrat de louage, & que la décision de la question y doit beaucoup dépendre des circonstances. Lorsque cette clause se trouve dans un contrat de vente, ne paroissant pas que les parties fussent pressées, soit de vendre, soit d'acheter, on peut facilement présumer que leur volonté a été de faire dépendre le contrat de l'estimation que feroit la personne désignée, comme d'une condition ; & qu'elles n'ont pas voulu s'en rapporter à celles qu'en pourroient faire à son défaut d'autres personnes, n'ayant eu confiance qu'en elle. Mais dans le contrat de louage *putà* d'une maison ou d'une métairie, le locateur qui n'est pas à portée de l'occuper ou de l'exploiter par lui-même, étant preſſé de la louer, & le conduc-teur de ſon côté ayant beſoin de ſe pour-voir, on doit préſumer au contraire que lorſque les parties s'en ſont rapportées à une perſonne pour le prix du loyer ou de la ferme, leur intention n'a pas été que le contrat n'eût pas lieu, ſi elle ne faiſoit pas l'eſtimation ; mais qu'elle a été au contraire qu'il auroit lieu pour le prix qui ſeroit eſtimé par d'autres experts.

Cette déciſion doit ſur-tout avoir lieu ſi, lorſque la perſonne déſignée a refuſé de faire ſon eſtimation, ou eſt morte avant que de l'avoir faite, le conducteur étoit déja entré en jouiſſance, ou que le terme pour y entrer fût ſi prochain & imminent que le locateur ne pût facile-ment trouver à la louer à d'autres, ni le conducteur trouver à ſe pourvoir d'une autre maiſon ou ferme.

Par la même raiſon, quoique ſuivant la Loi 35. §. 1. *ff. de contr. empt.* le contrat de vente fait *quanti velis, quanti æquum putaveris, quanti æſtimaveris,* ne ſoit pas parfait, juſqu'à ce que les parties ſe ſoient plus expliquées, n'y ayant pas encore un prix certain ; & qu'il y eût même raiſon de le décider pour le contrat de louage ; néanmoins ſi avant qu'elles ſe ſoient plus expliquées, le conducteur eſt entré en jouissance, le contrat doit être jugé parfait, & le prix laissé à l'arbitrage de la partie, *non tanquam in merum arbitrium, sed tanquàm in arbitrium boni viri. Carocc. p. 72. & 73.*

38. Enfin le prix ou loyer doit consister en argent, autrement ce n'est pas un contrat de louage, mais une autre espece de contrat. Par exemple, lorsqu'un pauvre laboureur qui n'a qu'un cheval, a eu convention avec son voisin, que son voisin lui donnera l'usage de son cheval pendant un certain nombre de journées, à la charge qu'il donnera à son voisin l'usage du sien pendant autant de journées, ce contrat n'est pas un contrat de louage, faute d'un prix qui consiste en une somme d'argent, c'est un contrat sans nom. Mais si le louage fait pour un prix qui ne consiste pas en une somme d'argent, n'est pas proprement & selon la subtilité du Droit contrat de louage; il est contrat équipollent à louage, & il produit les mêmes obligations : de même que l'échange d'un héritage contre des meubles est contrat équipollent à vente.

39. Le principe que dans le contrat de louage le prix doit consister en une somme d'argent, reçoit une exception à l'égard des baux à ferme d'héritage; car le prix ou la ferme de ces baux peut, au

lieu d'une fomme d'argent, confifter en une certaine quantité de fruits, tels que l'héritage qui eft loué les produit. Par exemple, les métairies fe louent fouvent pour une certaine quantité de grains par chacun an ; les vignes, pour une certaine quantité de vin ; les terres plantées en oliviers, pour une certaine quantité d'huile. *L. 21. Cod. de locat.* Ces fortes de fermes s'appellent *moifons.*

Quelquefois auffi les héritages s'afferment pour une portion aliquote des fruits qui fe recueilleront : par exemple, à la charge que le fermier donnera au locateur la moitié des bleds qui feront recueillis par chacun an, ou le tiers ou le quart : ces fortes de baux fe nomment des baux partiaires.

40. Il ne peut y avoir à la vérité de contrat de louage fans un prix convenu entre les parties, mais il n'eft pas néceffaire qu'il foit exprimé par le contrat ; il fuffit qu'il y en ait un tacitement convenu & fous-entendu.

Par exemple, lorfque le prix du loyer de certaines chofes eft réglé par l'ufage du lieu, comme ici le loyer des chevaux eft de vingt-cinq fols par jour, lorfqu'on les loue pour plufieurs jours, & de trente fols lorfqu'on les loue pour un jour, il n'eft pas néceffaire que dans le contrat

de louage de ces chofes , les parties
s'expliquent fur le prix du loyer ; elles
font cenfées convenir du prix ufité.

Dans les reconductions le prix eft cenfé être le même que celui de la location
précédente : lorfque des ouvriers fe louent
à la journée fans s'expliquer fur le prix,
les parties font cenfées être convenues du
prix que les autres ouvriers gagneroient
dans le lieu ; c'eft ce qui arrive au temps
des vendanges : on loue quelquefois une
troupe de vendangeufes fans s'expliquer
fur le prix ; les parties font cenfées être
convenues du prix que les autres vendangeufes gagneroient ; & fi elles fe font
louées pour des prix différents , le louage
de celles qui fe font louées fans s'expliquer fur le prix , eft cenfé fait au prix
qui n'eft ni le plus cher , ni le plus bas,
mais le prix mitoyen. Papon , *Liv.* 6 , *tit.*
12 , *v.* 9 , décide au contraire que le
louage doit être cenfé fait au plus bas
prix ; il cite pour fon fentiment un Arrêt
du Parlement de Grenoble , & il fe fonde
fur la Loi *femper in obfcuris quod minimum
eft fequimur* ; mais cette Loi n'a pas d'application : car ce n'eft pas une chofe obf-
cure & incertaine , que lorfque les parties font convenues du prix que gagneroient les autres , elles ont entendu le
prix mitoyen. Notre fentiment eft con-

forme à l'ufage qui fe pratique cónftam-
ment.

SECTION III.

Du confentement.

41. Il eft évident que le confentement
des parties contraftantes eft de l'effence
du contrat de louage, de même que de
tous les autres contrats.

De-là deux queftions, 1°. quelles font
les perfonnes entre lefquelles peut intervenir le contrat de louage. 2°. Sur quoi
leur confentement doit intervenir.

ARTICLE PREMIER.

Quelles font les perfonnes entre lefquelles
peut intervenir le contrat de louage.

42. Le contrat de louage, de même
que tous les autres contrats, ne peut intervenir qu'entre les perfonnes qui font
capables de contrafter. Voyez à cet égard
les principes que nous avons établis au
long en notre *Traité des obligations*, p. 1.
ch. 1. *fect.* 1. *art.* 4.

Mais il y a certains contrats de louage
qui font interdits à certaines perfonnes,
quoiqu'elles foient d'ailleurs capables de
contrafter.

Par exemple, 1°. il y a plusieurs personnes auxquelles il n'est pas permis de se rendre preneurs de baux judiciaires. Voyez quelles sont ces personnes en notre Introduction, au titre des criées de la Coutume d'Orleans, *n.* 54. 55. & 56.

2°. Il n'est pas permis aux Juges, ni aux Procureurs fiscaux d'être fermiers des amendes & autres émoluments de la Justice où ils sont Officiers. *Arrêts de la Cour du 22 Juin* 1602, rapportés par Peleus, *VII.* 10. & *du 2 Décembre* 1617, rapporté par Bouchel, *IV.* 9.

3°. Il est défendu par les Ordonnances aux Officiers du Roi, leurs femmes & leurs domestiques, & aux Gentilshommes de prendre à ferme les biens dépendants des bénéfices. *Edit d'Amboise de* 1572, *art.* 8. *Ordonnance de Blois, art.* 48.

4°. Suivant les Loix Romaines il n'étoit pas permis aux soldats de prendre à ferme des biens de campagne, *ne à signis avocarentur*, *L.* 31. *& l. fin. Cod. locat.*

Cela ne doit pas avoir lieu parmi nous : la sévérité de notre discipline militaire suffit pour empêcher les soldats de s'absenter de leurs corps, sans qu'il soit besoin de leur interdire de prendre à ferme des biens de campagne. S'ils en prenoient (ce qui n'arrive gueres) le bail feroit valable, pouvant les faire valoir par d'autres que par eux-mêmes. Il y a néanmoins un Arrêt du Parlement de Dijon, du 3 Juillet 1563, qui a fuivi à cet égard la difpofition des Loix Romaines.

5°. Suivant les Loix Romaines ceux qui avoient été fermiers des impôts & revenus publics, & qui n'étoient pas quittes de leurs fermes, n'étoient pas reçus à les prendre à ferme de nouveau, *L. 9. §. 2. ff. de public.* Pareillement tous ceux qui étoient chargés de quelque tutelle ou autre adminiftration, n'y étoient pas admis, *L. 49. ff. locat. L. 1. §. 9. ff. ad L. Corn. de falf. L. un. Cod. ne tut. vel curat. veʃt. cond.* ce qui n'eft pas obfervé parmi nous : les cautions qu'on exige de ces fermes font ceffer les raifons fur lefquelles ces difpofitions étoient fondées.

Suivant Bacquet, *Traité du droit d'aubaine, p. 2. art. 15. n. 8.* les étrangers ne doivent pas être admis à prendre la ferme des revenus publics, afin qu'ils ne portent pas hors le Royaume le profit qu'il y a à y faire.

43. L'ufufruitier d'une chofe a le droit de la louer à l'exclufion du propriétaire qui n'en a que la nue propriété ; mais il a cela de moins que celui qui a la pleine propriété de la chofe, que celui-ci ayant

le droit d'ufer & de méfufer de fa chofe,
jus utendi & abutendi, il peut louer fa chofe pour fervir à des ufages auxquels elle
n'avoit pas auparavant fervi, il peut louer
pour faire un cabaret une maifon qui avoit
toujours été auparavant occupée comme
maifon bourgeoife; au lieu qu'un ufufruitier ne peut louer la chofe que pour fervir aux ufages auxquels elle a coutume de
fervir; fi la maifon dont il a l'ufufruit
eft une maifon bourgeoife, le propriétaire a droit de s'oppofer au bail qu'il
en feroit à un Cabaretier pour y tenir
cabaret, ou à un Maréchal pour y établir
une forge, *l.* 13. §. *fin. ff. de ufufr.*

Il en eft de même d'un locataire; il a
le droit de foûbailler pour le temps de
fon bail; mais il ne peut foûbailler la
chofe que pour fervir aux ufages auxquels
elle eft deftinée comme nous le verrons,
infrà, ch. 4. *fect.* 2.

44. Les tuteurs & autres adminiftra-
teurs peuvent faire des baux à ferme &
à loyer des biens dont ils ont l'adminiftration, & ces baux font valables, pourvû qu'il foient faits fans fraude.

Ils ne peuvent les faire par anticipation: c'eft-à-dire, qu'ils ne peuvent les
affermer, foit au même fermier, foit à
un autre, plus long-temps avant l'expiration du bail qu'il n'eft d'ufage dans la

Province de le faire : ce qui doit dépendre de la différente nature des biens.

Ces baux faits par anticipation obligent bien le preneur à qui ils ont été faits qui n'est pas recevable à en opposer le défaut; mais ils n'obligent pas la personne dont celui qui a fait le bail administroit les biens, cet administrateur ayant en cela excedé son pouvoir ; c'est en ce sens que nous disons que ces baux ne sont pas valables.

45. Un bail fait par une personne qui n'a aucun droit n'est pas à la vérité valable, en ce sens qu'il puisse donner au locataire le droit de jouir de la chose que le locateur n'avoit pas lui-même ; mais il est valable en ce qu'il oblige le locateur qui a fait le bail comme d'une chose à lui appartenante à remplir son obligation, sinon aux dommages & intétêts du locataire, s'il ne peut la remplir ; & qu'il oblige même le locataire au payement des loyers, tant qu'il n'est pas empêché de jouir.

ARTICLE II.

Comment & sur quoi doit intervenir le consentement des parties contractantes.

§. I.

Comment.

46. Dans le contrat de louage, de même que dans le contrat de vente & dans les autres contrats qui sont du pur droit des gens, le consentement des parties contractantes peut intervenir, lorsqu'elles sont l'une & l'autre présentes, aussi-bien verbalement comme par écrit; les actes qu'on en dresse, soit sous signature privée, soit pardevant Notaires, ne sont point de la substance du contrat, & ne sont interposés que pour servir à la preuve du contrat, ou pour acquérir des droits d'hipoteques & d'exécution.

Si néanmoins l'intention des parties, en contractant, paroissoit avoir été que le contrat ne fût conclu qu'après la perfection de l'acte pardevant Notaires qu'elles ont voulu qui fût passé, le contrat en ce cas ne recevra sa perfection que par la confection de l'acte. Voyez notre *Traité des obligations*, *n*. 11 & 15.

47. Dans le contrat de louage, de même que dans celui de vente & dans les autres contrats, le confentement des parties contractantes, lorfqu'elles ne font pas préfentes, peut intervenir *per nun- tium aut per epiftolam*. Ce que nous avons dit dans notre *Traité du contrat de vente, n. 3 2.* dans l'efpece d'une perfonne qui après avoir propofé à quelqu'un un mar- ché par une premiere lettre, auroit en- fuite revoqué fa propofition par une deuxieme, avant que la premiere lui fût parvenue, peut s'appliquer également à un marché de louage comme à un mar- ché de vente.

§. I I.

Sur quoi,

48. Il faut que le confentement des contractans intervienne fur la chofe qui ft louée ; il n'y aura donc point de con- rat, fi je penfe vous donner à ferme ine certaine métairie, & que vous pen- iez que ce foit une autre.

Il faut auffi que le confentement inter- ienne fur les qualités fubftantielles de la hofe : c'eft pourquoi fi je vous donne à erme une certaine piece de terre qui toit en pré, & qui a été convertie en erre labourable, & que vous la croyez encore en pré , il n'y a pas de contrat de louage , faute de confentement fur la qualité fubftantielle de la chofe.

Mais l'erreur fur les qualités acciden-telles de la chofe n'empêche pas qu'il n'y ait un véritable contrat de louage ; com-me fi je crois prendre à ferme de bonnes terres qui foient mauvaifes. L'erreur fur le nom eft encore moins confidérable , lorf-que la chofe qui a été louée eft conftante.

49. L'ufage pour lequel la chofe eft louée étant de la fubftance du contrat de louage, comme nous l'avons vu , le con-fentement des parties contractantes doit auffi intervenir fur l'efpece d'ufage pour lequel la chofe eft louée ; c'eft pourquoi fi l'une des parties comptoit donner à loyer une chofe pour un certain ufage *putà* un cheval de felle pour le monter , & l'au-tre partie comptoit le prendre pour un autre ufage, *putà* pour le mettre à une voiture , il n'y a pas de contrat de loua-ge, faute de confentement fur l'ufage pour lequel la chofe feroit louée.

50. Le confentement des parties con-tractantes doit auffi intervenir fur le temps que doit durer le bail : c'eft pourquoi fi je veux vous donner à loyer ma maifon pour trois ans, & que vous vouliez la prendre pour neuf , le contrat eft nul faute de confentement; mais fi le loca-

taire eſt entré en jouiſſance, il doit continuer l'année commencée pour le prix
porté par le bail.

51. Le conſentement doit auſſi intervenir ſur le prix, ſans quoi il n'y a point
de contrat : par exemple, il n'y a point
de contrat ſi je veux vous donner à
loyer une métairie pour ſix cents livres
de ferme, & que vous vouliez ne la
prendre que pour cinq cents livres ; le
contrat ne ſera parfait que lorſque vous
aurez conſenti à me donner les 600 liv.
pendant que de mon côté je perſevere
auſſi dans la volonté de vous donner ma
ferme à ce prix : juſqu'à ce concours des
deux volontés, chacune des parties peut
changer ; car juſqu'à ce que nous ſoyons
convenus de prix, il n'y a point de conſentement, ni par conſéquence de contrat.

Mais ſi au contraire le locateur avoit
entendu louer pour 500 liv. & le conducteur pour 600 liv. le contrat ſeroit
valable, & la métairie ſeroit louée 500
liv. les deux parties ſont convenues de
ce prix, le conducteur qui en vouloit donner 600 liv. vouloit par conſéquent à plus
forte raiſon en donner les 500 liv. que le
locateur demandoit, ces 500 liv. que le
locateur demandoit, ſont compris dans
les 600 liv. que le conducteur vouloit donner, ſuivant la regle *in eo quod plus ſit*,

semper inest & minus, *L.* 110. *ff. de R. J.*

52. Enfin le consentement doit intervenir sur le louage même ; il faut que l'une & l'autre des parties ait eu intention de faire un contrat de louage ; si l'un des deux croyoit louer & l'autre acheter, le contrat seroit nul par défaut de consentement. Voyez ce que nous avons dit sur le *Contrat de vente.*

SEDONDE PARTIE.

Des engagements du Locateur.

LES engagements que le locateur contracte, proviennent ou de la nature particuliere du contrat de louage, ou de la bonne foi qui doit regner dans tous les contrats, ou des conventions particulieres apposées au contrat.

CHAPITRE PREMIER.

Des engagements que le Locateur contracte par la nature même du Contrat.

53. IL résulte de la définition que nous avons donnée du contrat de louage, que l'engagement que le locateur contracte envers le conducteur par la nature même du

du contrat, est de le faire jouir ou user de la chose qu'il lui a louée, *præstare frui licere, uti licere*. Cet engagement renferme, 1°. l'obligation de délivrer au conducteur la chose qui lui est louée, pour qu'il puisse en jouir & s'en servir ; 2°. de n'apporter aucun trouble à sa jouissance, & de le garantir de ceux qui pourroient y être apportés par d'autres ; 3°. d'entretenir la chose de telle maniere que le conducteur en puisse jouir ; 4°. de garantir le conducteur que la chose qu'il lui a louée, n'a point certains défauts qui empêcheroient d'en user ; 5°. de le garantir des charges réelles : ce sera la matiere de cinq Sections.

PREMIERE SECTION.

De l'obligation de délivrer la chose au Locataire.

ARTICLE PREMIER.

A quoi s'étend cette obligation ; aux frais de qui, où & quand la chose doit-elle être délivrée.

§. I.

A quoi s'étend cette obligation.

54. De même que dans le contrat de vente le vendeur contracte envers l'ache-

feur l'obligation de lui délivrer la chofe vendue, pour la lui faire avoir à titre de propriétaire, cette obligation étant renfermée dans celle *præftandi emptori rem habere licere*; de même dans le contrat de louage, le locateur contracte envers le locataire l'obligation de lui délivrer la chofe qu'il lui a louée, pour que le locataire puiffe en jouir & s'en fervir, cette obligation étant renfermée dans celle *præftandi conductori frui vel uti licere.*

Cette obligation s'étend aux chofes qui font acceffoires de celle qui eft louée : par exemple, fi c'eft une maifon qui a été baillée à loyer, le bailleur doit délivrer au locataire les clefs de la maifon avec la maifon ; fi c'eft une métairie, il doit la délivrer avec tous les fumiers, pailles & fourages, & autres chofes qu'il eft d'ufage dans la Province de laiffer au fermier pour l'exploitation.

Si c'eft un cheval qu'on loue pour le monter, le locateur doit délivrer le cheval avec fon équipage, c'eft - à - dire, avec fa felle, fa bride, fa longe ; il doit auffi le remettre bien ferré.

§. I I.

Aux frais de qui la tradition doit-elle fe faire.

55. De même que dans le contrat de vente c'eft aux frais du vendeur que la dé-

livrance de la chofe doit fe faire , *Traité du contrat de vente* , *n.* 42. elle doit pareillement dans ce contrat fe faire aux frais du locateur.

C'eft pourquoi fi la chofe qu'on m'a louée fe trouvoit engagée & donnée à quelqu'un en nantiffement , & qu'elle ne pût m'être délivrée fans être dégagée , il n'eft pas douteux que c'eft aux frais du locateur qu'elle doit être dégagée , de même que dans le contrat de vente en pareil cas , c'éft aux frais du vendeur qu'elle doit l'être. *L.* 5. *Cod. de evict.*

Pareillement fi on m'a donné à loyer une certaine quantité de terre pour faire un chantier , à prendre dans une grande piece de terre , l'arpentage qu'il eft néceffaire de faire , pour me faire la délivrance de cette quantité de terre qui m'a été louée , doit fe faire aux frais du locateur.

Par la même raifon , n'étant pas permis aux loueurs de chaifes de louer des chaifes pour faire le voyage de Paris , fans en obtenir la permiffion du Directeur des caroffes , le loueur de chaife qui m'en a loué une pour faire le voyage de Paris , doit en obtenir à fes frais la permiffion, lorfque nous ne nous en fommes pas expliqués.

§. III.

Où la tradition doit-elle se faire.

56. De même que dans le contrat de vente la délivrance ou tradition des choses mobiliaires vendues, doit se faire au lieu où elles se trouvent, *Traité du contrat de vente*, *n.* 52. s'il n'y a convention contraire, d'où elles doivent être enlevées aux frais de l'acheteur, *ibidem*, *n.* 46. de même dans le contrat de louage des choses mobiliaires la délivrance doit s'en faire au lieu où elles se trouvent, d'où elles doivent être enlevées aux frais du locataire, s'il n'y a convention ou usage contraire.

Suivant ce principe, si j'ai loué d'un Marchand de bois des pieces de bois, pour étayer ma maison, le Marchand qui me les a louées doit m'en faire la délivrance dans sa cour où elles sont, & c'est à mes frais que je dois les enlever.

C'est pourquoi on ne doit pas confondre la délivrance que le locateur est tenu de faire de la chose, avec l'enlevement qu'en fait le locataire ; la délivrance se fait aux frais du locateur, comme elle consiste à donner au locataire la faculté d'enlever la chose, *debet ei præstare co-*

piam rei tollendæ, s'il y avoit quelques obstacles à l'enlevement de la chose, le locateur seroit obligé de lever à ses frais ces obstacles ; mais le locateur ayant donné au locataire une entiere liberté d'enlever la chose, c'est à ses propres frais que le locataire doit l'enlever.

Si depuis le contrat le locateur avoit transféré la chose dans un autre lieu d'où l'enlevement coutât plus qu'il auroit couté si la chose fût restée au lieu où elle étoit lors du contrat ; le locateur doit faire raison au locataire de ce qu'il lui en a couté de plus.

57. Quoique régulierement la délivrance des choses louées doive se faire au lieu où elles sont, lorsque les parties contractantes ne se sont pas expliquées lors du contrat sur le lieu où elle se feroit ; néanmoins s'il y a un usage contraire à l'égard de certaines choses, on doit le suivre ; car les parties sont censées en être tacitement convenues, suivant cette regle, *in contractibus tacitè veniunt ea quæ sunt moris & consuetudinis.*

Suivant cette regle, étant d'usage que les loueurs de chevaux & de chaises menent leurs chevaux & leurs chaises au logis des personnes auxquelles ils les ont louées, lorsqu'elles logent sur le lieu ; si j'ai loué une chaise, le loueur de chaise doit, me la mener le jour de mon départ à la porte de ma maison, quoique nous ne nous en soyons pas expliqués lors du marché que nous avons fait.

Par la même raison l'usage étant que les Tapissiers qui louent des meubles aux personnes du lieu, les fassent mener à leurs frais en la maison de la personne à qui ils les louent, & qu'ils les y arrangent; un Tapissier qui m'a loué des meubles doit se conformer à cet usage, quoique nous ne nous en soyons pas expliqués.

§. IV.

Quand la tradition doit-elle se faire.

58. A l'égard du temps auquel le locateur doit délivrer au locataire la chose qu'il lui a louée, s'il y a un jour convenu par le marché, il doit la faire au jour convenu.

Dans les baux à loyer des maisons & dans les baux à ferme des biens de campagne, il y a un temps réglé par l'usage auquel le locataire doit être mis en possession, quoique les parties contractantes ne s'en soient pas expliquées : par exemple, si je vous ai donné à loyer une maison à Orléans, quoique nous ne nous soyons pas expliqués sur le temps auquel je vous en mettrois en jouissance, je dois, suivant l'usage, dès le lendemain de la S. Jean-Baptiste vous donner la faculté d'y faire mener & d'y placer vos meubles dans quelque chambre, & je dois dans le jour de S. Pierre suivant vous remettre les clefs de la maison, & vous la laisser entierement libre.

A l'égard des autres choses, lorsque par le contrat de louage les parties ne se sont pas expliquées sur le jour auquel le locateur délivreroit au locataire la chose qu'il lui a louée, il doit lui faire cette délivrance lorsqu'il en est requis ; & si le locataire tarde à l'en requérir ; il peut, s'il veut s'acquitter de son obligation, faire sommation au locataire de venir quérir la chose au lieu où elle doit lui être délivrée, & l'assigner pour faire ordonner qu'à faute de ce, le loyer en courra du jour de la sommation.

ARTICLE II.

De l'action qu'a le conducteur qui naît de cette obligation.

Nous verrons sur cette action, 1°. ce que c'est, & quelle est sa nature ; 2°. contre qui elle a lieu ; 3°. en quels cas ; 4°. à quoi elle se termine, en cas d'inexé-

cution de l'obligation du locateur ; 5°. à
quoi elle se termine en cas de retard apporté à l'exécution ; 6°. à quoi elle se
termine lorsque la chose louée que le locateur offre de délivrer, ou ne se trouve
pas aussi entiere, ou ne se trouve pas au
même état qu'elle étoit lors du contrat.

§. I.

Ce que c'est que l'action ex conducto *qu'a
le conducteur pour se faire délivrer la
chose dont on lui a fait bail, & quelle
est la nature de cette action.*

59. L'action qui naît de l'obligation
que le locateur a contractée envers le
conducteur ou locataire, de lui délivrer
la chose qu'il lui a louée , pour qu'il
puisse en jouir & s'en servir, est celle
qu'on nomme en Droit, *actio conducti* ,
ou *actio ex conducto* ; cette action est une
action personnelle qu'a le conducteur
contre le locateur ou ses héritiers ten-
dante à ce que le locateur ou ses héritiers
soient tenus de lui délivrer la chose , suivant que le locateur s'y est obligé ; sinon
faute de ce , à ce que le locateur ou ses
héritiers soient condamnés en ses dommages & intérêts.

60. Cette action est une action mobi-

liaire , quand même le bail d'où elle naît
feroit le bail d'un héritage ; car l'action
du conducteur qui nait de ce bail ne tend
pas à avoir l'héritage , mais à en percevoir les fruits , lefquels deviennent quelque chofe de mobilier par la perception
qui s'en fait.

61. Cette action eft divifible ou indivifible , fuivant que la chofe qui fait l'objet du contrat eft divifible ou indivifible.

Par exemple , fi plufieurs ont loué à
quelqu'un la faculté de paffer par un
certain héritage , cette faculté étant quelque chofe d'indivifible , l'action qu'a le
conducteur , pour jouir de cette faculté ,
eft une action indivifible , & il peut conclure contre chacun d'eux pour le total
à ce qu'ils le faffent jouir de ce paffage ;
mais faute par eux de pouvoir remplir
leur obligation , l'action fe convertit en
une action de dommages & intérêts , laquelle , eft divifible ; conféquemment
le conducteur ne pourra conclure aux
dommages & intérêts contre chacun
d'eux , que pour chacun leur part , à
moins qu'il n'y eût par le bail une claufe
de folidité exprimée. Voyez notre *Traité
des obligations , part.* 2. *ch.* 4. *fect.* 2.
art. 3.

Au contraire , fi plufieurs ont loué à
quelqu'un une maifon ou une métairie,

la jouissance d'une maison ou d'une métairie étant quelque chose de divisible ,
l'obligation des locateurs est une obligation divisible , & l'action qui en résulte
est une action divisible, que le conducteur ne peut intenter contre chacun des
locateurs que pour la part dont il en est
tenu. Mais comme le conducteur n'a en-
entendu prendre à ferme la métairie que
pour jouir du total , & qu'il n'eût pas
voulu la prendre pour partie ; l'obligation
des locateurs, quoique divisible *obligatione* est indivisible *solutione* , & chacun
d'eux ne peut s'acquitter de son obligation , en offrant la jouissance de sa part ,
si tous les autres n'offrent pas pareillement la jouissance de la leur : c'est pourquoi si un seul d'entr'eux est en demeure
pour sa part, ils sont tous tenus des dommages & intérêts, chacun pour leur part ,
envers le conducteur. Voyez le *Traité des
obligations* , *n.* 315. & 316.

§. II.

Contre qui a lieu cette action.

62. Selon la nature des actions personnelles , le conducteur n'a cette action
que contre le locateur qui a contracté
l'obligation d'où elle naît, ou contre ses

héritiers, qui en leur qualité d'héritiers
fuccédent à toutes fes obligations, ou
contre fes fucceffeurs à titre univerfel,
qui font *loco hæredum*; mais il n'a pas
cette action contre les tiers détenteurs
de la chofe, qui y ont fuccédé à titre
particulier : par exemple, fi le propriétaire d'une maifon, après m'en avoir fait
un bail à loyer pour y entrer à la S. Jean
prochaine, la vend à un tiers, avant que
j'y fois entré, fans le charger de l'entretien du bail à loyer qu'il m'a fait, je n'ai
d'action que contre celui qui m'a fait le
bail qui doit être condamné en mes dommages & intérêts, faute de pouvoir remplir l'obligation qu'il a contractée envers
moi, de me faire jouir de la maifon ; je
n'en ai aucune contre l'acheteur de la maifon, qui n'a contracté avec moi aucun engagement, & qui ne fuccede point à celui
de fon vendeur, n'étant pas tenu de fes
dettes.

Bien loin que je puiffe avoir action
contre le tiers acquéreur, pour me faire
mettre en jouiffance de l'héritage qui m'a
été donné à loyer ou à ferme, il peut au
contraire m'en expulfer fi j'en fuis déja
entré en jouiffance avant qu'il l'eût acquis,
comme nous le verrons infrà, ch. 4. féc. 2.

63. Suivant ces principes ; fi après
m'avoir fait un bail à loyer d'une maifon,

C vj

ou un bail à ferme d'une métairie, contre la foi de votre engagement, vous en faites bail à un autre que vous faites entrer en jouissance; je n'ai aucune action contre ce second locataire ou fermier qui se trouve en jouissance de l'héritage dont vous m'avez fait bail, je n'ai action que contre vous en dommages & intérêts.

Mais si aucun des deux locataires ou fermiers auxquels le même héritage a été donné à loyer ou à ferme en différents temps n'est pas encore entré en jouissance, & qu'ils demandent l'un & l'autre à y entrer, c'est celui à qui le bail a été fait le premier qui doit être préféré.

Observez néanmoins que les actes sous signature privée, ne faisant pas de foi de leur datte contre les tiers; celui des deux locataires ou fermiers qui a un bail pardevant Notaires, doit l'emporter sur celui qui a un bail sous signature privée, quoique celui-ci porte une datte antérieure à celle du bail devant Notaires, à moins que le décès de quelqu'une des personnes qui l'ont souscrit ne lui ait assuré une datte antérieure à celle du bail devant Notaires.

Lorsque la chose qui fait l'objet du bail est un fait personnel; comme lorsqu'un berger s'est loué à un laboureur pour entrer à son service à la Toussaint prochaine, &

que contre la foi de cet engagement, il s'eſt peu après loué à un autre laboureur pour entrer chez lui au même terme ; dans le for extérieur, *cùm nemo poſſit præcisè cogi ad faſtum*, il eſt au choix de ce berger d'entrer chez lequel des deux il voudra, ſauf à l'autre à le faire condamner en ſes dommages & intérêts ; mais dans le for de la conſcience, il doit entrer au ſervice de celui à qui il s'eſt loué en premier lieu.

§. I I I.

En quel cas y a-t-il lieu à cette action.

64. Il y a lieu à cette action qu'a le conducteur contre le locateur pour ſe faire délivrer la choſe, 1°. dans le cas auquel le locateur ayant le pouvoir de la délivrer refuſe de le faire ; 2°. dans le cas auquel il s'eſt par ſon fait mis hors d'état de la pouvoir délivrer, comme lorſque depuis le bail qu'il m'en a fait, il l'a aliénée ſans charger l'acquéreur de l'entretien du bail, ou lorſqu'il l'a laiſſée périr par ſa faute ; 3°. enfin même dans le cas auquel n'ayant pas eu dès le temps du bail le pouvoir de diſpoſer de la jouiſſance de cette choſe, il ſe ſeroit obligé témérairement à la donner.

Cela a lieu non-ſeulement lorſqu'il ſçavoit qu'il n'avoit pas le droit d'en

difposer ; mais même lorfqu'il croyoit
de bonne foi que la chofe lui appartenoit,
& quil avoit le droit d'en difpofer. La
raifon eft que le contrat de louage fe
gouverne par les mêmes regles que le
contrat de vente ; de même que dans le
contrat de vente, on peut vendre la chofe
d'autrui *res aliena vendi poteft*, en ce fens
que celui qui vend la chofe d'autrui contracté valablement l'obligation de la délivrer & de la garantir à l'acheteur, & que
la bonne foi de ce vendeur qui avoit un
jufte fujet de croire que la chofe qu'il
vendoit lui appartenoit, ne le décharge
pas des dommages & intérêts dûs à l'acheteur pour l'inexécution de fon obligation :
de même dans le contrat de louage, *res
aliena locari poteft*, & le locateur s'oblige
valablement envers le locataire à le faire
jouir de la chofe, & en fes dommages
& intérêts faute de pouvoir remplir cette
obligation, quoiqu'il ait cru de bonne
foi que la chofe lui appartenoit, & qu'il
avoit le droit d'en difpofer. La raifon
ulterieure eft que fuivant les principes
établis en notre Traité des Obligations,
pour qu'une obligation foit valable, il
fuffit que la chofe que quelqu'un promet
de faire foit poffible en foi, & il n'eft pas
néceffaire qu'elle foit au pouvoir de celui
qui a promis de la faire : il doit s'impu-

ter d'avoir promis ce qu'il ne pouvoit pas tenir ; celui à qui on a fait la promesse a eu droit d'y compter dès que ce qu'on lui promettoit étoit en soi possible.

65. Il en est autrement, lorsque le locateur ne peut pas délivrer au locataire la chose qu'il lui a louée, ou parce qu'elle a péri ; ou parce qu'elle a été mise hors le commerce, *putà* si par autorité publique, le champ que je vous avois donné à ferme a été pris pour être un grand chemin ; ou par ce que par quelque autre accident que ce soit sans le fait ni la faute du locateur, la chose a cessé de pouvoir servir à l'usage pour lequel elle avoit été louée ; comme si le cheval que je vous avois loué est devenu boiteux ; en tous ces cas le locateur est déchargé de son engagement parce qu'il devient impossible, & qu'*impossibilium nulla obligatio est*, & il n'y a pas lieu à l'action *ex conducto* : mais le conducteur de son côté est déchargé du sien, comme nous le verrons en la partie suivante, & s'il en avoit payé le loyer d'avance, il en auroit la répétition *condictione sine causâ*.

§. IV.

A quoi se termine cette action en cas d'inexécution de l'obligation du locateur.

66. La première question qui se pré-

fente eft de fçavoir, fi lorfque le locateur
ayant le pouvoir de délivrer au locataire
la chofe qu'il lui a louée, refufe de le faire,
le locataire peut obtenir de s'en faire mettre en jouiffance *manu militari*, ou s'il
ne peut obtenir que des dommages & intérêts.

Cette queftion eft femblable à celle
que nous avons traitée au long en notre
Traité du contrat de vente, *n.* 67. de
fçavoir fi le vendeur qui a la chofe vendue en fa poffeffion, peut être contraint
précifément à la livrer à l'acheteur : l'une
& l'autre queftion dépend de l'explication de cette maxime, *nemo poteft præcisè
cogi ad factum*. Nous avons obfervé qu'elle
n'avoit d'application qu'à l'égard des obligations qui ont pour objet quelque acte
corporel de la perfonne du débiteur, auquel il ne pouvoit être contraint fans
qu'on attentât à fa perfonne & à fa liberté:
telle eft l'obligation que quelqu'un auroit
contracté, d'entrer à mon fervice, d'aller
quelque part pour mes affaires, de copier
mes cahiers, &c. Il en eft autrement de
l'obligation que contracte le vendeur dans
le contrat de vente de livrer une certaine
chofe à l'acheteur, & pareillement de
celle que contracte dans le contrat de
louage le locateur: ces faits *non funt mera
facta*, ce font des faits *quæ ad dationem*

magis accedunt auxquels le débiteur peut être précisément contraint sans attenter ni à sa personne ni à sa liberté, en permettant, soit à l'acheteur, soit au locataire de se faire mettre par le ministere d'un sergent, en possession de la chose qui lui a été vendue ou qui lui a été louée, pour par l'acheteur la retenir à titre de propriétaire, ou par le locataire jouir ou user de ladite chose pendant le temps convenu. C'est l'avis de Lauterbach. *ad tit. locat.*

67. L'autre question qui concerne l'exécution de cette action *ex conducto* est de sçavoir en quoi elle se résout à défaut de tradition de la chose louée ; il faut décider comme nous l'avons fait à l'égard de l'action *ex empto* en notre Traité du contrat de vente, *n.* 68. que l'action *ex conducto* en ce cas a deux objets, 1°. la décharge du prix de la ferme ou loyer, & la restitution de ce qui en auroit été payé d'avance ; 2°. la condamnation des dommages & intérêts, si le conducteur en a souffert à cause de l'inexécution du contrat.

68. Ces dommages & intérêts, suivant la définition qu'en donne la loi 13. *ff. rem rat. hab.* & suivant les principes généraux que nous avons établis en notre Traité des Obligations, *Part.* 1. *ch.* 2. *art.* 3.

fur les dommages & intérêts réfultant
de l'inexécution des obligations, confiftent dans la perte que l'inexécution du
contrat a caufé au conducteur , & dans le
gain ou profit dont elle l'a privé , *quantum ei abeft & quantum lucrari potuit.*

Par exemple , fi vous m'avez loué une
voiture pour faire un voyage , ou une
maifon pour y loger , & que vous ayez
manqué de me la livrer au temps convenu ; ce que j'ai été obligé de payer pour
le loyer d'une autre voiture ou d'une autre maifon femblable , plus que le prix
pour lequel vous m'aviez loué la vôtre ,
eft une perte que me caufe l'inexécution
du contrat, dont vous devez me faire
raifon.

Si vous m'aviez fait ce bail par acte
devant Notaire , le coût de cet acte que
j'ai payé eft encore une perte pour moi
dont vous devez me dédommager.

Si la maifon que vous m'avez louée
étoit une auberge , la perte que j'ai faite
fur les provifions que j'avois faites pour
exploiter cette auberge, & que j'ai été
obligé de revendre , faute de pouvoir y
entrer , eft encore une perte qui fait partie des dommages & intérêts que je fouffre de l'inexécution de votre obligation,
dont vous devez me faire raifon.

On doit auffi comprendre dans les

.ommages & intérêts le profit que j'aurois
u vraifemblablement faire en exerçant
ette auberge, au-delà du prix de la fer-
ie que je m'étois obligé de payer ; car
e profit eft un gain dont m'a privé l'ine-
'écution du bail, qui entre par confé-
uent dans les dommages & intérêts qui
n réfultent, fuivant notre définition ci-
leffus rapportée, *quantum mea intereft,*
d eft quantum abeft, & quantum lucrari
otui.

Si j'ai fait ou pu faire un autre trafic à
a place du commerce d'aubergifte que je
ne propofois de faire, en ce cas, dans
es dommages & intérêts qui me font dûs
our l'inexécution du bail qui m'a été fait
de l'auberge, on ne doit eftimer le gain
que j'aurois pu faire dans cette auberge
que fous la déduction de celui que j'ai
pu faire dans cet autre trafic.

Pareillement dans les dommages & intérêts dûs à un Laboureur, pour l'inexécution du bail qui lui a été fait d'une
métairie, fi le bailleur ne l'ayant pas
averti affez à temps, qu'il ne pouvoit
exécuter fon obligation, & le faire entrer
dans la métairie dont il lui avoit fait bail,
le Laboureur n'en a pu trouver d'autre,
& a été obligé de fe démonter, & de
vendre à perte fes chevaux & fes troupeaux, on doit faire entrer tant la perte

qu'il a soufferte en se démontant, que le
gain qu'il auroit vraisemblablement fait
dans l'exploitation de cette métairie.

Si ce Laboureur à qui vous avez fait
bail ne s'est pas démonté , & a trouvé
une autre métairie , mais à des conditions moins avantageuses , les dommages
& intérêts pour l'inexécution du bail que
vous lui avez fait , consistent dans ce
qu'on estimera que le bénéfice qu'il auroit eu à espérer du bail que vous lui
avez fait , excede celui qu'il a à espérer
de l'autre bail qui lui a été fait.

69. Observez que suivant les principes
établis en notre *Traité des obligations* , n.
160. lorsque ce n'est pas par mauvaise
foi que le locateur manque à son obligation, il ne doit être tenu que des dommages & intérêts du conducteur qui ont
pu être prévus lors du contrat', n'étant
censé s'être soumis qu'à ceux-là ; il n'est
pas tenu des pertes que l'inexécution du
contrat a causé au conducteur, qui n'ont
pas été prévues lors du contrat, ni encore moins des gains dont l'inexécution
du contrat a privé le conducteur, si ces
gains étoient inespérés lors du contrat.

Par exemple , si dans un pays de tra-
verse éloigné d'Orleans, un loueur de
chaises a fait marché avec un Chanoine
d'Orleans pour lui louer une chaise & des

hevaux pour le conduire chez lui, &
ue la chaife & les chevaux que ce loueur
omptoit être de retour au jour fixé pour
e départ du Chanoine n'étant pas arri-
és, il n'ait pu les lui fournir ; les dom-
ages & intérêts réfultants de l'inexécu-
ion de ce marché, confiftent dans la
épenfe que ce Chanoine a été obligé de
aire à l'auberge, jufqu'à ce qu'il ait pu
rouver une autre voiture, & dans ce
u'il a payé de plus pour le loyer de
'autre voiture, qu'il ne devoit payer
our celle qu'on lui avoit louée; ce font
es dommages & intérêts qui ont pu être
prévus lors du contrat : mais fi ce Chanoine n'ayant pu trouver affez tôt une
autre voiture à la place de celle qu'on lui
avoit louée, n'a pu arriver affez à temps
à Orleans pour gagner fes gros fruits ;
cette perte qu'il a foufferte par l'inexécution du marché, n'entrera pas dans
les dommages & intérêts qui lui font dûs
par le loueur de chaifes ; car ils n'ont pas
été prévus par le marché.

Pareillement dans les dommages & intérêts dûs pour l'inexécution du bail d'une
auberge, on comprendra le profit qu'on
pouvoit croire au temps du bail devoir
être à faire en exerçant cette auberge ;
mais fi depuis le bail on a établi une grande route par le lieu où cette auberge eft

fituée qui devoit caufer une grande augmentation de profit dans l'exploitation
de cette auberge, cette augmentation ne
doit pas être comprife dans les dommages & intérêts, parce que c'eft un profit
inefpéré qui n'a pu être prévû lors du
contrat.

70. Lorfque c'eft par mauvaife foi que
le locateur a manqué à fon obligation,
il eft tenu en ce cas indiftinctement de
tous les dommages & intérêts que l'inexécution de l'obligation a caufé au locataire,
foit qu'ils ayent pu être prévus lors du
contrat, foit qu'ils n'ayent pu l'être; car
le dol de celui qui caufe quelque préjudice à quelqu'un, l'obligeant *five velit
five nolit* à le réparer; il n'eft pas néceffaire que celui qui a commis le dol, fe
foit foumis aux dommages & intérêts
qu'il a caufé par fon dol, ni par conféquent qu'ils ayent été prévus lors du contrat. *Voyez notre Traité des Obligations,
n.* 166.

Néanmoins en cas de dol du locateur,
il ne doit être tenu que des dommages
& intérêts dont l'inexécution a été la caufe prochaine & immédiate, non de ceux
dont elle ne feroit qu'une caufe éloignée
& occafionnelle, *ibid. n.* 167.

Par exemple, quoique ce foit par mon
dol que mon locataire n'ait pu jouir de l'au-

erge que je lui avois louée pendant tout
e temps pour lequel je la lui avois louée ;
e ferai bien tenu envers lui des domma-
es & intérêts réfultants du profit qu'il
manqué de faire ; l'inexécution du bail
n étant la caufe prochaine ; mais fi l'In-
erruption de fon commerce d'aubergifte
occafionné un dérangement dans fes
ffaires ; que fes créanciers ayent faifi fes
iens & les ayent confommé en frais ,
e ne ferai pas tenu de cette perte dont
'inexécution du bail n'eft qu'une caufe
ccafionnelle & éloignée.

Obfervez que même à l'égard des dom-
iages & intérêts qui ont dû être prévus
ors du contrat , & defquels le locateur
e bonne foi qui n'a pu remplir fon obli-
ation eft tenu, auffi bien que le locateur de
auvaife foi , on doit encore faire une
ifférence entre l'un & l'autre , en ce que
es dommages & intérêts doivent s'efti-
ier à la rigueur contre le locateur qui
manqué par mauvaife foi à fon obliga-
ion ; au lieu qu'on doit ufer de modéra-
ion & d'indulgence dans l'eftimation de
ces dommages & intérêts vis - à - vis du
ocateur de bonne foi.

§. V.

A quoi se termine cette action en cas de retard apporté à l'exécution de l'obligation de délivrer la chose.

71. Lorsque le locateur n'a pas manqué, mais a apporté seulement du retard à l'exécution de l'obligation qu'il a contractée envers le locataire de lui délivrer la chose qu'il lui a louée ; il est pareillement tenu *actione ex conducto* des dommages & intérêts que ce retard a causé au locataire depuis qu'il l'a mis en demeure d'y satisfaire : par exemple, si on a fait à un Marchand un bail à loyer d'une loge pour y étaler ses marchandises pendant le temps de la Foire de S. Germain ; si le locateur a manqué de le faire entrer en jouissance de cette loge dès le commencement de la Foire , quoiqu'il l'en ait mis depuis en possession , il sera tenu de dédommager le Marchand du profit qu'il a manqué de faire pendant le temps qu'il n'a pas joui de la loge , à compter du jour de la sommation judiciaire qu'il a faite au locateur de l'en faire jouir.

Par la même raison , si un loueur de chaises m'a loué une chaise & des chevaux pour me conduire au lieu de mon domicile,

domicile ; & qu'il ne l'ait pas fournie au jour convenu : quoiqu'il me l'ait fournie depuis, il est tenu de me dédommager de la dépense que son retard m'a obligé de faire à l'auberge depuis le jour que je lui ai fait une sommation judiciaire de satisfaire à son obligation.

72. Le conducteur qui a constitué le locateur en demeure de s'acquitter de son obligation, peut non-seulement demander les dommages & intérêts qu'il souffre de ce retard ; il peut en outre quelquefois demander la résolution du marché , & qu'il lui soit permis de se pourvoir ailleurs : par exemple, si on a loué à un Marchand une loge pour la foire , le Marchand à qui le locateur ne délivre pas cette loge , peut conclure à ce que faute par le locateur de l'en mettre en jouissance dans les vingt-quatre heures, il lui sera permis d'en louer une autre , & qu'il sera déchargé du marché envers le locateur.

73. Quand même ce seroit par une force majeure survenue depuis le contrat que le locateur auroit apporté du retard à l'exécution de son obligation ; comme si un loueur de chevaux qui m'avoit loué un cheval pour un certain jour, avoit été obligé par autorité publique de fournir ce jour-là tous ses chevaux pour

D

le fervice de la pofte , quoiqu'il ne foit
pas tenu en ce cas des dommages & intérêts que je fouffre du retard apporté à
l'exécution de fon obligation , le loueur
de chevaux n'étant pas garant de cette
force majeure , néanmoins je fuis bien
fondé à demander la réfolution du marché , & à refufer de me fervir de fon cheval , s'il me l'offroit après que le temps
auquel j'en avois befoin eft paffé.

§. VI.

A quoi fe termine cette action , dans le cas
où la chofe louée que le locateur offre de
délivrer au locataire , ne fe trouve pas en-
tiere , ou ne fe trouve pas au même état
qu'elle étoit lors du contrat.

74. Lorfque la chofe louée que le locateur offre de délivrer au conducteur ne
fe trouve pas entiere , le locateur en ayant
perdu une partie depuis le contrat ; ou
lorfqu'elle ne fe trouve pas au même état
qu'elle étoit lors du contrat ; fi ce qui
manque de la chofe , ou fi le changement
qui eft arrivé dans la chofe eft tel que le
conducteur n'eût pas voulu prendre cette
chofe à loyer , fi elle fe fut trouvée telle
qu'elle eft devenue depuis , en ce cas le
conducteur eft bien fondé à refufer de

recevoir la chofe, & à demander la réfolution du contrat.

Cela a lieu quand même ce feroit par
une force majeure furvenue depuis le
contrat, que la chofe ne fe trouveroit plus
entiere, ou fe trouveroit détruite ; comme
par exemple, fi depuis le contrat le feu du
ciel a brulé une partie confidérable de la
maifon que vous m'avez louée, & que ce
qui en refte ne foit pas fuffifant pour m'y
loger avec ma famille ; ou fi une prairie
que vous m'aviez louée a été inondée
par un débordement de riviere qui y a
laiffé un mauvais limon qui en a gâté
l'herbe : mais dans ces cas je ne pourrai
demander que la réfolution du marché,
fans pouvoir prétendre aucuns dommages & intérêts pour fon inexécution.

Au contraire, fi c'eft par fon fait qu'il
n'a plus cette partie de la chofe, *putà* parce
qu'il l'a alienée depuis le bail qu'il m'a
fait ; ou fi dès le temps du bail il n'étoit
pas propriétaire de cette partie, & qu'il
en ait depuis fouffert éviction ; en ces cas
je peux demander, outre la réfolution du
bail, les dommages & intérêts que je
fouffre de fon inexécution, fuivant que
nous l'avons expliqué, *fuprà*, *Art.* 2.

SECTION II.

De l'obligation du Locateur, de n'appor-
ter aucun trouble à la jouissance du Con-
ducteur, & de le garantir de ceux qui
pourroient y être apportés par des tiers
pendant tout le temps du bail.

Nous verrons sur ce chef d'obligation
du locateur, 1°. en quels cas le locateur
est censé apporter du trouble à la jouissance du conducteur, & quelle action a
le conducteur pour l'en empêcher. 2°.
Quels sont les troubles apportés par des
tiers à la jouissance du conducteur, dont
le locateur est obligé de le défendre &
garantir. 3°. De l'action de garantie qu'a
le conducteur contre le locateur, pour
qu'il le défende des troubles apportés à
sa jouissance par des tiers. 4°. De l'exception qu'a le conducteur, qui naît de la
garantie qui lui est dûe.

§. I.

En quels cas le Locateur est-il censé appor-
ter du trouble à la jouissance du Con-
ducteur, & quelle action a le Conducteur
pour l'en empêcher.

75. C'est une suite de l'obligation que
le locateur contracte envers le conducteur par le contrat de louage, *præstare ei*

frui licere, qu'il ne puisse apporter aucun trouble à la jouissance du Conducteur pendant tout le temps que le bail doit durer.

C'est un trouble que le locateur d'une métairie apporteroit à la jouissance du fermier auquel il en a fait bail, s'il en percevoit quelques fruits, à moins qu'il ne se les fût réservés expressément par le bail ; comme si après vous avoir donné à ferme une métairie, j'envoyois les bestiaux d'une autre métairie voisine que je fais valoir par mes mains, paître dans les prairies dépendantes de celle que je vous ai donnée à ferme pendant le temps du bail.

C'est pareillement un trouble que le locateur d'une métairie apporteroit à la jouissance de son fermier, s'il vouloit changer la forme d'une partie considérable des terres de ladite métairie ; comme s'il vouloit convertir une piece de terre labourable en prairie, ou la faire planter en bois ; le fermier est en droit de s'opposer à ce changement, quelque dédommagement que lui offre le locateur ; car le locateur, par le bail qu'il a fait de sa métairie, a contracté envers son fermier l'obligation de le laisser jouir des terres de sa métairie en la nature qu'elles étoient lors du bail pendant tout le temps qu'il doit durer ; il ne peut donc pas ; fans contrevenir à cette obligation, en changer la nature.

Mais fi ce changement de forme n'étoit que fur une partie peu confidérable, & que le propriétaire eut intérêt de le faire, il le pourroit faire, en indemnifant le fermier. Par exemple , fi fur une grande quantité de terres dont eft compofé l'héritage que j'ai donné à ferme , j'en veux détacher quelques arpents pour agrandir mon parc, & les planter en bois, le fermier à qui j'offre une indemnité & diminution fur fa ferme, ne peut pas s'y oppofer.

A plus forte raifon fi ce que le locateur veut faire fur les terres de la métairie qu'il a donnée à ferme, eft quelque chofe qui ne diminue pas la jouiffance que le fermier doit avoir defdites terres, ou fi la diminution qu'elle y cauferoit eft quelque chofe d'infiniment petit, ce fermier ne peut pas s'y oppofer, ni même en ce cas prétendre d'indemnité, puifqu'il ne fouffre rien : par exemple, fi vers la fin du temps d'un bail le locateur veut planter des arbres fur une petite partie des terres de la métairie qu'il a donnée à ferme, pour faire une avenue à fon château, le fermier ne doit pas être admis à s'y oppofer : ces arbres ne peuvent pas, pendant le peu de temps qui reste à courir du bail, pousser assez de racines, ni produire assez d'ombre pour diminuer d'une façon sensible la jouissance que le fermier doit avoir de ces terres.

Ce n'est pas un trouble que le locateur d'une métairie apporte à la jouissance de son fermier, lorsqu'il s'y transporte, ou qu'il y envoie des personnes de sa part pour en visiter l'état.

Ni lorsqu'il y va, ou y envoie chasser, pourvu qu'il n'apporte aucun dommage aux fruits ; car la chasse n'est pas comprise dans le bail qu'il a fait de la métairie, & ne peut pas même l'être, comme nous l'avons vu ci-dessus.

76. A l'égard des maisons de Ville, ce seroit un trouble que le locateur apporteroit à la jouissance que son locataire doit avoir de la maison, s'il faisoit quelque chose qui tendît à diminuer cette jouissance, ou à la rendre moins commode au locataire : par exemple, si depuis le bail à loyer d'une maison que je vous ai fait, j'entreprends d'ouvrir dans le mur mitoyen de cette maison & d'une autre maison voisine qui m'appartient, une fenêtre qui me donne une vue sur la maison que je vous ai louée ; ou si j'entreprends d'y établir un égout pour y faire tomber les eaux de la mienne sur la vôtre,

qui n'y tomboient pas avant le bail que
je vous en ai fait, c'eſt un trouble que
je fais à votre jouiſſance, auquel vous
êtes en droit de vous oppoſer ; car la
maiſon n'étoit pas, lors du bail que je
vous en ai fait, ſujette à l'incommodité
de cette vue & de cet égout, qui n'étoient
pas encore ; m'étant par le bail obligé de
vous donner la jouiſſance de cette maiſon telle qu'elle étoit alors, il n'eſt pas
douteux qu'en faiſant cette vue ou cet
égout, j'apporte de l'incommodité, &
par conſéquent du trouble à la jouiſſance
que je vous ai promiſe.

77. Le bailleur n'eſt pas cenſé contrevenir à ſon obligation de n'apporter aucun trouble à la jouiſſance que le locataire doit avoir de la maiſon, en faiſant durant le cours du bail à cette maiſon des
réparations néceſſaires ; c'eſt pourquoi
quelque grande que ſoit l'incommodité
qu'elles ont cauſé au locataire, quand
même elles auroient rendu entierement
inexploitable la plus grande partie des
cénacles, pendant un temps conſidérable
qu'il a fallu employer à les faire, le locataire n'eſt pas pour cela en droit de prétendre aucuns dommages & intérêts contre le bailleur ; le locataire doit ſeulement en ce cas être déchargé du loyer de
la partie de la maiſon dont il n'a pas eu

la jouiſſance , pour le temps qu'il en a été privé.

Si les réparations n'avoient duré que peu de jours à faire , ou même qu'ayant duré long-temps elles n'euſſent cauſé au locataire qu'une incommodité médiocre, & ne l'euſſent privé à la fois que de quelque partie médiocre de la maiſon , le locataire ne pourroit pas même en ce cas prétendre aucune remiſe du loyer ; c'eſt une choſe cenſée prévue lors du bail qu'il pourra ſurvenir des réparations à faire , & le locataire eſt cenſé s'être ſoumis à en ſupporter l'incommodité.

Suivant l'uſage du Châtelet de Paris , atteſté par Deniſar, lorſque le temps pour faire ces réparations ne dure pas plus de ſix ſemaines , le locataire ne peut pas prétendre aucune diminution de ſon loyer.

78. Lorſque les ouvrages que le locateur veut faire à la maiſon pendant le temps du bail ne ſont pas néceſſaires , le locataire peut s'y oppoſer & l'en empêcher ; car en ce cas c'eſt un trouble que le locateur feroit à la jouiſſance du locataire ſans néceſſité , par l'embarras que les ouvriers cauſeroient au locataire : d'ailleurs le locataire ayant le droit de jouir de la maiſon en l'état qu'elle étoit lors du bail qui lui en a été fait, on ne

D v

peut malgré lui en changer l'état.

79. Quoique les réparations que le bailleur veut faire à sa maison se ...t nécessaires, si elles ne font pas urgentes, & qu'il paroisse que le propriétaire ne se presse de les faire à la fin d'un bail, que pour éviter l'incommodité qu'elles lui causeroient si elles se faisoient lorsqu'après l'expiration du bail il sera rentré dans sa maison, & pour faire tomber sur son locataire cette incommodité, le locataire peut encore en ce cas être reçu à empêcher le propriétaire de faire ces réparations.

80. De l'obligation du locateur de n'apporter aucun trouble à la jouissance du conducteur naît une action qui est une branche de l'action *ex conducto*, qu'a le conducteur en cas de trouble contre le locateur : cette action tend à ce qu'il soit fait défenses au locateur d'apporter aucun trouble à la jouissance du conducteur, & à ce qu'il soit condamné aux dommages & intérêts lorsque le conducteur en a souffert; quelquefois même selon les circonstances à ce que le locateur soit condamné à détruire les ouvrages par lui faits, malgré le conducteur, ou à son insçu, sinon que faute par lui de le faire dans un tems bref qui doit lui être fixé par le Juge, il sera permis au conducteur de le faire faire lui-même

aux dépens du locateur, ce qui ne doit néanmoins avoir lieu que lorfqu'ils caufent un préjudice confidérable à la jouiffance du conducteur.

§. I I.

Quels font les troubles de la part des tiers dont le locateur eft obligé de garantir le conducteur.

81. Il y a différentes efpeces de troubles qui peuvent être apportés de la part des tiers à la jouiffance du conducteur. Il y en a qui ne confiftent que dans des voies de fait, fans que ceux qui ont apporté le trouble prétendent avoir aucun droit dans l'héritage, ou par rapport à l'héritage. Par exemple, fi des laboureurs voifins font paître leurs troupeaux dans les prairies d'une métairie que je tiens à ferme, & ce par voie de fait fans prétendre en avoir le droit ; fi des voleurs au clair de Lune en vendangent les vignes ; fi des gens jettent du coclevant dans les étangs, & en font mourir les poiffons, &c. le locateur n'eft pas garant de cette efpece de trouble, le fermier n'a d'action que contre ceux qui l'ont caufé *actionem injuriarum* ; & fi cette action lui eft inutile, foit parce qu'on ne connoît pas ceux qui

D vj

lui ont causé le tort, soit par leur insol-
vabilité ; & qu'il ait par ce moyen été
privé de tous les fruits qu'il avoit à
recueillir ou de la plus grande partie ; le
fermier peut seulement en ce cas demander la remise de sa ferme , pour le
tout ou partie ; de même qu'il le peut
dans tous les cas auxquels il a été empêché de jouir par une force majeure qu'il
n'a pu empêcher, comme nous le verrons
au Chapitre suivant.

82. Il y a une autre espece de trouble
fait par un tiers à la jouissance du conducteur ou fermier, qu'on peut appeller
trouble judiciaire.

Ce trouble est fait par une demande
donnée par ce tiers contre le fermier, aux
fins de lui délaisser l'héritage ou quelque
partie d'icelui, dont le demandeur soutient être le propriétaire ou l'usufruitier ;
ou bien aux fins que le fermier soit obligé
de souffrir l'exercice de quelque droit
de servitude que le demandeur prétend
avoir sur l'héritage, dont le fermier n'a
pas été chargé par son bail.

Il peut aussi être formé par des exceptions contenant semblables prétentions
que ce tiers a opposé contre la demande du fermier donnée contre lui pour
lui faire défenses de le troubler dans sa
jouissance.

Ces troubles judiciaires peuvent aussi s'appeller des évictions non de la chose, mais de la jouissance de la chose.

Pour sçavoir quels sont ceux de ces troubles judiciaires ou évictions dont le locateur est obligé de défendre & de garantir le conducteur ou fermier, il faut suivre les regles suivantes.

PREMIERE REGLE.

83. Lorsque la cause de l'éviction que le conducteur a soufferte de la part du tiers, de la jouissance de l'héritage qui lui a été loué, ou de partie d'icelui, ou du moins le germe de cette cause existoit dès le temps du bail, le locateur est garant de cette éviction envers le conducteur, soit que le locateur en eût connoissance, soit qu'il l'ignorât.

Par exemple, si l'héritage dont vous m'avez fait bail, ou une partie d'icelui ne vous appartenoit pas, au moins quant à l'usufruit, mais au tiers qui a donné la demande contre moi, pour le lui délaisser pour le tout ou pour partie ; ou si vous n'en aviez qu'une propriété résoluble, qui depuis le bail s'est résolue au profit de ce tiers ; vous êtes garant de l'éviction que j'ai soufferte de la part de ce tiers, quand même vous auriez ignoré le droit de ce tiers.

Cette décision eſt conforme à ce que nous avons déja décidé ci-deſſus à l'égard de l'obligation de délivrer la choſe, & à ce que nous avons décidé dans notre Traité du Contrat de Vente, *part. 2. ch. 1. ſect. 2. art. 2.* à l'égard du vendeur par rapport à l'action *ex empto:* les mêmes regles qui ont lieu pour l'action *ex empto* contre le vendeur *ut præſtet emptor: habere licere,* doivent pareillement avoir lieu pour l'action *ex conducto* contre le locateur, *ut præſtet conductori frui licere,* y ayant même raiſon.

S E C O N D E   R E G L E.

84. Lorſque le conducteur lors du bail avoit connoiſſance du droit du tiers de la part duquel il a ſouffert l'éviction de la jouiſſance de l'héritage qui lui a été loué, ou de partie d'icelui, le locateur n'eſt pas garant de cette éviction, à moins que le locateur qui avoit pareillement connoiſſance de ce droit ne l'eût expreſſément promiſe ; mais ſi le locateur l'ignoroit, il ne ſeroit pas tenu de la garantie envers le conducteur qui en avoit la connoiſſance, quand même il auroit expreſſément promis cette garantie, ayant été induit en erreur par le conducteur qui lui a diſſimulé la connoiſſance qu'il en avoit.

Cette regle eſt conforme à ce que

nous avons décidé dans notre Traité du Contrat de Vente, *n.* 187. 190. & 191. pour l'action *ex empto.* Il y a même raison de le décider. pour l'action *ex conducto* : obfervez que le conducteur qui dans le cas de cette regle n'a pas l'action de garantie, doit être déchargé de la ferme pour le reftant du temps du bail, du jour qu'il a été obligé de quitter la jouiffance.

TROISIEME REGLE.

85. Il n'y a pas lieu à la garantie contre le locateur pour l'éviction que le conducteur fouffre de la part d'un tiers de la jouiffance de l'héritage qui lui a été loué ou de partie d'icelui, lorfque le conducteur eft lui-même en une autre qualité garant de cette éviction envers le locateur.

Voici un exemple de cette regle. Je vous ai vendu un héritage dont j'étois en poffeffion, & dont je me croiois propriétaire, quoiqu'il appartînt à Pierre ; vous me l'avez depuis donné à ferme, & pendant le cours du bail, j'ai fouffert éviction de la jouiffance de l'héritage de la part de Pierre ; il eft évident que je ne peux en ce cas prétendre aucune garantie ; car c'eft au contraire moi qui comme vendeur de cet héritage fuis garant envers vous de l'éviction que vous fouffrez.

Quatrieme Regle.

86. Lorfque la caufe de l'éviction de la jouiffance de l'héritage ou de partie d'icelui, que le conducteur a foufferte de la part d'un tiers n'a exifté que depuis le bail, le locateur en eft encore garant, fi elle procede de fon fait, finon il n'en eft pas garant.

Le cas de la premiere partie de cette regle eft lorfque le locateur, depuis le bail fans aucune néceffité, a vendu ou aliéné à quelque autre titre à un tiers l'héritage fans la charge de l'entretien du bail; ou lorfque depuis le bail il a impofé au profit d'un héritage voifin un droit de fervitude.

Quand même la vente auroit été forcée & faite fur la faifie réelle de l'héritage par les créanciers du locateur, le locateur feroit pareillement tenu de la garantie du trouble qui auroit été fait au fermier par l'adjudicataire; car c'eft encore en ce cas le fait du locateur; fes dettes pour lefquelles l'héritage a été vendu font fon fait, puifqu'il devoit les acquitter.

87. Pour exemple du fecond cas de la regle: *finge*, depuis le bail qui m'a été fait par vous d'une maifon, le corps de Ville a obtenu des Lettres patentes par lefquel-

les vous avez été obligé à lui vendre votre maison pour l'estimation qui en seroit faite, pour être détruite & servir à l'emplacement de quelque édifice public ; en conséquence le corps de Ville vous a payé le prix de votre maison suivant l'estimation ; la demande ou sommation qui m'est faite par le corps de Ville est un trouble dont vous n'êtes pas garant ; car le droit que le corps de Ville a de m'empêcher de jouir, est un droit qui n'a commencé que depuis le bail, & qui ne procede pas du fait du locateur, qui n'a pu résister à l'autorité publique qui a ordonné l'aliénation de la maison : je dois seulement en ce cas être déchargé des loyers pour ce qui reste à expirer du temps du bail, depuis que j'ai été obligé de sortir de la maison.

CINQUIEME REGLE.

88. Le locateur est garant non-seulement des évictions qui privent entierement le conducteur de la jouissance de l'héritage, ou d'une partie d'icelui ; il est pareillement garant des troubles qui tendent seulement à gêner & diminuer cette jouissance, tel que celui que le conducteur souffre de la part d'un tiers qui prétend quelque droit de servitude sur l'héritage ;

& il faut faire à l'égard de la garantie de ces troubles les mêmes distinctions qui ont été faites dans les regles précédentes à l'égard de la garantie des évictions.

SIXIEME REGLE.

89. Il y a lieu à la garantie, soit que le trouble ait été fait au conducteur lui-même, soit qu'il ait été fait à ses souslocataires.

§. III.

De l'action de garantie qu'a le Conducteur qui est troublé dans sa jouissance.

90. De l'obligation de garantie que le locateur contracte envers le conducteur par le contrat de louage, naît l'action de garantie qui est une branche de l'action *ex conducto.* Par cette action le conducteur qui a souffert éviction ou diminution de la jouissance de la chose qui lui a été louée, conclut contre le locateur à ce qu'il soit condamné envers lui aux dommages & intérêts qu'il souffre de cette éviction ou diminution de jouissance.

Cette action a lieu contre le locateur, ses héritiers ou autres successeurs universels, & contre ceux qui ont accédé à so obligation, soit comme cautions, soit e fe portant avec lui locateurs ou bailleurs.

Mais ceux qui font intervenus au bail, feulement pour y donner leur confentement, ne font pas tenus de cette action : ils s'obligent feulement par ce confentement à n'apporter de leur part aucun empêchement au bail ; mais ils ne s'obligent pas à garantir le locataire ou fermier de ceux qui pourroient lui être apportés par d'autres ; en cela ils font femblables à ceux qui donnent leur confentement à un contrat de vente, lefquels par ce confentement ne fe rendent pas garants de la vente, & s'obligent feulement à n'y pas apporter d'empêchement de leur part, fuivant cette regle de Droit, *aliud eft vendere, aliud venditioni confentire.* L. 160. *ff. de R. J.*

91. Cette action de garantie *ex conducto* differe de l'action de garantie *ex empto*, en ce que celle-ci eft ouverte aufli - tôt que l'acheteur eft affigné pour délaiffer ; au lieu que l'action *ex conducto* n'eft ouverte que lorfque le conducteur a été contraint de quitter ia jouiffance, ou que fa jouiffance a fouffert quelqu'atteinte. Cette différence réfulte de celle qu'il y a entre un acheteur & un conducteur ou fermier.

Un acheteur acquiert par la tradition de la chofe vendue, la poffeffion de cette chofe & tous les droits du vendeur; c'eſt contre lui , comme étant véritable poſſeſſeur de cette chofe que doivent être dirigées , tant l'action de revendication d'un tiers qui s'en prétendroit le propriétaire , que les autres actions de tous ceux qui y prétendent quelque droit; c'eſt contre lui que ces actions procédent ; c'eſt lui qui a qualité pour y défendre , & il peut le faire ou par lui-même , ou par le vendeur ſon garant , qui par l'obligation de garantie qu'il a contractée envers lui eſt cenſé s'être obligé de prendre ſa défenfe ſur ces actions , toutes les fois qu'on en intenteroit quelqu'une contre lui : c'eſt pourquoi l'action de garantie *ex empto* qui naît de cette obligation de garantie eſt ouverte auſſi - tôt que l'acheteur eſt aſſigné par un tiers , & l'acheteur peut dès - lors ſommer en garantie ſon vendeur , pour qu'il ſoit tenu de prendre ſa défenfe.

Au contraire un conducteur par la tradition qui lui eſt faite de la chofe qui lui a été louée n'en acquiert pas proprement la poſſeſſion , mais ſeulement la ſimple faculté d'en jouir ou uſer, c'eſt le locateur de qui il la tient à loyer ou à ferme qui poſſede; *per colonos & inquilinos poſſidemus, l.* 25. §. 1. *ff. de acq. poſſid.* le fermier ou locateur eſt un ſimple détenteur de la

chofe pour celui de qui il la tient à loyer
ou à ferme, plutôt qu'il n'en eft le poffeffeur. Ceft pourquoi ce n'eft pas contre
un fermier ou locataire que procedent
les actions des tiers qui prétendent le droit
de propriété, ou quelque autre droit dans
l'héritage qui lui a été donné à ferme ou
à loyer ; mais contre le locateur de qui
il les tient à loyer ou à ferme qui eft le
vrai poffeffeur de l'héritage ; & fi le locataire ou fermier eft affigné par un tiers
fur quelqu'une de ces actions, il n'eft pas
obligé de défendre ni par lui-même, ni
par un autre, il n'a pas même qualité
pour le faire; il n'eft obligé à autre chofe
qu'à indiquer au demandeur la perfonne
de qui il tient l'héritage à loyer ou à ferme, & fur cette indication, il doit être
renvoyé de la demande, & le demandeur renvoyé à fe pourvoir contre cette
perfonne. De là il fuit que l'action de
garantie *ex conducto*, n'eft pas ouverte
contre le locateur par l'affignation qui a
été donnée au fermier ou locataire de la
part d'un tiers aux fins du délais de l'héritage qu'il tient à loyer ou à ferme ;
car le fermier ou locataire n'étant pas
obligé, comme nous venons de le dire,
à défendre, foit par lui, foit par d'autres,
fur cette action qui ne procede pas contre
lui, & n'ayant pas même qualité pour

le faire, le locateur ne peut pas être obligé à prendre sa défense.

Il n'y aura lieu à cette action de garantie, que lorsque sur la condamnation intervenue contre le locateur contre qui le tiers a été renvoyé à se pourvoir, ou sur l'acquiescement donné par le locateur à la demande de ce tiers ; le locataire ou fermier aura été contraint de quitter la jouissance de l'héritage qu'il tenoit à ferme ou loyer, ou de partie d'icelui, ou d'y souffrir l'exercice du droit de servitude prétendu par le demandeur.

Ce n'est que de ce jour, ou tout au plus du jour de la sommation de vuider les lieux, faite au fermier ou locataire par ce tiers, en exécution de la sentence de condamnation intervenue contre le locateur au profit de ce tiers, ou de l'acquiescement du locateur à la demande de ce tiers, que naît l'action *ex conducto* qu'a le fermier ou locataire contre le locateur, aux fins que le locateur soit tenu de le faire jouir, & que faute par lui de le pouvoir faire, ledit locataire ou fermier sera déchargé de la ferme pour le restant du temps du bail, & le locateur condamné envers lui en ses dommages & intérêts.

92. Cette action de garantie contre le locateur en cas d'éviction, a deux objets ou deux chefs ; 1°. la décharge du loyer

ou de la ferme pour le temps reftant à courir du bail depuis l'éviction ; 2°. les dommages & intérêts que le locataire ou fermier a souffert de cette éviction.

Ces dommages & intérêts fe reglent comme nous avons vu en la fection précédente, que fe regloient ceux qui font dûs par le locateur à défaut de tradition ; ils doivent fouvent être plus confidérables ; les frais de délogement y entrent ; les impenfes extraordinaires faites fur l'héritage lorfqu'elles ne font pas de nature à pouvoir s'enlever, & que le fermier n'en a pas déja été dédomagé par l'abondance des fruits qu'il a perçus, doivent aufli entrer dans les dommages & intérêts, & lui être reftituées jufqu'à concurrence du profit qu'il en eût vraifemblablement retiré pendant le temps qui reftoit du bail.

93. Lorfque l'éviction que le fermier a foufferte, eft d'une partie intégrante des héritages dépendants de la métairie qui lui a été donnée à ferme *put à* d'un certain arpent de bois ou vignes, &c. pour remplir le premier objet de l'action *ex conducto* qui eft la décharge de la ferme pour le reftant du temps du bail ; il faut rechercher non la fomme pour laquelle la partie évincée, eu égard à fa valeur préfente, pourroit être aujourd'hui affermée, mais la fom-

me pour laquelle elle a été effectivement affermée, & pour laquelle elle eſt entrée dans le prix du total de la ferme lors du bail ; ce qui ſe fait par une évaluation de la partie évincée & des autres parties de la métairie, eu égard non au temps de l'éviction, mais à l'état auquel elles étoient, & à la valeur reſpective qu'elles avoient au temps du bail.

Si la valeur de la jouiſſance de la partie évincée eſt augmentée depuis le bail, cette plus value n'entre pas à la vérité dans le premier objet de l'action *ex conducto*, qui tend ſeulement à la décharge de la ferme, mais elle eſt compriſe dans le ſecond chef de cette action qui renferme les domma-ges & intérêts réſultants de l'éviction ; car ils comprennent tout le gain dont l'éviction a privé le conducteur. Cette ventilation doit ſe faire aux frais du loca-teur qui y a donné lieu.

94. Lorſque le locataire d'une maiſon l'a ſoûbaillée à un tiers pour une ſomme moindre que celle pour laquelle il l'avoit louée, pour 400 liv. par exemple, tandis qu'il l'a louée 600 liv. il doit en cas d'éviction ſoufferte par le ſous-locataire, obtenir par le premier chef de l'action *ex conducto*, la décharge pour le reſtant du bail, non pas ſeulement de 400 livres, mais de la ſomme entiere de 600 livres

pour

pour laquelle la maison lui avoit été louée ; car ne jouiffant plus, ni par lui, ni par fon fous-locataire, il ne peut plus devoir de ferme : fi au contraire le locataire de la maison l'avoit foûbaillée pour 600 liv. quoiqu'il ne l'eût louée lui-même que 400, le profit de 200 livres par chacun an qu'auroit eu le locataire pendant le reftant du temps du Bail, doit entrer dans les dommages & intérêts qui font dûs à ce premier locataire, par le fecond chef de l'action *ex conducto*.

§. III.

De l'exception de garantie.

95. Si l'obligation de garantie donne au conducteur une action contre le loca-teur, fes héritiers, ou autres fucceffeurs univerfels *ut præftent ipfi frui licere* ; c'eft une conféquence qu'elle lui donne auffi une exception contre les actions de ces perfonnes qui tendroient à l'empêcher de jouir, felon cette regle de droit *cui damus actionem eidem & exceptionem com-petere multò magis quis dixerit, l. 156. §. 1. ff. de R. Jur.*

Les principes fur cette exception de garantie font les mêmes que ceux que nous avons établis en notre Traité du

E

Contrat de Vente , *p. 2. ch. 1. fec.* 2!
art. 6. fur l'exception de garantie qui naît
de l'obligation de garantie qu'un vendeur contracte par le contrat de vente.

Appliquons ces principes à quelques
exemples. Vous m'avez affermé une métairie dont par erreur vous croyiez avoir
la pleine propriété , quoique la propriété
ou du moins l'ufufruit appartînt à Pierre.
Pierre qui depuis le bail que vous m'a-
vez fait , eft devenu votre héritier , demande que je lui abandonne la jouiffance
de cette métairie. En qualité de propriétaire ou d'ufufruitier , il a droit de fon
chef de former cette demande : mais il
eft en même temps héritier de mon locateur , & en cette qualité non-recevable
dans cette demande , comme étant tenu envers moi de la garantie ; cette fin de non
recevoir que j'ai à lui oppofer , eft ce que
nous appellons *exception de garantie* qui
l'exclud de fa demande. Il faut décider
la même chofe , fi Pierre au lieu d'avoir
un droit de propriété , avoit un droit de
fervitude fur la métairie que vous m'a-
vez affermée , dont vous ne m'avez
pas chargé par le bail , & qu'il foit devenu votre héritier ; s'il réclame contre
moi le droit de fervitude qui lui appartient , je lui oppoferai l'exception de garantie dont il eft tenu envers moi comme
héritier de mon locateur.

96. Suppofé que l'héritage que vous m'a-vez donné à ferme eût été grévé de fubfti-tution au profit de Pierre; fi Pierre devenu propriétaire de l'héritage par l'ouverture de la fubftitution vouloit m'expulfer, & qu'il fût votre héritier, ferois-je fondé à lui oppofer l'exception de garantie ? La raifon de douter eft qu'en cas de vente, fuivant l'art. 32. du tit. 2. de l'Ordonnance des fub-ftitutions, un fubftitué, quoiqu'héritier du vendeur, ne peut être exclus de la revendi-cation par l'exception de garantie : il faut néanmoins décider que je fuis fondé à l'op-pofer : la difpofition de l'Ordonnance eft un droit nouveau établi *contrà rationem juris* dans le cas du contrat de vente, qui ne doit pas être étendu au contrat de louage ; il n'y a pas même raifon. La raifon qu'a eu l'Ordonnance a été de conferver l'héritage à la famille, & d'af-furer la volonté de l'auteur de la fub-ftitution qui ne l'a faite que pour le lui con-ferver ; mais cette raifon ceffe dans le contrat de louage, puifque l'héritage eft confervé à la famille, quoique le fub-ftitué, comme héritier du locateur, foit tenu d'entretenir le bail à ferme qui en a été fait ; on peut imputer à un acheteur de ce qu'il n'a pas confulté les regiftres des fubftitutions, pour s'informer fi l'hé-ritage n'en étoit pas grévé ; mais il feroit

ridicule de vouloir qu'un laboureur,
avant que de prendre à ferme une métairie, allât consulter les regiſtres des
Inſinuations.

97. Pour qu'il y ait lieu à .cette exception de garantie, il faut que celui à
qui je l'oppoſe ſoit héritier pur & ſimple
de mon locateur ou bailleur; elle n'auroit pas lieu contre celui qui ne ſeroit
héritier que ſous bénéfice d'inventaire :
car l'effet du bénéfice d'inventaire étant que
l'héritier ne ſoit pas tenu ſur ſes propres
biens, des obligations du défunt ; l'obligation de garantie que le défunt a contractée envers moi, ne peut l'empêcher
d'exercer contre moi les droits qu'il a
de ſon chef ; ſauf à moi après qu'il les
aura exercé, à le faire condamner en
ſa qualité d'héritier bénéficiaire de mon
bailleur en mes dommages & intérêts.

98. Lorſque le propriétaire ou uſufruitier n'eſt héritier de mon bailleur que
pour partie, *putà* que pour un quart ;
comme il n'eſt tenu en ce cas de cette obligation de garantie, de même que des autres
dettes du défunt que pour la part pour laquelle il eſt héritier, je ne peux lui oppoſer
l'exception de garantie que pour cette part ;
c'eſt pourquoi après que ce propriétaire ou
uſufruitier aura fait juger que la propriété , ou du moins l'uſufruit lui appartient

de son chef ; sur la sommation qu'il me fera en conséquence de lui délaisser la jouissance de l'héritage, je ne pourrai lui opposer l'exception de garantie que pour la quatrième partie pour laquelle il est héritier ; ni par conséquent retenir plus que la quatrième partie de la jouissance de l'héritage ; sauf à moi à agir *actione ex conducto* contre ses cohéritiers pour l'éviction que je souffre du surplus.

Observez néanmoins qu'il doit être à mon choix de délaisser la jouissance du total, & de poursuivre en ce cas *actione ex conducto* celui qui m'a évincé aussi-bien que ses cohéritiers aux fins de les faire condamner chacun pour leur quart en mes dommages & intérêts. Il ne seroit pas reçu pour éviter cette condamnation à dire que comme héritier, il n'est tenu que pour un quart de l'obligation de me faire jouir, & qu'il consent que je retienne la jouissance de l'héritage pour ce quart ; car quoique cette obligation soit divisible *obligatione*, & que chacun des héritiers de mon bailleur n'en soit tenu que pour sa part, elle est indivisible *solutione* : c'est pourquoi suivant les principes établis en notre Traité des Obligations, *n.* 315 *&* 316. il ne peut acquitter cette obligation même pour la part dont il est tenu, en m'offrant de me laisser la jouis-

fance d'une part de cet héritage, fi elle
ne m'eft laiffée pour le furplus ; la raifon
eft que je ne l'ai pris à ferme que pour
jouir du total, & que je n'euffe pas voulu
le prendre à ferme pour partie.

99. A l'égard de celui qui a un droit
de fervitude fur l'héritage qui m'a été
donné à ferme, quoiqu'il ne foit devenu
héritier que pour partie de mon bailleur,
je peux, contre fa demande pour exercer fon droit de fervitude, lui oppofer
l'exception de garantie pour le total ;
& le faire en conféquence déclarer pour
le total non recevable en fa demande : la raifon eft que les droits de fervitude étant quelque chofe d'indivifible ,
l'obligation de garantie que mon bailleur
a contractée envers moi, eft quant au
chef de me garantir des droits de fervitude dont il ne m'a pas chargé, une
obligation indivifible, à laquelle par conféquent chacun de fes héritiers fuccede
pour le total ; d'où il fuit que je peux,
par l'exception de garantie, exclure pour
le total cet héritier de fa demande pour
le droit de fervitude qu'il a de fon chef,
fauf à lui à fe faire faire raifon *judicio*
familiæ ercifcundæ par fes cohéritiers, de
ce qu'il a feul à fes dépens par la priva-
tion de fon droit de fervitude, acquitté ce
chef de l'obligation du défunt dont ils

étoient tous tenus ; c'eſt pourquoi il faud-a eſtimer ce que vaut l'uſage de ſon droit de ſervitude pendant le temps qu'il en ſera privé, & chacun de ſes cohéritiers doit lui faire raiſon pour ſa part héréditaire de la ſomme à laquelle en aura été portée l'eſtimation.

100. Les ſucceſſeurs à titre univerſel du bailleur, tel qu'un donataire ou légataire univerſel, ou un ſeigneur confiſcataire, &c. étant tenus des dettes & obligations du défunt, on peut auſſi leur oppoſer l'exception de garantie, de même qu'à un héritier ; avec cette différence néanmoins que l'héritier étant tenu indéfiniment des dettes du défunt *etiam ſuprà vires hereditatis*, il ne peut ſe défendre en aucune maniere que ce ſoit de l'exception de garantie ; au lieu qu'un légataire univerſel ou un autre ſemblable ſucceſſeur, n'étant tenu des dettes du défunt que juſqu'à concurrence des biens auxquels il ſuccede, il peut ſe défendre de l'exception de garantie qui lui eſt oppoſée par le fermier ou locataire, & uſer contre lui des droits qu'il a de ſon chef, en offrant de lui rendre compte des biens du défunt, & de lui abandonner ce qui en reſte pour les dommages & intérêts réſultants de l'obligation de garantie contractée par le défunt envers lui.

101. Le conducteur d'un héritage ne

peut oppofer l'exception de garantie, au
nouveau propriétaire qui l'a acquis à titre
fingulier du locateur, fi le locateur ne
l'a pas chargé de l'entretien du bail ; car
n'étant acquéreur qu'à titre fingulier du
locateur, il n'a pas fuccedé à l'obligation
que le locateur a contractée envers le
conducteur ; c'eft ce qui eft decidé par
la loi 9. *cod. loc.* qui dit *emptorem fundi,
neceffe non eft ftare colono.* Voyez *infrà*,
p. 4. ch. 2.

102. L'exception de garantie ne peut
être oppofée qu'à ceux qui font tenus
perfonnellement de l'obligation de garantie ; on ne peut l'oppofer à celui qui feroit feulement poffeffeur de quelque héritage hypotequé à cette garantie , fauf
au fermier ou locataire qui aura été obligé de lui quitter la jouiffance de l'héritage ou de partie d'icelui , ou de fouffrir
l'exercice de fon droit de fervitude , à
intenter contre lui l'action hypotécaire
pour les dommages & intérêts qui lui
font dûs. Voyez notre *Traité du Contrat
de vente* , *n.* 180.

103. L'exception de garantie ne peut
pas être oppofée à celui qui a fimplement
confenti au bail , ne s'étant pas par ce
confentement rendu proprement garant
du bail ; mais comme il s'eft obligé par
ce confentement à n'apporter de fa part

aucun empêchement au bail, s'il donnoit quelqu'action contre le fermier ou locataire, par laquelle il le troubleroit dans fa jouiffance, le fermier ou locataire pourroit le faire déclarer non - recevable en fa demande, non par l'exception de garantie, mais par l'exception *pacti aut dolt.*

Cette exception peut lui être oppofée, quand même fon action feroit fondée fur un droit auquel il auroit depuis fuccédé à un tiers ; car quoiqu'il n'eût pas été obligé de défendre de cette action, le locataire ou fermier, fi elle eût été intentée par ce tiers, il ne peut pas l'intenter luimême, s'étant par fon confentement obligé indéfiniment à n'apporter au locataire ou fermier aucun trouble de fa part, foit en vertu des droits qu'il avoit lors du contrat, foit en vertu de ceux qu'il pouroit avoir par la fuite.

Quid fi le tiers avoit donné la demande e fon vivant, fon confentement donné u bail le rendroit - il non - recevable à reprendre l'inftance ? Je penfe qu'il ne peut la reprendre que pour faire condamner le locataire ou fermier aux dépens, fi la demande étoit bien fondée ; mais u'il n'eft pas recevable à fuivre la demande au principal.

104. A l'égard de l'héritier de celui qui a onné un fimple confentement au bail, fa

qualité d'héritier l'exclut bien d'exercer en fa qualité d'héritier les actions du défunt, que le défunt s'étoit interdit d'exercer par fon confentement au bail ; mais fa qualité d'héritier ne l'exclut pas des actions qu'il a de fon chef pour évincer le locataire ou le fermier ; car le défunt n'ayant pas contracté l'obligation d'en défendre le locataire ou fermier, fon héritier ne fuccede à aucune obligation qui puiffe l'en exclure.

105. Si comme Notaire j'ai paffé un bail, par lequel le bailleur donnoit à ferme un héritage que je fçavois m'appartenir au moins pour la jouiffance, & que depuis j'aie intenté action contre le fermier pour l'expulfer, le fermier eft bien fondé à m'y prétendre non-recevable par l'exception de dol, ma reticence étant un dol qui l'a induit en erreur : il en feroit autrement fi je faifois voir que la connoiffance de mon droit ne m'étoit furvenue que depuis, & à plus forte raifon fi je n'ai acquis le droit que depuis.

SECTION III.

De l'obligation d'entretenir la chofe louée, de manière que le conducteur puiffe en jouir.

106. L'obligation que le locateur con-

tracte par le contrat de louage envers le conducteur, de le faire jouir de la chose qui lui est louée, *præstare frui l cere*, renferme celle d'entretenir la chose de manière qu'il en puisse jouir.

Par exemple, le locateur d'une maison est censé s'obliger par le bail qu'il fait de cette maison, à l'entretien pendant tout le temps du bail de toutes les réparations nécessaires, pour que tous les cénacles dont elle est composée soient exploitables convenablement à la qualité de la maison, soit que ces réparations fussent à faire dès le temps du contrat, soit qu'elles surviennent durant le cours du bail.

Il doit sur-tout tenir son locataire clos & couvert, & par conséquent faire aux couvertures les réparations nécessaires pour empêcher qu'il ne pleuve dans les bâtiments ; celles nécessaires aux portes & aux fenêtres, pour que la maison & les différents cénacles qui la composent soient clos, & que le locataire & ses effets y puissent être en sûreté.

Pareillement le locateur d'une métairie doit faire aux bâtiments de la métairie toutes les réparations nécessaires pour tenir le fermier clos & couvert, & pour que ses bestiaux & ses grains soient en sûreté.

Cette obligation se contracte dans le

louage des choses mobiliaires de même que dans le bail des maisons & métairies; par exemple, si j'ai donné à loyer pendant le temps d'un certain nombre d'années à un ouvrier, un métier pour faire bas, je suis obligé de l'entretenir pendant tout le temps du bail en tel état que l'ouvrier puisse s'en servir, & je dois y faire les réparations nécessaires, tant celles qui y étoient à faire lors du contrat, que celles survenues depuis, pourvu néanmoins que ce ne soit pas la faute de l'ouvrier qui y ait donné lieu.

107. Il y a néanmoins certaines légeres réparations d'entretien de la chose louée, auxquelles l'usage a assujetti les locataires : par exemple, il est d'usage que les locataires des maisons soient chargés de certaines réparations qu'on appelle locatives, comme nous le verrons au Chapitre suivant, & le fondement de cet usage est que c'est ordinairement la faute des locataires & des personnes de leur famille qui y donne lieu.

Pareillement lorsqu'un loueur de chevaux a loué un cheval à quelqu'un pour un certain temps, & l'a laissé à la garde du locataire, c'est le locataire qui doit l'entretenir de fers. Il en est autrement lorsqu'un loueur de chaises & de chevaux me loue une chaise & des chevaux, avec lefquels il me fait conduire dans mon voyage par fes prépofés; c'eft en ce cas celui qui m'a loué les chevaux qui font à la garde de fes prépofés, à les entretenir de fers.

108. De cette obligation du locateur naît une action que le locataire a contre lui pour le faire condamner à les faire; cette action eft une branche de l'action *ex conducto* : lorfque le locateur affigné fur cette action ne convient pas des réparations demandées par le locataire, le Juge ordonne la vifite pour les conftater; lorfqu'elles ont été conftatées, le locateur doit être condamné à les faire faire dans un certain temps que le Juge doit lui impartir; & par la même fentence, le Juge doit ordonner que faute par le locateur d'y fatisfaire dans le temps qui lui eft imparti, le locataire fera autorifé à les faire faire, & qu'il retiendra ce coût fur les loyers par lui dûs; ou s'il n'en doit pas, qu'il en fera rembourfé par le locateur.

Si par le retard apporté par le locateur à faire les réparations, depuis qu'il a été mis en demeure, le locataire a fouffert quelque dommage, le locataire peut auffi par cette action obtenir contre le locateur la condamnation de fes dommages & intérêts.

Le locataire peut auffi quelquefois demander par cette action la résolution du bail, ce qui doit lui être accordé selon les circonstances ; comme lorsque ces réparations font très considérables & empêchent l'exploitation ; que le locateur ne se prépare pas à les faire, & que le locataire n'est pas en état de les avancer.

SECTION IV.

De l'obligation de garantir le conducteur des vices de la chose louée, qui en empêcheroient la jouissance ou l'usage.

109. Cette obligation est encore renfermée dans l'obligation que le locateur contracte par le contrat de louage de faire jouir le conducteur de la chose qui lui est louée ; car lorsque nous disons que le locateur s'oblige à la garantie de ces vices, cela ne doit pas s'entendre en ce sens que le locateur s'engage à empêcher que la chose louée n'ait ces vices ; ce qui est impossible si elle les a effectivement. *L.* 31. *ff. de evict.* mais cela doit s'entendre en ce sens que le locateur s'oblige, au cas que la chose ait ces vices, ou aux dommages & intérêts que le conducteur en souffre, ou du moins à la décharge du loyer, selon les différents cas, comme nous verrons. *infrà,* §. 2.

Pour traiter ce qui concerne cette garantie, nous examinerons, 1°. quels font les vices que le locateur eſt obligé de garantir. 2°. Nous traiterons de l'action qui naît de cette garantie.

§. I.

Quels ſont les vices que le Locateur eſt obligé de garantir.

110. Les vices de la choſe louée que le locateur eſt obligé de garantir, ſont ceux qui en empêchent entierement l'uſage : il n'eſt pas obligé de garantir ceux qui en rendent ſeulement l'uſage moins commode.

Par exemple, ſi dans la prairie que vous m'avez louée pour y faire paître mes bœufs ou mes moutons, il y croît de mauvaiſes herbes qui empoiſonnent & font mourir les beſtiaux qui y paiſſent, ce vice eſt un vice qui empêche entierement l'uſage de cette prairie, & que vous êtes par conſéquent obligé de me garantir.

Pareillement ſi vous m'avez loué des vaiſſeaux pour y mettre mon vin à la vendange, & que ces vaiſſeaux ſoient faits d'un bois poreux qui ne puiſſe contenir le vin qu'on y met, c'eſt un vice qui en empêche entierement l'ufage , & que vous êtes tenu par conféquent de me garantir. Si vous m'avez loué un cheval pour faire un voyage , & qu'il ait quelque vice qui le rende hors d'état de le faire, c'eft un vice que vous devez garantir.

Mais s'il a quelque vice leger, comme s'il eft peureux, s'il eft un peu retif, s'il n'a pas les jambes bien fures , & qu'il bute quelquefois, ces vices étant des vices qui en rendent feulement l'ufage moins commode , mais qui n'empêchent pas qu'on ne puiffe abfolument s'en fervir , puifqu'on fait tous les jours de longs voyages fur des chevaux peureux , retifs & fujets à buter, vous n'êtes pas obligé à me garantir ce vice.

111. Le locateur eft garant des vices dont il n'avoit pas de connoiffance , auffi-bien que de ceux qu'il connoiffoit, lorfqu'ils empêchent la jouiffance ou l'ufage de la chofe.

112. Le locateur eft obligé de garantir les vices qui empêchent l'ufage de la chofe, non-feulement lorfqu'ils exiftoient dès le temps du contrat de louage , mais même lorfqu'ils ne font furvenus que depuis ; en cela le locateur differe d'un vendeur ; car dans le contrat de vente le vendeur n'eft garant que des vices qui exiftoient au temps du contrat , comme nous

l'avons vu en notre *Traité du contrat de vente*, *n*. 211. La raison de différence est qu'aussi-tôt que le contrat de vente est parfait par le consentement des parties, la chose vendue cesse d'être aux risques du vendeur ; elle devient aux risques de l'acheteur : au lieu que dans le contrat de louage la chose louée est toujours aux risques du locateur. La raison ultérieure de différence est que dans le contrat de vente, c'est la chose même qui est vendue qui est l'objet & le sujet du contrat. Il suffit que cette chose ait existé, quoiqu'elle ait péri depuis, pour que le contrat de vente ait eu un sujet, & pour que l'obligation que l'acheteur a contractée d'en payer le prix subsiste. Au contraire dans le contrat de louage ce n'est pas proprement la chose louée, c'est plutôt la jouissance de cette chose continuée pendant tout le temps que doit durer le bail, qui fait l'objet & le sujet du contrat de louage ; c'est pourquoi lorsque le conducteur cesse de pouvoir avoir cette jouissance, le sujet du contrat de louage manque, & le conducteur ne peut être obligé à payer le prix d'une jouissance qu'il n'a pas.

113. Il peut y avoir des vices survenus depuis le bail dont le locateur soit garant, quoiqu'il ne l'eût pas été, s'ils

euſſent exiſté dès le temps du contrat.

Par exemple, ſi j'ai donné à loyer une maiſon à un ouvrier qui a beſoin d'un très grand jour pour exercer ſon art, & que depuis le bail le propriétaire de la maiſon, qui eſt vis-à-vis, l'ait tellement exhauſſée qu'il ait ôté tout le jour de ma maiſon, je ſuis garant de ce défaut de jour ſurvenu depuis le bail, & le locataire eſt en droit de me demander la décharge du bail, puiſque cette obſcurité l'empêche de jouir de cette maiſon qu'il n'a priſe que pour y exercer ſon art. Mais ſi ce vice eût exiſté dès le temps du contrat, je n'en ſerois pas garant ; car le locataire l'auroit connu, ou dû connoître.

114. Le locateur n'eſt pas garant des vices qu'il a excepté de la garantie par une clauſe expreſſe du contrat : par exemple, quoique le vice d'aveuglement qui ſurvient à un cheval ſoit un vice dont le locateur doive être garant, lorſque le cheval a été loué à une perſonne qui le louoit pour le monter, puiſque ce vice empêche qu'il ne puiſſe s'en ſervir pour l'uſage pour lequel il l'avoit loué ; néanmoins ſi par une clauſe expreſſe du marché il a été dit que le locateur n'entendoit pas être garant de l'aveuglement qui pourra ſurvenir au cheval, il n'en ſera pas garant, & le locataire ne pourra de-

mander la réfolution du marché , fauf à lui à employer le cheval pendant le temps du louage aux ufages auxquels un cheval aveugle peut fervir.

Cette décifion a lieu , pourvu que la claufe d'exception ait été mife de bonne foi ; car fi ce cheval étoit déja aveugle , ou avoit une tendance prochaine à l'aveuglement , que le locateur a diffimulée au locataire qui ne s'y connoiffoit pas ; en ce cas le locateur fera tenu de fouffrir la réfolution du marché , à caufe de fon dol , nonobftant la claufe du marché , *arg. L.* 14. §. 9. *ff. de Ædil. Ed.*

115. Le locateur eft garant non-feulement des vices qui fe trouvent dans la chofe qui a été louée *principaliter*, mais même de ceux qui fe trouveroient dans les chofes acceffoires , lorfqu'ils empêchent la jouiffance de la chofe louée.

§. II.

De l'action qui naît de la garantie des vices de la chofe louée.

116. Cette action eft une branche de l'action perfonnelle *ex conducto* que le conducteur a contre le locateur ; elle a pour objet principal la réfolution du contrat de louage , & la décharge des loyers

ou fermes de la chofe dont le vice empêche le locataire ou fermier de pouvoir
s'en fervir pour l'ufage pour lequel il l'a
prife à loyer ou à ferme.

Le locataire pour obtenir à cette fin,
doit offrir au locateur de lui rendre la
chofe ; c'eft pourquoi cette action eft une
efpece d'action *redhibitoire*, & eft analogue à l'action *redhibitoire* qu'a un acheteur
contre fon vendeur, pour les vices redhi-
bitoires de la chofe vendue dont nous
avons traité en notre Traité du contrat
de vente.

117. Quelquefois cette action a un
fecond chef, qui eft aux fins que le locateur foit condamné aux dommages &
intérêts que le conducteur a fouffert de
la chofe louée.

Il n'y a pas lieu à ces dommages & intérêts pour les vices qui ne font furvenus que depuis le contrat.

118. A l'égard de ceux qui exiftoient
dès le temps du contrat, il y a des dif-
tinctions à faire.

Lorfque le locateur avoit la connoiffance du vice, c'eft une mauvaife foi,
& un dol de fa part de l'avoir diffimulé
au conducteur, qui l'oblige aux dommages & intérêts du conducteur.

Quoique le locateur n'eût pas une connoiffance pofitive du vice de la chofe,

s'il avoit un jufte fujet de le foupçonner, & qu'il l'ait diffimulé au conducteur, il oit être encore en ce cas tenu des dommages & intérêts du conducteur : par xemple, fi vous m'avez loué pour un certain temps un couple de bœufs que vous aviez achetés dans un lieu où renoit une contagion fur les bêtes à cornes, quoiqu'au temps du contrat de louage intervenu entre nous, vous n'euffiez pas encore une connoiffance pofitive qu'ils étoient infectés de la contagion qui ne s'étoit pas encore déclarée ; néanmoins fi vous m'avez diffimulé qu'ils venoient du lieu où regnoit la contagion, ce qui formoit un jufte fujet de les foupçonner infectés de ce vice, vous devez être tenu de toute la perte que j'ai foufferte par la contagion qu'ils ont communiquée à mes autres beftiaux.

119. Lorfque le locateur devoit par fa profeffion être informé du vice de la chofe qu'il a louée, il eft tenu des dommages & intérêts du conducteur, fans qu'il foit befoin de rechercher fi effectivement il en a eu connoiffance ou non : par exemple fi j'ai loué d'un Tonnellier des vaiffeaux pour mettre mon vin à la vendange, & que ces vaiffeaux fuffent faits d'un bois mauvais, ce Tonnellier eft tenu de me dédommager de toute la perte que

le vice de ces vaiſſeaux m'a cauſé, & il ne ſeroit pas écouté à dire qu'il n'en connoiſſoit pas le vice ; car ſa profeſſion l'obligeoit à connoître la qualité du bois qu'il employoit, & à n'en employer que d'une bonne qualité ; ou ſi ce n'étoit pas un Tonnellier, mais un Marchand, ſa profeſſion de Marchand l'obligeoit de ſe connoître aux marchandiſes dont il faiſoit commerce; c'eſt une faute que de ſe mêler de ce qu'on n'entend pas, *imperitia culpæ annumeratur*; c'eſt ce que décide la Loi 19. §. 1. *ff. locat. Si quis dolia vitioſa ignorans locaverit, deinde vinum effluxerit tenebitur in id quod intereſt, nec ignorantia ejus erit excuſata.*

120. Hors ces cas, le locateur qui n'a connu ni dû connoître le vice de la choſe qu'il a louée n'eſt pas tenu de dédommager le conducteur de la perte qu'il a ſoufferte de ce vice ; & il n'eſt tenu à autre choſe qu'à reprendre la choſe qu'il lui a louée, & à le décharger du loyer.

Par exemple, ſi quelqu'un m'a loué des paturages, où étoient crues de mauvaiſes herbes qui n'avoient pas coutume d'y croître leſquelles ont fait mourir mes beſtiaux; le locateur qui n'en avoit pas de connoiſſance, ne ſera pas tenu de me dédommager de la perte que j'ai faite de mes beſtiaux, mais ſeulement de me dé-

charger de la ferme : c'eſt ce que décide la
loi 19. §. 1. ci - deſſus citée ; *aliter at-*
que ſi ſaltum paſcuum locaſti in quo
herba mala naſcebatur ; hîc enim ſi pecora
vel demortua ſunt vel deteriora facta ; quod
intereſt præſtabitur ſi ſciſti ; ſi ignoraſti ; pen-
ſionem non petes. Cette déciſion a d'autant
plus d'autorité qu'elle réunit en ſa faveur
le ſuffrage des deux écoles ; *& ita Servio*
Labeoni Sabino placuit , d. l. 19.

CHAPITRE III,

Des engagements du locateur que forme la
bonne foi qui doit regner dans ce contrat.

121. LA bonne foi qui doit regner
dans ce contrat impoſe au locateur l'obligation, 1°. de ne rien diſſi-
muler de la connoiſſance qu'il a de ce
qui concerne la choſe louée ; 2°. de ne
la pas louer au - deſſus du juſte prix ;
3°. d'indemniſer le conducteur des impenſes qu'il a faites à la choſe qui étoient
à la charge du locateur. Nous traiterons
ſéparément de ces trois chefs d'obligations.

§. I.

De l'obligation de ne rien diffimuler.

122. De même que dans le contrat
de vente, la bonne foi qui y doit regner
oblige le vendeur au moins dans le for
de la confcience, non-feulement à n'en
pas impofer à l'acheteur fur les qualités
de la chofe vendue, mais encore à ne
lüi rien diffimuler des défauts de cette
chofe dont il a connoiffance, lefquels
auroient pu empêcher l'acheteur, s'il les
eût connus, d'acheter la chofe, ou de
l'acheter auffi cher, comme nous l'avons
établi en notre Traité du Contrat de vente,
p. 2. ch. 2. art. 1. de même & par les
mêmes raifons que nous y avons expo-
fées, lefquelles reçoivent une entiere
application au contrat de louage, la bonne foi oblige pareillement le locateur dans
le for de la confcience à ne rien diffimuler au conducteur des défauts de la chofe
louée dont il a connoiffance, qui auroient
empêché le conducteur, s'il les eût connus, de prendre à loyer la chofe, ou
du moins de la prendre pour un prix
auffi cher.

Par exemple; fi les cheminées des
chambres de la maifon que vous me louez
font,

font, lorfqu'on y allume du feu en hyver, une fumée, qui rend les chambres inhabitables, vous devez dans le for de la confcience m'avertir de ce défaut.

Le locateur doit furtout avertir le conducteur des défauts de la chofe qui peuvent lui en rendre l'ufage nuifible : par exemple, fi un cheval eft peureux & ombrageux, celui qui le loue doit avertir de ces défauts le conducteur, ce défaut étant de nature à rendre l'ufage de ce cheval très-dangereux & très-nuifible au conducteur qui rifque en le montant d'être renverfé, & d'être bleffé ou tué.

123. La bonne foi oblige le locateur à faire part au conducteur de la connoiffance qu'il a non-feulement des défauts intrinfeques de la chofe, mais généralement de tout ce qui concerne cette chofe, qui pourroit empêcher le conducteur de la prendre à loyer, ou de la prendre pour un prix auffi cher.

Par exemple, fi lors du bail que je vous fais d'une auberge fur une grande route qui eft la feule auberge de ce lieu, j'avois connoiffance qu'un particulier devoit y en établir une autre; je ne dois pas vous le diffimuler, l'établiffement de cette feconde auberge étant une chofe qui diminue le prix de la mienne, & que vous avez intérêt de fçavoir. Il eft vrai

F

qu'en prenant à loyer mon auberge, vous n'ignorez pas qu'on en peut établir une autre ; mais autre chofe eft de fçavoir qu'on va effectivement l'établir : cette feconde efpece de connoiffance diminue beaucoup plus que la premiere la valeur du loyer de mon auberge , & vous avez par conféquent intérêt qu'elle ne vous foit pas diffimulée.

124. La contravention à l'obligation de ne rien diffimuler de ce qui concerne la chofe louée que la bonne foi impofe au locateur , lorfque le conducteur a intérêt de le fçavoir , oblige le locateur au moins dans le for de la confcience , à faire raifon au conducteur de ce que la chofe auroit été louée de moins , fi le conducteur eût eu connoiffance du vice qui lui a été caché.

Elle peut même obliger le locateur, au moins dans le for de la confcience , à reprendre la chofe , & à décharger le conducteur du bail qui lui en a été fait, lorfqu'il en eft requis par le conducteur, & que le défaut qu'il lui a diffimulé eft tel , que fi le conducteur en eût eu connoiffance , il n'eût point voulu à quelque prix que ce fût la prendre à loyer.

§. II.

De l'obligation de ne pas louer au-delà du juste prix.

125. De même que dans le contrat de vente, la bonne foi ne permet pas au vendeur de vendre sa chose au-delà de son juste prix ; de même dans le contrat de louage, elle ne permet pas au locateur de louer une chose au-delà du juste prix du loyer de cette chose ; car dans l'un & l'autre contrat, de même que dans tous les contrats commutatifs, chacune des parties entend recevoir l'équivalent de ce qu'elle donne.

126. Le juste prix du loyer d'une chose est celui pour lequel les choses de cette espece ont coutume de se louer dans le lieu où elles sont & au temps du contrat. Ce juste prix ne consiste pas toujours dans une somme précise & déterminée, il a souvent une certaine étendue : par exemple, si les chambres garnies au premier étage dans un certain quartier ont coutume de se louer depuis quinze livres jusqu'à vingt livres par mois, le juste prix du loyer de ces chambres sera depuis quinze livres jusqu'à vingt livres ; les parties peuvent licitement se débattre

du prix, pourvu qu'elles ne fortent pas de cette fphere.

Mais le locateur ne pourra dans le for de la confcience les louer plus de vingt livres qui eft *apex jufti pretii* à un nouveau débarqué qui n'a pas de connoiffance du prix de leur loyer.

127. Cette obligation de ne pas louer les chofes au-delà du jufte prix de leur loyer, n'a lieu que dans le for de la confcience; dans le for extérieur, le conducteur n'eft pas écouté à fe plaindre de l'excès du prix du loyer, quand même la léfion feroit énorme, & qu'il s'agiroit du loyer de biens immeubles, pourvu que le locateur n'ait employé aucun dol pour furprendre le conducteur.

Néanmoins fi le prix du loyer de certaines chofes étoit reglé par quelque loi de Police, comme celui du loyer des chevaux de pofte, il ne feroit pas permis même dans le for extérieur au locateur de l'exceder; & s'il l'avoit excedé, le conducteur feroit bien fondé à pourfuivre dans les Tribunaux la répétition de ce qu'il auroit exigé au-delà.

128. Il eft quelquefois permis au locateur, même dans le for de la confcience, de ftipuler quelque chofe au-delà du jufte prix du loyer, fçavoir le prix de l'affection, & cela a lieu lorfque, follicité par

vous de vous louer une chofe dont je jouiſſois par moi-même, & que je n'avois pas deſſein de louer, je veux bien vous ſacrifier l'affeſtion que j'ai pour la jouiſſance de cette chofe, & vous la louer; je ne ſuis pas obligé de vous faire ce ſacrifice gratuitement, & je peux mettre un prix à mon affeſtion.

Les regles que nous avons établies dans notre Traité du Contrat de vente, *n.* 243. 244. 245. & 246. ſur le prix d'affeſtion & ſur les conditions requiſes, pour qu'il ſoit licite dans le contrat de vente, reçoivent application à l'egard du contrat de louage.

§. III.

Du remboursement des impenſes.

129. La bonne foi oblige le locateur à rembourſer au conducteur toutes les impenſes néceſſaires & extraordinaires qu'il a faites à l'égard de la chofe louée; par exemple, ſi j'ai pris à loyer un cheval pour un voyage, & que, dans le cours de ce voyage, il ſoit ſurvenu ſans ma faute une maladie à ce cheval, le locateur eſt obligé à me rembourſer tous les frais de panſements & médicaments que j'ai faits de bonne foi, ſoit que le cheval ſoit guéri, ou qu'il ſoit mort de cette

maladie ; car j'ai fait une dépenſe qu'il auroit faite lui-même ; il doit pareille-ment me faire raiſon des nourritures pendant le temps que je n'ai pu me ſer-vir du cheval ; car pendant ce temps, non-ſeulement je n'en dois pas le loyer, parce que je ne peux m'en ſervir, mais le cheval ne doit pas être à mes frais.

A l'égard des frais de nourriture & de l'entretien des fers pendant le temps que le conducteur ſe ſert ou peut ſe ſervir du cheval, ils ſont à la charge du con-ducteur.

Obſervez qu'en ce cas le conducteur doit donner avis par lettre au locateur le plus promptement qu'il eſt poſſible, de la maladie du cheval ; néanmoins quoi-qu'il eût manqué à le faire, il ne ſera pas pour cela toujours exclus de ſon action, & il doit ſuffire que la maladie ſoit bien certaine, qu'il ſoit bien conſtant que la maladie eſt arrivée ſans ſa faute, & que l'impenſe par lui faite ait été indiſpenſa-ble.

130. Pareillement à l'égard des maiſons, quoiqu'un locataire ne ſoit pas facilement écouté à demander le rembourſement des réparations qu'il a faites, ſans en avertir le locateur lorſqu'il le pouvoit ; néan-moins s'il eſt bien conſtant que ces répa-rations étoient indiſpenſables, le locateur

doit être condamné à rembourfer au locataire ce qu'il en a coûté, n'étant pas jufte qu'il profite aux dépens du locataire ; *neminem æquum eft cum alterius damno locupletari.*

131. A l'égard des impenfes feulement utiles qu'un locataire auroit fait, il ne peut pas s'en faire rembourfer par le locateur qui n'a point donné ordre de les faire; mais il doit au moins être permis à ce locataire d'enlever à la fin du bail, tout ce qu'il pourra enlever, en rétabliffant les chofes à fes dépens dans l'état où elles étoient, enforte que la maifon n'en reçoive aucun dommage, *l.* 19. §. 4. *ff. locat.*

CHAPITRE III.

Des engagements du Locateur qui réfultent des claufes portées au contrat.

132. LE locateur eft obligé à tout ce qu'il a promis par les claufes particulieres du contrat : par exemple, fi le locateur d'une métairie en a déclaré la contenance par le contrat, il s'eft par cette déclaration obligé à fournir cette contenance ; & s'il en manque, il doit faire au fermier une diminution fur la

ferme pour raifon de ce qu'il en manque.

Tout ce que nous avons dit fur la contenance au Traité du contrat de vente, *part. 2. ch. 3. art. 1.* reçoit application au contrat de louage.

Pareillement s'il a affuré que la chofe louée avoit quelque qualité qu'elle fe trouve ne pas avoir, ou qu'il ait affuré qu'elle étoit exempte de certains défauts qu'elle fe trouve avoir, quand même il l'auroit affuré de bonne foi, il eft tenu des dommages & intérêts du conducteur; il peut même quelquefois y avoir lieu pour cette raifon, au réfiliment du bail, fi le défaut eft tel qu'il eût empêché le conducteur de prendre la chofe s'il l'eût fçu.

Enfin fi le locateur s'eft obligé à faire quelque chofe, comme à faire quelques ouvrages ou quelque embelliffement à la maifon qu'il a louée, il eft obligé de remplir fon engagement.

TROISIEME PARTIE.

Des engagements du Conducteur.

LEs engagements du conducteur dans le contrat de louage naiffent auffi ou de la nature du contrat, ou de la borne foi qui y doit regner, ou des clauſes particulieres qui y ont été appoſées.

CHAPITRE PREMIER.

Des engagemens du Conducteur qui naiſ-
ſent de la nature du contrat.

133. IL paroit par la définition que nous avons donnée du contrat de loua-ge au commencement de ce Traité, que le principal engagement du conducteur qui naît de la nature du contrat, eſt l'obli-gation de payer au locateur le prix con-venu pour l'uſage de la choſe. Ce prix s'appellé communement *loyer* ; on lui donne auſſi les noms de *fermes*, *fermages*, *moiſons*, &c. lorſque la choſe louée eſt un héritage de campagne.

Nous verrons dans un premier article quand & où doivent ſe payer les loyers ou fermes, & s'il en eſt dû des intérêts. Nous verrons dans un ſecond article en quel cas le conducteur en doit avoir re-miſe, ſoit pour le tout, ſoit pour partie. Nous traiterons dans un troiſieme des fins de non-recevoir, contre la demande en payement des fermes ou loyers.

Il y a encore d'autres obligations du

F v.

conducteur qui naiſſent de la nature du contrat de louage, dont nous traiterons dans un quatrieme article.

ARTICLE PREMIER.

Quand & où le loyer doit-il être payé, & s'il en eſt dû des intérêts.

§. I.

Quand le loyer doit-il être payé.

134. On convient quelquefois d'une ſeule ſomme pour tout le temps du louage; & en ce cas cette ſomme doit être payée à l'expiration de ce temps.

Comme ſi j'ai pris à loyer un cheval pour me ſervir pendant le temps de la moiſſon pour une ſomme de quarante livres, cette ſomme doit être payée en une fois, auſſi - tôt que la moiſſon ſera finie.

Quelquefois le loyer eſt diſtribué en pluſieurs ſommes, ou par chaque année, ou par chaque demi-année, ou par chaque quartier, ou par chaque mois, ou par chaque ſemaine, ou par chaque jour; en ces cas chacune de ces ſommes doit être payée auſſi-tôt après l'expiration de chaque année, de chaque demi-année, &c.

135. Lorfqu'une métairie eft louée pour une certaine fomme de ferme par chaque année, la ferme étant le prix de la recolte, elle eft proprement dûe auffi-tôt que la recolte eft faite ; néanmoins elle n'eft pas auffi - tôt exigible ; il faut donner le temps au fermier de battre fes grains, & de faire de l'argent. Si le jour auquel le fermier doit payer la ferme eft exprimé par le bail, nulle difficulté en ce cas ; elle eft exigible auffi - tôt que le jour exprimé eft revolu : fi on n'a exprimé aucun terme pour le payement, ce fera au terme auquel il eft d'ufage dans le pays de payer les fermes; car quand on ne s'eft pas expliqué, on eft cenfé s'être conformé à l'ufage du pays, *in contractibus veniunt ea quæ funt moris & confuetudinis.*

L'ufage dans notre Province de l'Orléanois, lorfqu'il n'y a pas de terme défigné, eft que les fermes des métairies fe payent par année à la Touffaint, & les loyers de maifon par terme de fix mois chacun, à Noël & à la S. Jean-Baptifte. Dans plufieurs Provinces, les loyers des maifons fe payent en quatre termes de trois mois chacun. Plufieurs Coutumes en ont des difpofitions ; Melun, *art.* 180. Sens, 257. Dourdan, 143. Valois, 189, & autres.

§. I I.

Où le loyer doit-il être payé.

136. Lorsque le lieu du payement est exprimé, c'est en ce lieu qu'il doit être fait.

Lorsque les parties ne s'en font pas expliquées, suivant les principes généraux établis en notre Traité des obligations, *n*. 513. le payement des loyers & des fermes doit se faire au domicile du conducteur qui en est le débiteur; néanmoins lorsque le locateur d'une métairie demeure dans un lieu qui n'en est pas bien éloigné, & où le fermier va souvent pour ses affaires, & que la ferme consiste en une somme d'argent, le fermier doit à son maître cette déférence de lui aller payer ses fermes en sa maison.

Mais si la ferme est en grains ou autres especes, le fermier, lorsque les parties ne s'en font pas expliquées, n'est pas obligé de les voiturer.

137. Quoiqu'il ait été stipulé par le bail que les moisons seroient livrées au locateur en sa maison, si le locateur depuis le contrat va établir sa demeure dans un lieu plus éloigné du fermier, le fermier n'est point obligé de lui voiturer les

moisons en sa nouvelle demeure ; car la condition du fermier qui n'a compté s'obliger qu'à voiturer les moisons au lieu où demeuroit pour lors le locateur, ne doit pas devenir plus dure par cette translation de domicile du locateur, qui n'a pas été prévue ; c'est le cas de cette regle de Droit, *nemo alieno facto prægravari debet.*

Le locateur doit donc en ce cas indiquer à son fermier, dans le lieu de son ancienne demeure, une personne à qui il livrera ses moisons.

Si le lieu de la nouvelle demeure du locateur n'étoit éloigné que de quelques lieues de plus, il seroit assez équitable d'obliger le fermier à y voiturer les moisons, en lui tenant compte par le locateur du prix de la voiture pour ce qu'il y a de plus de chemin à faire.

Si la différence du nouveau domicile du locateur d'avec celui qu'il avoit au temps du bail, étoit peu considérable, elle ne devroit pas entrer en considération : par exemple, comme lorsque le locateur reste dans la même Ville, & change seulement de quartier.

§. III.

Des intérêts du loyer.

138. Le conducteur qui est en demeure de payer ses fermes, qui consistent en argent, doit l'intérêt de la somme du jour de la demande judiciaire qui lui en est faite ; car il doit cette somme *principaliter*, & non comme un accessoire d'aucune autre dette, & par conséquent la dette de cette somme à son égard est la dette d'un sort principal, qui comme toute autre dette peut produire intérêt du jour de la demande. Notre décision est autorisée par un acte de notorieté du Châtelet de Paris, du 18 Avril 1705.

ARTICLE II.

En quels cas le Conducteur doit-il avoir remise des loyers pour le tout, ou pour partie.

Nous établirons à cet égard quelques principes généraux, dont nous ferons ensuite l'application aux baux des maisons, aux baux des héritages de campagne & aux baux des services des ouvriers & serviteurs ; nous traiterons en dernier lieu de la clause par laquelle le conducteur se charge des cas fortuits.

§. I.

PRINCIPES GÉNÉRAUX.

PREMIER PRINCIPE.

Le conducteur , locataire ou fermier doit avoir la remise du loyer pour le tout , lorsque le locateur n'a pu lui procurer la jouissance ou l'usage de la chose louée.

139. La raison de ce principe est que , comme nous l'avons observé *suprà* , *n.* 4. le contrat de louage s'analyse en une espèce de contrat de vente des fruits futurs ou de l'usage futur de la chose louée , dont le loyer est le prix : or de même que la vente des fruits futurs n'est valable & que le prix n'en est dû qu'autant que ces fruits naîtront , & feront par leur existence la matiere du contrat , *Traité du Contrat de Vente* , *n.* 5. On doit pareillement décider qu'il ne peut être dû de loyer , lorsque le conducteur n'a pu avoir aucune jouissance ni usage dont ce loyer soit le prix.

SECOND PRINCIPE.

Le conducteur locataire ou fermier que le locateur n'a pu faire jouir pendant une partie du temps du bail, doit avoir la remise du loyer pour le temps qu'il n'a pu jouir.

140. La raison est que chaque partie du loyer est le prix de la jouissance de chaque partie du temps que devoit durer le bail : il ne peut donc être dû de loyer pour la partie du temps que le conducteur n'a pas eu ni pu avoir cette jouissance.

TROISIEME PRINCIPE.

Le conducteur locataire ou fermier que le locateur n'a pu faire jouir de quelque partie de la chose qui lui a été louée, doit avoir la remise du loyer pour cette partie pendant le temps qu'il n'en a pu avoir la jouissance.

141. Ce principe est une suite des précédens, qui peut néanmoins souffrir quelque limitation, comme nous le verrons dans les paragraphes suivans, où nous en ferons l'application.

QUATRIEME PRINCIPE.

Le conducteur locataire ou fermier ne peut demander remise du loyer, lorsque l'empêchement est venu de sa part.

142. Il suffit en ce cas qu'il y ait une

jouiſſance poſſible ou uſage poſſible de la choſe qu'il n'a tenu qu'au conducteur d'avoir ou par lui ou par d'autres pour que le loyer en ſoit dû.

CINQUIEME PRINCIPE.

Le loyer n'eſt dû que pour la jouiſſance que le conducteur a eu en vertu du bail.

143. Suivant ce principe, ſi le conducteur pendant le cours du bail a acquis la pleine propriété, ou du moins l'uſufruit de la choſe qui lui a été louée, il doit être déchargé du loyer pour le temps qui reſtera à courir du bail depuis qu'il a acquis la propriété ou l'uſufruit de cette choſe, *L. 34. ff. 1. §. de uſufr. L. 9. §. fin. ff. loc.* car il ne jouit plus en vertu du bail, mais de ſon chef.

SIXIEME PRINCIPE.

Lorſque le conducteur n'a pas été privé abſolument de la jouiſſance de la choſe ; mais que par un accident imprévu, ſa jouiſſance a ſouffert une alteration & une diminution très conſidérable, il peut demander une diminution proportionnée dans le loyer du temps où ſa jouiſſance a ſouffert cette diminution.

144. Nous verrons l'explication de ce principe dans les paragraphes ſuivants.

§. II.

Application des principes aux baux à loyer des maisons.

145. Suivant les principes exposés au paragraphe précédent, lorsque le loca-teur d'une maison, au jour auquel le lo-cataire en doit entrer en jouissance, est en demeure de lui en remettre les clefs, le locataire, tant qu'il n'entre point en jouissance, ne doit pas les loyers.

146. Quand même le locateur offriroit la remise des clefs, si la maison se trouve inexploitable par le mauvais état auquel elle se trouve, quoique ce soit sans la faute du locateur, *putà* par un ouragan arrivé peu de jours avant celui auquel le locataire devoit entrer en jouissance, le locataire peut refuser de recevoir les clefs; & s'il est constaté que la maison n'est pas exploitable, le locataire n'en devra pas le loyer jusqu'à ce que la maison ait été ren-due exploitable, & qu'on ait fait depuis de nouvelles offres au locataire de lui en re-mettre les clefs.

147. Le locataire peut même deman-der à être déchargé du bail en entier, pour pouvoir se pourvoir ailleurs d'une autre maison, le locataire n'étant pas

obligé de rester sans maison, en attendant que les réparations soient faites.

On permet néanmoins au locateur,
sur-tout lorsqu'il n'est pas en faute, d'offrir en ce cas au locataire de le loger dans
une autre maison, en attendant que les
réparations soient faites, *arg. L.* 60. *ff. locat.*
Ces offres doivent empêcher la résolution
du bail, & le loyer doit courir du jour
des offres faites par le locateur, de remettre au locataire les clefs de la maison où
on le veut loger en attendant.

Observez qu'il est équitable que le locateur indemnise en ce cas le locataire
des frais du second délogement.

148. Quelle que soit la cause qui empêche le locateur de pouvoir faire entrer
le locataire en jouissance de la maison,
le locataire tant qu'il n'entre pas en jouissance n'en doit pas les loyers ; *putâ* si au
temps que le locataire doit entrer dans la
maison, la Ville où est la maison se trouve assiégée par les ennemis, ou infestée
de la peste, le locataire qui se trouve
hors de la Ville, & qui par conséquent
ne peut entrer en jouissance de la maison dont l'accès lui est fermé par la guerre
ou par la peste, n'en doit pas les loyers.

149. Suivant les mêmes principes lorsque le locataire, après être entré en jouissance de la maison, est par quelque force

majeure contraint d'en déloger, il ceſſe d'en devoir les loyers depuis le jour qu'il a été contraint de déloger.

Par exemple, ſi un locataire a été obligé de déloger avant la fin de ſon bail de la maiſon à lui louée, parce que la maiſon menaçoit ruine, le loyer ceſſera de courir, & il n'en devra plus depuis le jour de ſon délogement.

Pour que cette déciſion ait lieu, Alſenus en la Loi 27. §. 1. *ff. locat.* demande le concours de deux choſes, 1°. que le locataire ait eu un juſte ſujet d'appréhender la ruine de la maiſon : il n'eſt pas néanmoins néceſſaire que l'évenement de la chute de la maiſon ait juſtifié cette crainte, il ſuffit qu'il y eût lieu de l'appréhender.

2°. Il faut pour que le locataire ſoit déchargé des loyers pour l'avenir, que le locateur n'ait pas offert de lui fournir un autre logement pendant le temps qu'on répareroit ou reconſtruiroit la maiſon, *d. L.* 60. Lorſque ces deux choſes concourent, le locataire eſt déchargé du loyer pour tout le temps reſtant du bail, quand même le locateur, après avoir rétabli ſa maiſon, la lui offriroit ; le locataire qui a été obligé de ſe pourvoir d'une autre maiſon, n'étant plus obligé de la reprendre. *d. L.* 60. *ff. d. tit.*

Dans nos uſages, pour qu'il ſoit conſtant que le locataire a eu un juſte ſujet de déloger de la maiſon dont il appréhendoit la ruine, & de prétendre en conſéquence la décharge du bail ; il faut que le locataire qui veut déloger aſſigne le locateur ; & que ſur un rapport d'experts nommés par le Juge qui auroient déclaré que la maiſon menace ruine, il ſ... ſe ordonner qu'il lui ſera permis de déloger, & qu'il ſera déchargé du bail.

150. Lorſque le locataire n'a pas été privé du total, mais de quelqu'une des parties de la maiſon qui lui a été louée ; il doit avoir remiſe du loyer pour cette partie.

Néanmoins ſi les réparations qui ſurviennent à faire à la maiſon pendant le temps du bail, privent le locataire d'une partie de la maiſon pendant un temps peu conſidérable, le locataire doit ſouffrir cette incommodité ſans pouvoir pour cela demander aucune diminution du loyer de la maiſon ; car étant ordinaire que dans le cours du bail d'une maiſon, il ſurvienne des réparations à y faire, le locataire qui a dû prévoir ce cas, eſt cenſé s'être ſoumis à ſouffrir l'incommodité qui en réſulte ; c'eſt ce qui réſulte de la loi 27. *ff. locat. habitatores non ſi paulò minùs commodè aliquá parte cœnaculi utentur, ſtatim deductionem ex mercede facere*

oportet ; eâ enim conditione habitatorem,
esse, ut si quid transversarium incidisset,
quamobrem dominum aliquid demoliri opor-
tet, aliquam partem parvulam incommodi
sustineret.

151. Lorsque l'empêchement qui a empêché le locataire d'entrer en jouissance de
la maison qui lui a été louée, ou qui l'a
empêché de la continuer, & l'a contraint
d'en déloger, est un empêchement qui
ne vient que de la part du locataire, il
ne peut pas pour cela demander la remise
d's loyers. Cela est conforme au quatrième Principe ; il suffit que la maison soit
exploitable ; que le locateur soit prêt d'en
accorder la jouissance au locataire, &
que le locataire puisse l'occuper, ou par
lui ou par d'autres, pour que les loyers
soient dûs.

Cette décision doit avoir lieu, quand
même ce seroit pour les affaires de l'Etat
que le locataire seroit obligé d'aller faire
sa résidence ailleurs ; il n'est pas fondé
à demander la décharge des loyers courus pendant le temps que son absence
pour le service de l'Etat l'a empêché
d'occuper la maison ; mais il pourroit
peut-être être fondé à demander la résolution du bail pour l'avenir pour le prochain terme.

152. Pour appliquer le sixiéme de nos

Principes aux baux à loyer des maisons, supposons que j'ai loué à quelqu'un une auberge sur la grande route, & que depuis & pendant le temps du bail, la grande route a été changée, de maniere que cette auberge, qui étoit très fréquentée, ne se trouvant plus sur la route, est devenue déserte : en ce cas, quoique le locataire jouisse de toutes les parties de la maison, il est fondé à demander une diminution du loyer, la jouissance de cette auberge souffrant, par le changement de la route, une altération & une diminution très-considérable.

Mais si lors du bail, mon auberge que j'ai louée à un Aubergiste, étoit la seule auberge d'un lieu ; que pendant le cours du bail, il se soit établi d'autres auberges dans ce lieu, qui diminuent beaucoup le profit que mon locataire faisoit dans l'auberge que je lui ai louée ; peut-il me demander une diminution de loyer ? Non : la raison de différence est, qu'il étoit facile de prévoir qu'il pouvoit s'établir d'autres auberges dans le lieu ; mon locataire en prenant mon auberge a dû s'y attendre ; au lieu qu'on ne pouvoit pas prévoir le changement de la route. Cette question est semblable à celle qu'agite Caroccius. Si un Meûnier eft fondé à prétendre diminution de la ferme du moulin qu'on lui a loué, parce que depuis le bail, d'autres Meûniers ont fait conftruire d'autres moulins dans le voifinage ; & il décide qu'il n'y eft pas fondé.

§. III.

Application des Principes aux baux des métairies.

153. Suivant les Principes propofés au §. I. lorfqu'un fermier a été par une force majeure privé de pouvoir recueillir les fruits de quelqu'une des années de fon bail, *putà* fi un parti ennemi a fouragé tous les bleds encore en herbe de la terre qu'il tient à ferme ; ou fi tous les fruits qui étoient encore fur pied ont péri par une inondation de riviere, par un effein de fauterelles ou par quelque accident femblable ; en tous ces cas, le fermier doit avoir remife de l'année de ferme, *l. 15. §. 2. ff. locat.*

Si quelqu'un de ces accidents avoit caufé une perte non pas totale des fruits, mais très-confidérable ; il y auroit lieu à la remife de l'année de ferme, non pas pour le total, mais pour une partie proportionnée à la perte.

Les

Les parties conviennent entr'elles de ces remifes, ou s'en rapportent à des arbitres, ce qui doit toujours s'entendre *de arbitrio boni viri* ; c'est pourquoi si dans le cas d'une inondation extraordinaire qui auroit caufé une perte prefque totale des fruits de ma métairie, j'étois convenu avec mon fermier de lui faire la même remife qu'un voifin qui avoit dans le voifinage une groffe ferme, feroit à fon fermier, & que ce voifin n'en eût voulu faire qu'une manifeftement beaucoup au-deffous de celle qui étoit dûe, dont le fermier, dans la crainte d'un procès, fe feroit contenté ; mon fermier nonobftant notre convention ne fera pas obligé de fe contenter d'une femblable remife ; car par notre convention, nous avons fuppofé que le voifin feroit une remife équitable.

154. Pour qu'il y ait lieu à ces remifes, il faut que plufieurs chofes concourent.

1°. Il faut que la caufe de la perte que le fermier a foufferte foit une force majeure qu'il n'a pu empêcher par aucune prévoyance ; c'est pourquoi s'il avoit pu éviter le fourage que l'ennemi a fait de fes bleds en obtenant une fauve-garde que le Général ennemi accordoit pour de l'argent à ceux qui la demandoient,

G

il ne pourra pas demander remise de sa ferme, pour la perte qu'il a soufferte, ayant pu l'éviter.

155. 2°. Il faut que la perte soit arrivée sur les fruits étant encore sur pied; car aussi-tôt qu'ils sont recueillis, la ferme est dûe ; les fruits, dès qu'ils sont recueillis, appartiennent au fermier, & doivent par conséquent être à ses risques; c'est pourquoi si peu après la récolte achevée le feu du ciel est tombé sur les granges, & a consumé tous les fruits, si tout le vin que le fermier a recueilli s'est aigri, le fermier ne peut prétendre pour cela aucune remise, *l.* 15. §. 2. *ff. locat.*

Il n'est pas même nécessaire que les fruits ayent été serrés, comme quelques auteurs l'ont prétendu ; il suffit qu'ils ayent été séparés de la terre, pour qu'ils soient acquis au fermier, & par conséquent pour qu'ils soient à ses risques, & qu'il en doive la ferme, sans que la perte qui arriveroit sur ces fruits, quoiqu'étant encore sur les champs, mais déja séparés du sol, puisse être une raison suffisante pour que le fermier puisse prétendre aucune remise pour cette perte,

L'Auteur des Conférences de Paris sur l'usure, *tome* 2. *p.* 424. prétend que la remise est dûe au fermier pour la perte arrivée sur les fruits, quoique déja serrés

& engrangés ; il en donne cette raison, que *les fruits ou pendants ou serrés dans les granges font également au bailleur & au preneur, parce qu'ils font deux associés.* Cela ne mérite pas de réponse ; cet auteur qui n'est pas Jurisconsulte ne sçait pas ce que c'est que le contrat de louage ou de bail à ferme qu'il confond mal-à-propos avec le contrat de société, avec lequel ce contrat n'a aucun rapport ; il est faux que les fruits, lorsqu'ils font perçus, soient communs au bailleur & au preneur : le preneur en est le seul propriétaire ; le bailleur y a seulement un droit de gage pour le prix de la ferme qui lui est dû. Il est vrai qu'il y a une espece de contrat de bail à ferme, qui a quelque rapport avec le contrat de société ; c'est celui qui est fait pour une portion aliquote des fruits que le fermier s'oblige de donner au bailleur. Dans l'espece de ces baux, si la perte arrive fur les fruits, quoique déja engrangés, avant qu'ils ayent été partagés entre le maître & le fermier ; il est vrai en ce cas que la perte doit être commune pour la part que chacun y avoit ; mais lorsque le partage s'en est fait fur le champ, & que la part de chacun a été ferrée en des granges féparées, la perte arrivée fur la part du fermier, ne lui donne aucun droit de rien demander à fon maître. J'ai cru devoir rapporter & refuter cette décision des Conférences de Paris, parce que ce Livre étant entre les mains de tout le monde, les décisions fautives qui s'y font glissées, peuvent allarmer mal-à-propos les consciences timorées.

Observez que le maître qui dans le cas de cette perte soufferte par son fermier n'est pas obligé par devoir de Justice de lui subvenir, peut souvent dans le for de la conscience, y être obligé par devoir de charité, ce qui dépend des circonstances de la commodité du maître & de l'indigence du fermier.

Si la perte même des fruits après qu'ils ont été coupés, ne doit faire obtenir au fermier aucune remise sur sa ferme, à plus forte raison ce qu'il souffre de la vilité de leur prix, ne doit pas lui en faire obtenir.

156. 3°. Il faut que le dommage ait été considérable ; un fermier ne peut demander aucune remise pour raison d'un dommage peu considérable, quel que soit l'accident qui l'ait causé ; *modicum damnum æquo animo ferre debet colonus, cui immodicum lucrum non aufertur,* l. 25. §. 6. ff. locat.

De là naît la question, quelle doit être la quantité du dommage causé par une force majeure sur les fruits encore

pendants, pour que le Fermier puiffe prétendre une remife de partie de l'année de
ferme ?

Il y a plufieurs opinions affez incer-
taines fur cette queftion. Bruneman, *ad
leg.* 15. *ff. locat.* eftime qu'il faut que
deux chofes concourent : 1°. que ce qui
a échappé à l'accident arrivé fur les fruits
pendants, foit au-deffous de la moitié de
la quantité qu'on a coutume de percevoir
dans les années ordinaires : 2°. que la
valeur de ce qui refte foit au-deffous
de la moitié de la valeur du prix de la
ferme. La décifion de cette queftion doit
être laiffée à l'arbitrage du Juge.

157. Lorfqu'une métairie compofée
de différentes parties qui produifent différentes efpeces de fruits, a été donnée
à ferme par un même bail, & pour un
feul & même prix annuel, fi l'accident
n'eft arrivé que fur une des parties de
cette métairie, *putà* s'il eft furvenu une
grêle extraordinaire après la récolte des
bleds, qui ait perdu totalement les fruits
qui étoient à recueillir dans la vigne :
pour juger fi la perte caufée par cet accident eft une perte confidérable qui doit
donner lieu à une remife de partie de
la ferme, il ne faut pas avoir égard à la
feule partie de la métairie fur laquelle
cette perte eft arrivée, mais à la totalité

de la métairie, & il ne doit y avoir lieu en ce cas à la remife d'une partie de la ferme, qu'autant que la vigne auroit fait l'objet le plus confidérable de la métairie.

Cette décifion a lieu quand même le fermier auroit foûbaillé féparément cette vigne à quelqu'un, & auroit été obligé de lui faire remife d'une année de la fous-ferme, pour la perte totale que la grêle a caufé des fruits à recueillir dans cette vigne.

Il en feroit autrement, fi le fermier principal avoit pris à ferme pour des prix féparés les terres & les vignes; en ce cas le bail des vignes & le bail des terres étant deux baux féparés, quoique faits à la même perfonne, le fermier qui auroit fouffert une perte totale des fruits du bail des vignes, feroit bien fondé à demander la remife de l'année de ferme de ce bail, fans que le bailleur pût lui oppofer en compenfation le profit qu'il a eu fur le bail des terres, parce que ces baux font des baux différents qui n'ont rien de commun l'un avec l'autre : quelque profit que le fermier ait eu fur le bail des terres, il n'en eft pas moins vrai qu'il n'a perçu aucuns fruits de tout ce qui lui a été affermé par le bail qui lui a été fait des vignes; & que n'ayant perçu pour cette année aucuns fruits de ce bail, il ne peut en devoir la ferme ; le profit extraordinaire qu'un fermier a fait dans une année du bail, peut bien compenfer la ftérilité d'une autre année de ce bail, parce que toutes les années d'un bail ne compofent qu'un même bail, & que dans un même bail, la perte foufferte qui donne lieu à la remife, doit s'eftimer fous la déduction du profit ; mais le profit qu'un fermier a fait fur un bail, ne peut changer les droits & les obligations qui réfultent d'un autre bail.

158. La perte des fruits à recueillir fur une partie de la métairie, ne donne lieu à la vérité à aucune remife de la ferme, à moins qu'elle ne fût la partie la plus confidérable de la métairie ; il en eft autrement lorfqu'un fermier a été évincé, ou de quelqu'autre maniere que ce foit privé entiérement de l'occupation d'une partie des terres de la métairie ; quelque petite que foit cette portion, le locateur lui doit faire raifon de la non jouiffance de cette portion ; car le locateur eft obligé de le faire jouir de toutes les parties de la chofe qu'il lui a donnée à ferme, *debet præftare ei frui licere.*

159. 4°. Pour qu'il y ait lieu à la remife, il faut que la perte de la récolte de l'année pour laquelle le fermier demande la remife n'ait pas été récompenfée par quel-

qu'abondance dans les autres années. du bail, foit dans celles qui ont précédé cette année, foit dans celles qui l'ont fuivie.

De là il fuit que lorfque cette remife eft demandée avant la fin du bail; le Juge ne doit pas faire droit définitivement fur la demande de cette remife, & qu'il doit furfeoir à y faire droit jufqu'à la fin du bail, & ordonner cependant par provifion, que le locateur ne pourra exiger jufqu'à la fentence définitive, qu'une certaine portion de la ferme de cette année.

160. De-là naît la queftion de fçavoir quand la ftérilité extraordinaire d'une année pour laquelle la remife eft demandée, doit être cenfée compenfée par la fertilité des autres années du bail. Les Docteurs ont eu différentes opinions fur cette queftion. Bruneman *ad L.* 15. *ff. locat.* dit qu'il y en a jufqu'à huit qui font rapportées par Nicolas de Clapperiis. J'eftime que pour connoître fi le fermier eft dédommagé de la perte qu'il a foufferte dans l'année de ftérilité, par la fertilité des autres années du bail, il faut d'abord eftimer à combien il y avoit lieu d'efpérer vraifemblablement que monteroit le produit des autres années ; compter enfuite à quoi il a monté effectivement. Si la fomme dont le produit effectif excede celui qu'il y avoit lieu d'efpérer eft égale

au montant de la perte que le fermier a soufferte dans l'année de stérilité, il est dédommagé par l'abondance des autres années. Par exemple, dans la supposition d'un bail fait pour neuf ans d'une métairie dont le produit ordinaire que le fermier, lors du bail, avoit lieu d'espérer, étoit de cent pistoles, année commune ; si les huit autres années, qui ne devoient vraisemblablement produire que huit mille livres, en ont produit neuf mille, le fermier a eu un profit inespéré de mille livres, égal à la perte qu'il a eu en l'année de stérilité, qui par conséquent le dédommage de cette perte, & doit le faire décheoir de prétendre aucune remise.

161. Si le locateur, sans attendre la fin du bail, avoit fait remise de la ferme de l'année dont les fruits ont péri par force majeure, pourroit-il retracter cette remise, si l'abondance des années suivantes dédommageoit le fermier de cette perte ? Ulpien en la Loi 15. §. 4. *ff. locat.* décide qu'il le peut ; la raison est que personne n'est présumé donner ce qu'il ne doit pas ; d'où il suit que le locateur n'est censé avoir fait cette remise à son fermier qu'autant qu'elle lui seroit dûe, & par conséquent qu'autant qu'il ne surviendroit point de ces abondances qui dédommage-

roient le fermier, & empêcheroient que la remise ne lui fût dûe.

Il prétend encore que cette décision doit avoir lieu, même dans le cas auquel le locateur se seroit servi du terme de *don* en faisant cette remise, parce qu'il faut plutôt s'arrêter à l'intention des parties, qu'aux termes qu'elles ont employé. *Etsi verbo Donationis Dominus ob sterilitatem anni remiserit, idem erit dicendum ; quasi non sit donatio, sed transactio. D. L.* 15. §. 4.

Comme la décision de ces Loix pourroit peut-être souffrir parmi nous quelque difficulté, il est de la prudence du locateur d'exprimer dans l'acte qui contient la remise, qu'il ne l'a faite que sous la condition que le fermier ne sera pas dédommagé par l'abondance des années qui suivront.

L'abondance des années qui ont suivi peut bien, aux termes de la Loi ci-dessus rapportée, donner lieu à retracter la remise ; mais le propriétaire qui a fait la remise ne peut pas la retracter pour raison de l'abondance des années précédentes, dont il avoit connoissance lors de la remise ; *si novissimus annus erat sterilis in quo ei remiserit, verius dicetur etsi superiores uberes fuerunt & scit locator, non debereeum ad computationem vocari. D. L.* 15. §. 4.

162. Observez que le profit qu'a fait

le fermier dans les années d'abondance peut bien donner le droit au locateur de le compenſer, avec la perte pour laquelle le fermier demande remiſe, la perte ne devant s'eſtimer que ſous la déduction du gain; mais quelque grand qu'il ait été, il ne peut jamais donner au locateur le droit de prétendre une augmentation de ferme; car par le bail il a cédé, ſans aucune reſerve, tout le droit qu'il avoit aux fruits. *Immodicum lucrum ei (colono) non aufertur*, dit la Loi 25. §. 6. *ff. locat.*

163. Il faut 5°. que l'accident qui a cauſé une perte conſidérable des fruits, ſoit un accident extraordinaire, & non pas de ces accidens ordinaires & fréquents auxquels un fermier doit s'attendre. Par exemple, le fermier d'une vigne ne doit pas demander une remiſe de ſa ferme pour la perte qu'a cauſé la gélée, la coulure ou la grêle, à moins que ce ne fût une gélée extraordinaire ou une grêle extraordinaire qui eût cauſé la perte totale des fruits.

164. Il nous reſte à obſerver que tout ce que nous avons dit en ce paragraphe n'a pas lieu à l'égard des fermiers partiaires, qui donnent au locateur, pour le prix de leurs fermes, la moitié ou le tiers, ou une autre portion aliquote des fruits qu'ils recueillent. Quelqu'accident qui ſoit arrivé ſur les fruits avant leur recolte, ces fer-

miers ne peuvent prétendre aucune remife, & doivent donner au locateur la
portion convenue du peu qu'ils ont recueilli ; car les baux de cette efpece
contiennent une efpece de focieté, & il
eft de la nature de la focieté que la perte
fe partage entre les parties à proportion
de la part que chacun y doit prendre.

§. I V.

Application au louage des fervices des Ouvriers & Serviteurs.

165. Lorfqu'un ouvrier ou ferviteur a
loué fes fervices à un maître, fi par la
force majeure ces fervices n'ont pu lui
être rendus, il doit être déchargé du
prix defdits fervices. Par exemple, dès le
grand matin j'ai fait marché avec des vendangeufes pour venir vendanger mes vignes, à raifon de tant pour leur journée ;
fi le temps s'eft mis à la pluie, & que
j'aie été obligé de renvoyer mes vendangeufes, fuivant le premier des principes
rapportés au paragraphe premier, je dois
être déchargé envers elles de la fomme
que je leur avois promis pour leurs journées, leurs fervices n'ayant pu m'être
rendus par elles, par l'accident de la pluie.

166. Si le mauvais temps n'étoit furvenu

que depuis leur journée commencée, suivant le second de nos principes, je ne dois le prix de leur journée qu'au prorata du temps qu'elles ont travaillé, & qui court jusqu'à ce que je les aie renvoyées. Par exemple, lorsque le temps se met à la pluie vers le midi, l'usage est en notre Province d'Orleans qu'on leur donne à dîner, & qu'on leur paye la moitié du prix de la journée.

167. Si le maître ayant pris plus de vendangeuses qu'il ne lui en falloit, la vendange finit plusieurs heures avant la fin de la journée, & que n'ayant plus dequoi les occuper, il soit obligé de les renvoyer, il ne doit pour cela leur faire aucune diminution sur le prix de leur journée : cela est conforme au quatrieme de nos principes; car dans ce cas - ci c'est par le propre fait du maître à qui ces vendangeuses ont loué leurs services, qu'elles n'achevent pas leur journée ; elles sont prêtes à l'achever, si le maître leur fournit de quoi s'occuper.

168. A l'égard des ouvriers & serviteurs qui louent leurs services pour une année, pour un mois, ou pour quelque autre temps limité, s'il leur est survenu une maladie qui les ait empêchés de les rendre, pendant une partie un peu considérable du temps pour lequel ils se sont

loués ; le maître est bien fondé à leur diminuer une partie du prix de leurs services au prorata du temps que la maladie les a empêchés de les rendre : cela est conforme au second principe , à l'avis de la plupart des Docteurs , & à ce qui s'observe dans la pratique. Lorsque les maîtres n'usent pas de leur droit , c'est générosité de leur part , qui à la vérité est de bienséance à l'égard de personnes riches & d'une profession noble. On oppose contre cette décision la Loi 4. §. 5. *ff. de statu lib.* où dans l'espece d'un esclave à qui son maître avoit légué la liberté , sous cette condition, *s'il sert mon héritier un an* , il est décidé qu'on doit comprendre dans l'année les jours qu'il a été malade , *servire enim* , dit la Loi, *nobis intelliguntur etiam hi quos curamus ægros , qui cupientes servire , propter adversam valetudinem impediuntur* : la réponse est, qu'on ne peut tirer aucun argument de cette Loi : les dernieres volontés & sur-tout la liberté étant ce qu'il y a de plus favorable , lorsque la liberté a été léguée à un esclave sous cette condition, *si heredi meo anno servierit, &c.* il suffit qu'on puisse dire qu'il a été de quelque façon que ce soit au service de l'héritier , pendant tout le temps de l'année , pour que la condition de la liberté doive être cenfée accomplie. Or on peut dire de nos ferviteurs que nous avons chez nous, même pendant le temps qu'ils font malades, qu'ils font à notre fervice ; ils ne ceffent pas pendant ce temps d'être & de pouvoir fe dire & qualifier nos ferviteurs ; mais cela ne peut recevoir d'application au contrat de louage ; car lorfqu'un homme me loue fon fervice d'une année pour une certaine fomme, cette fomme que je m'oblige de lui donner eft dans l'intention des parties contractantes le prix des fervices effectifs que je compte qu'il me rendra, & non pas le prix du titre & de la qualité de mon ferviteur : il faut qu'il m'ait rendu, ou qu'il ait été pendant tout ce temps en état de me rendre fes fervices ; il n'y a donc aucune parité entre les deux efpeces : mais quand il y auroit parité entre les deux efpeces, on ne pourroit pas conclure de la Loi oppofée qu'on ne doit rien diminuer fur le fervice de l'année d'un ferviteur qui a été malade pendant un temps un peu confidérable de cette année, mais feulement qu'on ne lui doit rien diminuer, lorfqu'il a été malade pendant quelques jours de cette année; car la Loi eft dans cette efpece, *fi quibufdam diebus valetudo aut alia jufta caufa impedimento fuerit quominùs ferviat & hi anno imputandi funt* : la Loi ne dit pas, *fi aliqua parte anni* ; elle dit , *fi quibufdam diebus.* Or je conviendrois affez que même dans l'efpece du Contrat de louage, une légere indifpofition qui auroit empêché un ferviteur ou un ouvrier de rendre fervice à fon maître pendant quelques jours dans une année , ne doit faire obtenir au maître aucune diminution fur l'année de gages qu'il lui doit ; le maître a dû compter en quelque façon là-deffus; y ayant peu de perfonnes qui n'aient quelque légere indifpofition dans le cours d'une année.

169. Si les gages ne font pas dûs à un ouvrier ou ferviteur pour la partie du temps qu'il a été empêché par une force majeure de fervir , à plus forte raifon lorfque c'eft par fon propre fait qu'il n'a pas fervi , comme lorfqu'il a quitté de lui-même le fervice de fon maître avant le temps.

Il y a plus; le maître peut en ce cas l'affigner pour qu'il retourne à fon fervice, & demander que faute par lui de le faire dans les vingt-quatre heures du jour du Jugement qui interviendra , il foit par le même Jugement condamné aux dommages & intérêts de fon maître, fi aucuns il fouffre, fuivant le réglement de gens dont les parties conviendront , lefquels dommages & intérêts le maître pourra retenir fur la partie des gages qu'il lui doit pour fon fervice paffé, & que même dans le cas auquel il retourneroit au fervice de fon maître, il fera fait diminution à ce ferviteur d'une partie du prix de fon année de gages, au prorata du temps écoulé depuis qu'il a quitté le fervice de fon maître jufqu'à ce qu'il y foit rentré, ou bien que fon maître pourra retenir ce qu'il a été obligé de donner à un homme qu'il a mis à fa place jufqu'à ce qu'il foit rentré.

Ces dommages & intérêts du maître réfultants de la fortie du ferviteur, fe réglent eu égard à ce qu'il en a couté de plus au maître pour fe faire fervir par d'autres pendant ce qui reftoit à courir du temps du fervice.

170. Quand même ce feroit pour une caufe honnête qu'un ferviteur quitteroit avant le temps le fervice de fon maître, *putà* pour fe marier, ou pour aller affifter fes pere & mere, il ne laifferoit pas d'être tenu des dommages & intérêts de fon maître ; car c'eft par fon fait & volontairement qu'il ne remplit pas fon obligation : mais ils doivent en ce cas être eftimés moins rigoureufement que lorfqu'il quitte fans fujet, par pareffe, par libertinage, ou par l'efpoir de gagner davantage ailleurs.

171. Quelque favorable que soit le service de l'Etat, je crois que le serviteur qui quitte avant le temps le service de son maître, pour s'enroller volontairement dans les troupes, est tenu des dommages & intérêts de son maître : il en est autrement du cas où ce serviteur seroit tombé à la Milice ; c'est en ce cas par une force majeure qu'il n'acheve pas le temps de son service ; c'est pourquoi il ne doit point à son maître de dommages & intérêts. Le maître doit seulement en ce cas, suivant le deuxieme de nos principes, être déchargé des gages pour le temps qui restoit à courir : ce cas est semblable à celui auquel le serviteur est empêché de rendre service pour cause de maladie.

172. Lorsqu'un serviteur a été mis en prison, ou a été obligé de fuir pour éviter un Décret de prise-de-corps donné contre lui ; il faut distinguer : s'il a été déclaré convaincu du crime pour lequel il a été décreté ; c'est en ce cas par son fait qu'il a été obligé d'abandonner le service de son maître, & il doit par conséquent être tenu des dommages & inté-
1   de son maître, s'il en a souffert : mais s'il a été absous, ou même si l'affaire n'a pas été poursuivie, il est dans le cas de ceux qui ont quitté par une force majeure, & il n'est tenu d'aucuns dommages & intérêts.

173. Lorſque c'eſt par le fait du maître que le ſerviteur a quitté ſon ſervice avant le temps, *putà* par rapport aux ſevices du maître, ou parce qu'il lui refuſoit les choſes néceſſaires à la vie ; ou ſi c'eſt une ſervante, parce qu'il a attenté à ſon honneur, le ſerviteur peut être admis à la preuve de ces faits ; & s'il les juſtifie, non-ſeulement il ne doit pas de dommages & intérêts à ſon maître, mais ſuivant le quatrieme de nos principes, ſon maître n'eſt pas déchargé envers lui des gages qui reſtent à courir pour le reſtant du temps de ſon ſervice, puiſque c'eſt par le fait du maître qui eſt le conducteur de ces ſervices qu'il ne les lui rend pas ; c'eſt pourquoi le maître doit en ce cas payer au ſerviteur l'année entiere de ſes ſervices, & il peut même être condamné aux dommages & intérêts du domeſtique.

Lorſque le ſujet pour lequel le ſerviteur a quitté le ſervice de ſon maître, n'eſt pas bien grave, le Juge peut ordonner que le ſerviteur retournera inceſſamment achever ſon ſervice, à la charge par le maître de le traiter humainement, & ſans lui faire aucune diminution de ſes gages, pour le temps qu'il a manqué de ſervir ; ou s'il ne le condamne pas à retourner, & qu'il condamne le maître à lui payer l'année de ses services ; il doit faire déduction sur cette année de la somme qu'il estimera que le serviteur peut vraisemblablement gagner ailleurs pendant ce qui reste à courir du temps de son service, en faisant cette estimation au plus bas prix.

174. Lorsque ce n'est pas le serviteur qui a quitté le service de son maître, & que c'est au contraire le maître qui l'a renvoyé avant l'expiration du temps ; si c'est par le fait du serviteur qu'il a été renvoyé, parce qu'il fait de mauvais ouvrage, ou parce qu'il n'obéit pas à son maître, ou parce qu'il manque au respect qu'il lui doit, le serviteur ne peut en ce cas prétendre ses gages pour le temps qui restoit à courir.

Mais si le maître l'a renvoyé sans que le serviteur l'ait mérité, le maître lui doit ses gages pour le temps entier que devoit durer son service, sous la déduction ci-dessus expliquée.

175. Le maître pour éviter cette condamnation est-il obligé de justifier les sujets de plainte qu'il allegue contre son serviteur, ou le Juge doit-il s'en rapporter à la déclaration du maître ? Je réponds que la décision doit être laissée à l'arbitrage du Juge, qui doit se déterminer par les circonstances & par la dignité du maître,

176. Ces louages de services pour un temps déterminé sont d'usage à l'égard des serviteurs de campagne, tels que les serviteurs de labour, de Vignerons, de Meuniers, &c. les servantes de Cour. Ils sont aussi d'usage dans les Villes à l'égard des ouvriers. A l'égard des serviteurs qui louent leurs services aux bourgeois des Villes, ou même à la campagne aux gentilshommes pour le service de la personne du maître, quoiqu'ils les louent à raison de tant par an, ils sont néanmoins censés ne les louer que pour le temps qu'il plaira au maître de les avoir à son service ; c'est pourquoi le maître peut les renvoyer quand bon lui semble, & sans en dire la raison, en leur payant leur service jusqu'au jour qu'il les renvoie.

Mais il ne leur est pas permis de quitter le service de leur maître sans son congé, & ils doivent être condamnés à retourner, ou jusqu'au jour du prochain terme auquel il est d'usage dans le lieu de louer les serviteurs, ou seulement jusqu'à ce que le maître ait le temps de se pourvoir d'un autre serviteur, lequel temps lui est limité par le Juge. On doit à cet égard suivre les différents usages des différents lieux.

177. Il est défendu par les nouveaux Réglements aux domestiques qui se louent

aux Officiers pour les servir à l'armée, de quitter leur service avant la fin de la campagne, à peine d'être punis comme déserteurs.

§. V.

De la convention par laquelle le Conducteur ou Fermier se charge des risques.

178. S'il a été expressément convenu que le fermier ne pourroit prétendre aucune diminution de sa ferme pour quelque accident que ce fût, cette convention est valable : il n'est pas douteux qu'il ne peut prétendre en ce cas aucune remise pour raison de la perte même totale qu'il auroit fait des fruits par les grêles & autres semblables accidents.

On dira peut-être dequoi la ferme peut-elle être en ce cas le prix, puisqu'il n'y a point de fruits ? La réponse est qu'elle est le prix de l'espérance incertaine que le fermier a eu de recueillir des fruits. Nous avons vu au Traité du Contrat de vente, *n.* 6. qu'une espérance incertaine étoit quelque chose d'appréciable, & qui pouvoit se vendre, d'où il suit que dans cette espece la ferme peut être dûe, quoique le fermier n'ait perçu aucun fruit, comme le prix de l'espérance incertaine de ces fruits.

Cette convention, quoique valable
& permife, étant contraire à la nature
du bail à ferme, ne fe préfume pas facilement. De-là naît la décifion de la queftion, fi par la claufe portée par le bail
que les fermes feront payées *fans aucune
diminution*, le fermier eft cenfé fe charger du rifque des accidents qui caufe-
roient la perte totale des fruits ? La raifon
de douter eft que fi la claufe n'eft pas entendue en ce fens, elle fera fuperflue &
n'aura aucun effet ; or c'eft une de nos
regles d'interprétation, que les claufes
doivent s'interpréter dans le fens qui leur
donne un effet, plutôt que dans celui felon
lequel elles n'en auroient aucun, *Traité
des Obligations*, *n.* 92. La raifon de décider eft celle que nous venons de dire,
que la claufe par laquelle le fermier fe
charge des rifques des accidents extraordinaires qui empêchent fa jouiffance étant
une claufe contraire à la nature du bail
à ferme, elle doit être expreffe, & ne
doit pas s'inférer de la claufe par laquelle
il eft dit, que les fermes fe payeront fans
aucune diminution : on doit plutôt croire
que cette claufe n'a été appofée que
dubitationis tollendæ causâ, & on doit
l'entendre felon la nature du bail à ferme
en ce fens, qu'il ne pourra prétendre aucune diminution de fes fermes, pour rai-

fon des accidents ordinaires de gelée, coulure, & autres femblables auxquels un fermier doit s'attendre pendant le cours de fon bail, pour lefquels les fermiers ne peuvent pas demander de diminution comme nous l'avons vu *fuprà*, n. 163.

Bartole *ad L. fiftulas* 78. §. *fin. ff. de contr. empt.* & plufieurs Docteurs qui l'ont fuivi, enfeignent que quoiqu'un fermier fe foit expreffément chargé du rifque de tous les accidents qui pourroient furvenir fur les fruits, fans pouvoir pour raifon d'iceux prétendre aucune diminution fur fes fermes, cette convention ne renferme que les accidents qui arrivent ordinairement, & non ceux qui font rares, & qui par cette raifon n'ont pas vraifemblablement été prévus lors de la convention, & n'y font point par conféquent renfermés fuivant cette regle de Droit, *non videtur contineri pacto id de quo cogitatum non eft.* Vinnius *illuftr. Quæft.* II. 1. réfute fort au long l'opinion de ces Docteurs. Il obferve fort bien que le texte fur laquelle ils la fondent y eft formellement contraire, puifqu'il y eft dit que les bleds ayant été perdus par abondance extraordinaire de neiges, c'eft le cas de la convention *fi immmoderatæ fuerunt* & *CONTRA CONSUETUDINEM tempeftates.* Bruneman fur cette Loi diftingue trois efpeces d'accidents

dents qui peuvent arriver fur les fruits;
1°. ceux qui arrivent ordinairement, tels
que font les gélées, coulures, grêles,
qui ne caufent pas une perte totale des
fruits, & dont le rifque doit être fup-
porté par les fermiers fans qu'ils s'y foient
expreffément foumis par une convention
comme nous l'avons vu *suprà*, *n.* 163.
2°. Les accidents plus rares qu'il dit être la
matiere de la convention par laquelle le
fermier fe charge de tous les rifques.
3°. Enfin ceux dont il n'y a pas eu d'exemples depuis un ou plufieurs fiécles, tel
que l'accident d'une inondation dans un
pays où depuis plufieurs fiécles il n'en
étoit pas arrivé, ou d'une incurfion d'ennemis dans un pays fitué dans le cœur
d'un grand Etat, où il étoit contre toute
apparence que la guerre fût jamais portée.
Bruneman convient que la convention
ne doit pas s'étendre aux accidents de
cette derniere efpece, & que c'eft à cette
efpece d'accidents que la regle de Droit
ci-deffus citée s'applique.

S'il étoit dit que le fermier fe charge
des rifques d'un tel accident, *putà* de la
grêle, & qu'il fût ajoûté, *& de tous autres accidents femblables*, il y a moins de
difficulté à décider dans cette efpece, que
ces térmes *& autres accidents femblables*,
ne comprennent que ceux qui viennent

H

de l'intempérie de l'air, & qui ne font
pas plus rares, par conféquent auffi faciles
à prévoir que l'accident de la grêle.

Si l'on n'avoit pas ajoûté, *& autres accidens femblables*, le fermier ne devroit
être chargé que du rifque de l'efpece d'accident dont il a déclaré qu'il fe chargeoit,
& non d'aucuns autres.

A R T I C L E   I I I.

*Des fins de non-recevoir que les fermiers
ou locataires peuvent oppofer.*

179. Les fermes & loyers ont cela de commun avec toutes les dettes annuelles, que
les quittances de trois années conſécutives
établiffent une préfomption du payement
des précédentes, & par conféquent une
fin de non recevoir contre la demande en
payement des années précédentes.

Cette Jurifprudence a pour fondement
la Loi 3. *cod. de Apoch. publ.* qui a établi
cette préfomption à l'égard des tributs publics : fa décifion a été étendue à toutes
les dettes annuelles dûes aux particuliers.
La raifon de cette préfomption eſt qu'é-
tant d'ufage qu'un créancier reçoive de
fon débiteur les anciens arrérages avant
les nouveaux, il n'eſt pas probable qu'il fe
foit fait payer pendant trois années confécutives des nouveaux, fans avoir été
payé des anciens.

180. De-là il fuit qu'il n'y a lieu à cette fin de non recevoir que lorfque les fermes des années précédentes étoient dûes à la même perfonne qui a donné les quittances des trois années confécutives. Mais fi j'ai vendu un héritage dont il m'étoit dû plufieurs années de ferme, quoique l'acheteur plus vigilant que moi à fe faire payer, fe foit fait payer de trois années de ferme courues depuis fon acquifition, les trois quittances qu'il a données de trois années confécutives de ferme n'opereront aucune fin de non recevoir contre ma demande en payement des années précédentes qui me font dûes.

181. Pareillement il faut pour qu'il y ait lieu à la préfomption des payements & à la fin de non recevoir, que ce foit la même perfonne à qui on a donné quittance de trois années confécutives de ferme qui fût le débiteur des fermes précédentes; c'eft pourquoi le payement qui m'a été fait de trois années confécutives de ferme par un nouveau fermier plus diligent à payer que le fermier précédent, n'opere point de fin de non recevoir au profit du fermier précédent, pour les fermes précédentes qu'il me doit.

182. Quoique les fermes précédentes foient dûes au même créancier qui a donné quittance de trois années fuivantes & par

le même débiteur ; il n'y aura pas lieu à la préfomption de payement des précédentes & à la fin de non recevoir toutes les fois que le créancier pourra faire apparoir de quelque raifon pour laquelle il a reçu les nouvelles fermes avant les anciennes.

Par exemple, lorfque des Fabriciers ont donné au fermier d'une métairie d'une fabrique trois quittances de trois années de fermes échues pendant le temps de leur exercice, il n'y aura pas de fin de non recevoir pour les précédentes, parce qu'ils avoient intérêt de faire payer les fermes échues du temps de leur exercice, plutôt que les fermes courues du temps des précédents Fabriciers qu'ils peuvent obliger de s'en charger en recette envers la fabrique lorfqu'ils rendront leurs comptes.

Pareillement dans cette efpece : Pierre & Jean ayant pris de moi en 1755. folidairement un héritage à ferme pour neuf ans, ont fait entr'eux une convention en 1757 par laquelle Jean s'eft chargé feul du bail pour l'avenir, à condition que Pierre fe chargeroit de payer feul la ferme de 1756. Depuis m'étant fait payer de Jean des fermes de 1757, 1758 & 1759 ; & ne m'étant pas fait payer de celle de 1756 par égard pour Jean qui m'avoit fait efpérer que j'en ferois payé par Pierre qui s'en étoit chargé, &, n'ayant pu m'en faire payer par Pierre, j'en demande le payement à Jean, qui m'oppofe une fin de non recevoir réfultante des trois quittances qu'il a de moi pour les années de 1757, 1758 & 1759. Il ne fera pas fondé dans fa fin de non recevoir, parce qu'il paroît une raifon pour laquelle j'ai reçu les fermes de ces années avant la précédente.

183. Mais fi le créancier ne peut alléguer aucune raifon probable pour laquelle il a reçu les nouvelles avant les anciennes, les quittances des trois années confécutives opereront la préfomption du payement des précédentes, fans que le créancier puiffe être reçu à prouver par fon regiftre quelque régulier qu'il paroiffe, qu'il n'en a pas été payé. C'eft l'avis de Caroccius.

Il ne lui refte d'autre voye que celle de déférer au fermier le ferment décifoire, s'il eft vrai qu'il ait payé les anciennes fermes.

184. Une quittance de trois années confécutives payées par un feul payement, opere-t-elle une fuffifante préfomption de payement des précédentes ? Non : la Loi dit *fi trium coharentium annorum APOCHAS protulerit* : c'eft de la multiplicité des paye

ments que réfulte la force de la préfomption. C'eſt l'avis de Bruneman, *ad d. l.*
3. cod. de Apoch.

185. Trois conſignations de trois années
conſécutives de ferme, après autant de
ſommations au créancier de recevoir,
operent-t-elles une préfomption de payement des fermes précédentes ? Non : il
eſt bien vrai que la conſignation équi-
polle à payement, *obſignatio pro ſolutione*
eſt ; mais c'eſt à l'effet de libérer le débiteur de la ſomme par lui dûe qu'il a
conſignée, de même que s'il l'eût payée ;
mais non à l'effet d'operer la préfomption du payement des années précédentes : car cette préfomption réfulte du
fait de la volonté du créancier qui a bien
voulu donner quittance pour les nouvelles fermes ; parce qu'on préfume qu'il
n'eût pas voulu recevoir pour les nouvelles fermes le payement qui lui a été fait,
s'il n'eût pas été payé des anciennes ; or
ce fait du créancier ne ſe rencontrant pas
dans les conſignations qui ſe font ſans
que le créancier y intervienne, cette préfomption ne peut pas réfulter des conſignations. C'eſt l'avis de Caroccius.

186. L'Ordonnance de 1629 a établi une
autre fin de non recevoir : elle porte,
art. 142. que les loyers de maiſons & les
fermes ne pourront être demandés après
cinq ans depuis l'expiration des baux.

Quoique cette belle Ordonnance ſoit reſtée ſans exécution dans le reſſort du Parlement de Paris, où elle n'a pas été enregiſtrée ; néanmoins pluſieurs prétendent que cet article s'obſerve ſurtout à l'égard des baux qui n'ont été que verbaux.

Il eſt étonnant que Bourgeon ancien Avocat fréquentant le Châtelet de Paris, & Deniſar ancien Procureur dud. Châtelet, ſoient contraires en faits ſur l'uſage du Châtelet de Paris par rapport à cette preſcription de cinq ans. Bourgeon prétend qu'elle n'y eſt pas obſervée, & donne un démenti à Bretonnier qui dans ſes déciſions alphabétiques avoit atteſté qu'elle l'étoit : au contraire Deniſar prétend qu'elle eſt obſervée, même lorſqu'il y a un bail par écrit.

Pour m'inſtruire de ce qui en eſt, j'ai conſulté un Magiſtrat des plus éclairés du Châtelet de Paris, qui a eu la bonté d'en conférer avec pluſieurs des plus anciens Avocats qui fréquentent ledit Siege ; ils ont tous répondu qu'ils n'avoient jamais vu ſe préſenter au Châtelet aucune cauſe dans laquelle cette preſcription ait été alleguée : d'où il ſuit que ſi la queſtion ſe préſentoit, cette preſcription devroit être rejettée, n'étant autoriſée ni par une loi revêtue de ſes formes, ni par aucune Juriſprudence.

187. Lorſqu'il n'y a pas de bail par écrit,

Denifar dit que l'ufage du Châtelet de Paris eft que le locataire qui a délogé au vu & fçu du propriétaire foit cru du payement des loyers fur fon affirmation, auffi-tôt après qu'il eft forti, fans attendre les cinq ans : le Magiftrat que j'ai confulté dit l'avoir vu juger ainfi plufieurs fois. Cette Jurifprudence n'eft pas fuivie dans nos Provinces ; & il n'y a pas même raifon. A Paris où on fe connoît peu, on préfume facilement qu'un propriétaire n'a pas laiffé déloger fon locataire fans fe faire payer ; mais dans les Provinces un propriétaire qui fe fie fur la folvabilité de fon locataire qu'il connoît, le laiffe fouvent déloger fans fe faire payer ; & on ne peut en tirer contre le propriétaire aucune préfomption de payement ni fin de non recevoir.

ARTICLE IV.

Des autres obligations du Conducteur qui naiffent de la nature du contrat.

188. Nous avons traité dans les articles précédents de l'obligation que contracte le conducteur par le contrat de louage, de payer le loyer. Il en contracte trois autres, fçavoir, 1°. celle de ne faire fervir la chofe qui lui eft louée, qu'aux ufages pour lefquels elle lui eft louée; 2°. d'apporter à la confervation de cette

chofe le foin convenable; 3°. de la rendre en bon état à la fin du temps du louage.

§. I.

De l'obligation du Conducteur, de ne faire fervir la chofe qu'aux ufages pour lefquels elle lui eft louée.

189. Le conducteur eft obligé de ne fe fervir de la chofe qui lui a été louée que pour les ufages auxquels elle eft deftinée, & pour lefquels elle lui a été louée.

Par exemple, fi j'ai pris à loyer pour un certain temps un cheval de felle, je ne peux pas le mettre à la charrette, ni le faire fervir à porter des fardeaux comme un cheval de fomme; & fi je l'ai fait, je fuis tenu des dommages & intérêts du locateur, pour raifon de ce que le cheval en feroit devenu moins bon cheval de felle.

Par la même raifon, un fermier de terres labourables ne doit pas fans le confentement du locateur les planter en faffran.

Par la même raifon, fi un aubergifte a pris à loyer une auberge, il eft obligé de l'entretenir comme auberge pendant tout le temps du bail; finon il eft tenu envers fon locateur des dommages & intérêts qu'il fouffre de ce que la maifon n'a pas été entretenue comme auberge:

H v

ces dommages & intérêts confiftent en ce que la maifon en eft dépréciée. Le locataire en n'entretenant pas la maifon comme auberge, donne occafion à ceux qui avoient coutume d'y loger de fe pourvoir d'une autre auberge; l'auberge n'étant plus fréquentée, eft par là dépréciée, & ne peut plus fe louer à l'avenir pour un prix auffi confidérable.

Vice verfâ fi une maifon a été louée comme maifon bourgeoife, & qui étoit exploitée comme telle, il ne fera pas permis au locataire d'en faire un cabaret, un Berlan, d'y établir une forge de Maréchal ou de Serrurier, &c. il doit l'occuper comme maifon bourgeoife, finon le locateur peut l'expulfer, & le faire condamner en fes dommages & intérêts.

§. I I.

Seconde efpece d'obligation.

190. Le conducteur doit jouir & ufer de la chofe qui lui eft louée, comme un bon pere de famille uferoit de la fienne propre; il doit avoir le même foin pour la conferver qu'un bon & foigneux pere de famille auroit pour la fienne propre.

Par exemple, celui qui a pris à loyer un cheval, ne doit point le furmener, le faire courir, lui faire faire de trop fortes journées; il doit avoir le soin de le bien faire panfer & nourrir,

Le fermier d'une vigne doit la bien façonner, la bien fumer, la bien entretenir d'échalas, la provigner, & généralement la cultiver de la même maniere qu'un bon & foigneux Vigneron cultiveroit fa propre vigne.

Le fermier d'une métairie doit pareillement bien façonner les terres en faifon convenable ; il ne lui eft pas permis de les charger, de les défaifonner ; il doit avoir des beftiaux en quantité fuffifante pour l'exploiter : il lui eft expreffément défendu de divertir auçuns fumiers & aucunes pailles de la métairie : tous les fumiers & toutes les pailles étant deftinés à l'engrais des terres.

La Coutume d'Orleans, *art.* 421, on a une difpofition formelle ; elle porte expreffément, que le Seigneur de métairie peut empêcher qu'on ne tranfporte ailleurs les fourrages & pailles qui doivent fervir pour la nourriture du bétail de la métairie, & pour faire des fumiers pour les convertir à fumer & à amander les terres, *quand même le métayer ne s'y fût expreffément obligé*; car cette obligation eft de droit, & eft renfermée dans celle de jouir en bon pere de famille.

H vj

Le fermier de terres non logées contracte à cet égard la même obligation qu'un fermier de métairie, & le locateur peut pareillement l'empêcher de divertir les pailles & fourrages provenus desdites terres, le fermier étant obligé de les employer à l'engrais desdites terres : on rapporte dans les notes sur cet article une Sentence du Bailliage d'Orleans qui l'a ainsi jugé.

Nonobstant l'article de la Coutume qui défend le divertissement des pailles & fourrages, les fermiers des métairies voisines du Vignoble sont dans l'usage de vendre les chaumes : cet usage est toléré, lorsque la métairie est d'ailleurs suffisamment garnie de pailles & fourrages, & les notes sur cet article rapportent une Sentence du Bailliage de 1640, qui approuve une pareille vente de chaume ; mais si, pour vendre davantage de chaume ; un laboureur faisoit couper trop haut ses bleds, & que par ce moyen la métairie ne fût pas suffisamment garnie de pailles, le maître pourroit prétendre des dommages & intérêts, sur-tout si cela arrivoit à la fin d'un bail, en fraude de l'obligation en laquelle est le fermier de laisser les pailles.

Lorsque les bleds ne font coupés qu'à la hauteur ordinaire, le laboureur ne fait aucun tort à fon maître en vendant les chaumes, puifque dans les lieux éloignés du Vignoble, où il n'eft pas d'ufage de les vendre, ils font laiffés au premier occupant, ou que fi on s'en fert, c'eft pour les couvertures, & non pour l'engrais des terres.

191. L'obligation que contracte le fermier d'une métairie, de conferver la chofe qui lui eft louée, l'engage auffi à veiller à ce qu'il ne fe faffe pendant le cours de fon bail aucune ufurpation des terres de la métairie ; c'eft pourquoi fi quelque voifin a acquis pendant le cours du bail que j'ai fait à mon fermier la poffeffion d'an & jour de quelque partie de terre de ma métairie, mon fermier fera tenu de mes dommages & intérêts, parce que cette ufurpation procede de fa négligence, ayant dû s'oppofer à l'ufurpation, & ne pas laiffer le voifin poffeder par an & jour.

Pour que le propriétaire puiffe facilement établir que l'ufurpation s'eft faite pendant le cours du bail fait à fon fermier, il eft à propos qu'il détaille dans le bail toutes les pieces de terres dont fa métairie eft compofée, la contenance de chacune, & les tenans & aboutiffans, afin de connoître à la fin du bail s'il ne manque rien.

192. Nous avons établi que le conducteur étoit obligé à conserver la chose qui lui est louée ; mais quel soin doit - il y apporter ? est-ce le soin le plus exact, *exactissimam diligentiam*, ou seulement un soin commun ? Est - il tenu de la faute la plus légere, ou seulement de la faute légere ? Cette question se décide par le principe de droit, tiré de la Loi 5. §. 1. *ff. commod.* que nous avons rapporté dans notre Traité des Obligations, *n.* 142. que dans les contrats qui se font pour l'utilité réciproque des contractans, ils ne sont obligés qu'à une diligence commune, & ne sont en conséquence tenus que de la faute légere.

Suivant ce principe, le conducteur n'est tenu par la nature du contrat que de la faute légere, mais on peut convenir qu'il ne sera tenu que de la faute grossiere, *& contrà* on peut convenir qu'il sera tenu de la faute la plus légere ; le conducteur peut même se charger des cas fortuits, ce qui ne se présume pas facilement ; c'est pourquoi s'il étoit dit par le contrat que la chose seroit *aux risques* du conducteur pendant tout le temps qu'il s'en serviroit & qu'il la retiendroit, le conducteur ne seroit censé s'être par ces termes rendu responsable que de la faute la plus légere, & non des cas fortuits qu'on appelle au-

trement force majeure : Caroccius , *P.*
319, dit que c'est le fentiment commun.

193. Le locataire est renu par rapport
à la confervation de la chofe qui lui a été
louée, non-feulement de fa propre faute,
mais de celle de fes domeftiques, c'est-
à-dire, de fa femme, de fes enfans, de
fes ferviteurs & fervantes, des ouvriers
qu'il fait travailler chez lui, &c.

Le locataire est pareillement refponfable de fes penfionnaires, de fes hôtes,
de fes fous-locataires. Domat, *liv.* I. *tit.*
4. *fect.* 2. *n.* 5. Nous fommes en ce point
plus rigoureux que les Jurifconfultes Romains : ceux-ci ne rendoient le locataire
refponfable des fautes de fes efclaves, ou
de fes hôtes, que dans le cas auquel il
auroit été en faute lui-même d'avoir eu à
fon fervice des efclaves mauvais, de la
part defquels il y avoit lieu de craindre
l'accident qui eft arrivé, ou d'avoir reçu
chez lui des hôtes de pareil caractere ;
autrement il n'en étoit pas tenu en fon
nom. C'eft ce que nous trouvons décidé
en la Loi 27. §. 11. *ff. ad L. Aquil.*
Quum coloni fervi villam exuffiffent, colo-
num vel ex locato, vel lege Aquilia teneri
ita ut colonus poffit fervum dedere....fed
hæc ita fi culpâ colonus careat, cæterum fi
noxios fervos habuit eum teneri cur tales ha-
buit ; & dans la Loi 11. *ff. locat.* il eft dit,

mihi placet ut culpam etiam eorum quos in-
duxit de ſes hôtes , ſous-locataires , &c.
præſtet ſuo nomine etſi nihil convenit , ſi
tamen culpam in inducendis admittit quod
tales habuerit , vel ſuos , vel hoſpites.

Cette diſtinction des Juriſconſultes Romains, ſi le locataire avoit dû connoître
ou non les mauvaiſes mœurs ou l'étour-
derie de ſes eſclaves ou de ſes hôtes qui
ont cauſé le dommage , étoit fort embar-
raſſante dans la pratique. Notre Juriſprudence qui rend les locataires reſponſables indiſtinctement des fautes de leurs
domeſtiques & de toutes les perſonnes
qu'ils ont dans leur maiſon, eſt bien plus
ſimple & bien meilleure dans la pratique :
elle oblige les locataires à veiller avec
tout le ſoin poſſible, ſur leurs domeſtiques ; elle eſt quelquefois dure , car il
peut arriver quelquefois qu'un maître,
quelque vigilant qu'il ſoit ſur la conduite
de ſes domeſtiques, n'ait pu ni prévoir
ni empêcher la faute de ſon domeſtique
qui a cauſé le dommage, & il faut avouer
qu'il eſt dur en ce cas de l'en rendre reſponſable ; mais cette Juriſprudence, qui pour
obliger les peres de famille à veiller avec
tout le ſoin poſſible ſur leurs domeſtiques,
les rend reſponſables de leurs fautes, eſt
néceſſaire pour la conſervation de la ſu-
reté publique; & cette conſidération doit
l'emporter ſur les inconvénients.

194. Comme les incendies arrivent ordinairement par la faute des perſonnes qui demeurent dans les maiſons ; lorſqu'une maiſon eſt incendiée, l'incendie eſt facilement préſumée arrivée par la faute du locataire, ou par celle de ſes domeſtiques, deſquels nous venons de dire qu'il eſt reſponſable : c'eſt pourquoi il eſt en ce cas tenu de rétablir la maiſon incendiée, à moins qu'il ne juſtifie que l'incendie eſt arrivée par un cas fortuit, ou que le feu a été communiqué par une maiſon voiſine où il avoit commencé.

S'il y a pluſieurs locataires principaux dans une maiſon, c'eſt le locataire de la partie par où le feu a commencé qui eſt ſeul tenu de l'incendie ; mais ſi on ne ſçait par où il a commencé, en ſeront-ils tenus tous, ou ſi aucun n'en ſera tenu ? Je penſe qu'aucun n'en ſera tenu ; car étant entiérement incertain par la faute duquel le feu a pris, il ne peut y avoir lieu contre aucun d'eux, à aucune préſomption de faute qui puiſſe ſervir de fondement contre lui à la demande que donneroit le locateur pour faire rétablir ſa maiſon, & par conſéquent, la demande ne peut proceder contre aucun.

Si le feu avoit pris à une auberge, & qu'il parût que c'eſt par le fait & l'imprudence d'un voyageur qui y logeoit,

le locataire qui tient l'auberge, feroit-il
refponfable de l'accident ? On dira en
faveur de l'Aubergifte qu'il y a une grande différence entre des voyageurs qui logent dans une auberge en paffant, & des
domeftiques ou penfionnaires ; un locataire eft en quelque faute lorfqu'il a des
domeftiques ou penfionnaires étourdis &
imprudents, parce qu'il ne doit fe fervir
& n'avoir chez lui que des perfonnes de
la conduite defquels il fe foit informé ;
c'eft pour cela qu'il eft refponfable de
leurs fautes : mais un Aubergifte eft par
fon état obligé de recevoir dans fon auberge les voyageurs qui s'y préfentent
fans qu'il les connoiffe ; c'eft pourquoi
il n'eft pas refponfable de leurs fautes,
car *non præftat factum viatorum, l. unic.*
§. fin. ff. furt. adv. naut.

Cependant je penfe que même en ce
cas, l'Aubergifte ne devroit pas être ex-
cufé de l'incendie ; car comme il ne çon-
noît pas les gens qui logent chez lui, il
doit pour prévenir les accidents, tenir
pendant la nuit fa cuifine fermée, & il
doit veiller par lui-même ou par quelqu'un de fes gens, jufqu'à ce que tous
les voyageurs qui font logés dans fon auberge foient au lit, & qu'il ne paroiffe
plus de lumiere dans les chambres ; c'eft
pourquoi, s'il eft arrivé une incendie,
quoiqu'il paroiffe que le feu a pris de nuit

par une chambre où un voyageur étoit logé, & par conséquent par la faute de ce voyageur ; l'Aubergiste ne laissera pas d'être tenu du dommage causé par cet incendie, parce que s'il eût veillé comme il le devoit, il auroit prévenu & empêché l'incendie dans son commencement, & que c'est sa faute de n'avoir pas veillé.

Mais si un voyageur avoit causé quelque dommage à la maison de l'auberge, que le locataire qui tient l'auberge n'ait u en quelque façon que ce soit, prévenir ni empêcher, il n'en doit pas être esponsable ; car son état l'obligeoit de le ecevoir dans l'auberge sans le connoître : il faut néanmoins, pour qu'il soit déchargé de ce dommage envers le propriétaire, qu'il n'ait négligé aucune des voyes qui pourroient en procurer la réparation ; ar exemple, si ce voyageur avoit une alise ou d'autres effets, il doit les arrêter pour la réparation du dommage.

195. Pour que le conducteur soit tenu e la perte ou de la détérioration de la chose louée ; il n'est pas précisément nécessaire que ce soit sa faute qui ait proprement causé le dommage, il suffit qu'elle y ait donné occasion : suivant ce principe, Gaïus décide que si un fermier est un querelleur qui ait outragé ses voisins, & que ses voisins pour s'en venger, ayent

coupé de nuit au pied les vignes qu'il tenoit à ferme, il eſt tenu de ce dommage, auquel ſes querelles ont donné occaſion. *Culpæ ipſius, & illud annumeratur ſi propter inimicitias, ejus vicinus arbores exciderit, l. 25. §. 4. ff. locat.* J'aurois de la peine à croire que cette déciſion dût être ſuivie dans la pratique : la ſuivante ſouffre moins de difficulté : s'il lui étoit défendu par le bail d'avoir aucune matiere combuſtible dans aucun endroit, & qu'il en ait eu, il ſera tenu de l'incendie, quoiqu'arrivée par cas fortuit ; car c'eſt ſa contravention aux clauſes du bail, & par conſéquent ſa faute qui y a donné occaſion, *ſi in locatione convenit, ignem ne habeto, & habuit, tenebitur etiamſi fortuitus caſus admiſit incendium, l. 11. §. 1. ff. locat.*

Par la même raiſon, ſi j'ai été attaqué en chemin par des voleurs qui ont tué le cheval que j'avois pris à loyer pour faire mon voyage, quoique cette violence, qui a cauſé la perte du cheval, ſoit une force majeure dont le locataire n'eſt pas reſponſable, & que j'aie la preuve de cette violence par la capture des voleurs qui ont été pris peu après ; néanmoins ſi j'ai donné par ma faute occaſion à cet accident, en faiſant route à des heures indues, ou en quittant le grand chemin pour en prendre un plus court , mais beaucoup moins fûr , je ferai refponfable de la perte du cheval.

Ce ne feroit pas une faute fi en prenant un autre chemin que le grand chemin , je n'avois fait que ce que les autres voyageurs avoient coutume de faire , parce que le grand chemin étoit dans ce temps impraticable.

196. Il nous refte à obferver qu'il y a un cas auquel le conducteur n'eft pas chargé du foin de conferver la chofe qui lui eft louée ; c'eft le cas auquel il y a une perfonne prépofée par le locateur , pour avoir ce foin pendant que je m'en fers : c'eft ce qui arrive lorfqu'un loueur de chaifes loue à quelqu'un une chaife & des chevaux pour faire un voyage , & lui donne un cocher pour conduire la voiture , ce cocher prépofé par le locateur eft chargé du foin de la chaife & des chevaux ; le locataire n'eft chargé de rien.

§. I I I.

Troifieme efpece d'obligation.

197. La derniere obligation du conducteur eft de rendre la chofe en bon état après l'expiration du bail.

Faute de pouvoir la rendre , parce qu'il

l'a perdue par fa faute, il eft condamné
à en payer l'eftimation ; mais quoique
condamné, tant qu'il n'a pas encore payé
l'eftimation, s'il vient à recouvrer la chofe, il peut, en offrant de la rendre, fe
faire décharger de la condamnation.

198. Après que le locateur en a reçu l'eftimation, le locataire n'eft plus recevable
à offrir de rendre la chofe, & de répéter
la fomme qu'il a payée : il fe contracte
par cette eftimation que le locateur reçoit
une efpece de vente que le locateur fait au
locataire de cette chofe dont il reçoit l'eftimation.

Le locateur doit le fubroger à fes
actions pour revendiquer cette chofe ;
& fi après que le locataire l'a recouvrée,
elle étoit reclamée par un tiers qui s'en
prétendroit le propriétaire, le locataire
pourroit appeller en garantie le locateur à
qui il en a payé l'eftimation, pour la ref-
titution de la fomme qu'il lui a payée.

199. Le locataire eft déchargé de l'obligation de rendre la chofe, fi la chofe a péri
fans fa faute ; mais il doit enfeigner & juftifier comment elle a péri ; autrement
elle eft préfumée avoir péri par fa faute,
& il eft tenu de l'eftimation : par exemple,
celui qui a pris à loyer un cheval pour
faire un voyage ne peut fe décharger de
l'obligation de le rendre, en difant qu'il

eft mort dans le voyage par un cas fortuit ;
il faut qu'il juftifie ce cas fortuit par le rapport de certificats de Maréchaux, ou autres gens du lieu auxquels il aura fait voir
le cheval lorfqu'il y eft tombé malade.

Et fi le locateur n'étoit pas trop éloigné pour pouvoir être appellé à la vifite,
il y devroit être appellé.

200. Pareillement fi la chofe a été détério-
rée fans la faute du conducteur, il lui fuffit
de la rendre telle qu'elle eft ; & il n'eft
pas en ce cas obligé de la rendre en bon
état, mais il eft obligé de juftifier comment cette détérioration eft arrivée ; autrement elle fera préfumée arrivée par fa
faute.

Lorfque la détérioration eft de nature
à pouvoir s'appercevoir d'abord, le locateur à qui la chofe a été rendue fans
qu'il ait fait aucunes proteftations, en la
recevant, n'eft plus recevable à s'en plaindre. Il en feroit autrement fi la détérioration étoit de nature à ne pas pouvoir s'appercevoir d'abord : mais même en ce cas
il ne doit être reçu que dans un temps
très-court, qui doit être laiffé à l'arbitrage
du Juge, dans lequel il a pu s'appercevoir
de la détérioration.

CHAPITRE II.

Des obligations du Conducteur qui naissent de la bonne foi, de la coutume, ou des clauses particulieres.

ARTICLE PREMIER.

De celles qui naissent de la bonne foi.

201. LA bonne foi oblige le conducteur, 1°. à n'user dans le contrat d'aucune tromperie ; & non - seulement à ne point mentir, mais encore à ne rien dissimuler des bonnes qualités de la chose qui fait l'objet du contrat, dans la vue de l'avoir à meilleur marché du locateur, qui ne la donneroit pas à si bon marché, s'il en avoit eu connoissance.

202. 2°. Ille l'oblige à ne la point louer au-dessous du juste prix.

Cette injustice est assez commune ; il y a de bonnes métairies qui sont affermées depuis long-temps au-dessous de la moitié de leur juste prix, & de celui auquel sont affermés les autres biens du lieu : les fermiers profitent de l'ignorance des propriétaires, qui souvent n'ont pas la moindre connoissance de leurs biens, pour se faire

faire renouveller les baux, & ils y font des profits si considérables, qu'ils font en état de les acheter ; & ces fermiers, quoiqu'honnêtes gens d'ailleurs, ne se font aucun scrupule de cette espece d'injustice. Il est du devoir de leurs Curés de les instruire sur cette matiere.

Il y a néanmoins un cas auquel le conducteur peut, sans blesser la Justice, prendre à loyer une chose pour un prix qu'il sçait être au-dessous du juste prix ; c'est lorsqu'il est dans cette disposition de volonté, qu'il ne la prendroit pas, si on vouloit la louer pour son juste prix, & qu'il n'y a que le bon marché qui le porte à la prendre ; en ce cas, en avertissant le locateur, que le prix qu'il lui en offre est au-dessous du juste prix, il peut licitement la prendre pour ce moindre prix, si le locateur qui appréhende de ne pas trouver à la louer, veut bien la lui donner à ce prix.

Par la même raison, je peux, sans blesser la Justice, employer à quelque travail un pauvre ouvrier qui ne trouve pas d'ouvrage, pour un prix au-dessous du juste prix, pourvu que l'ouvrage auquel je l'emploie ne fût pas nécessaire, & que je ne l'eusse pas fait faire, s'il en eût fallu payer le juste prix.

Ces deux obligations regardent plus le for intérieur que le for extérieur.

I

203. La bonne foi oblige le conducteur à donner avis au locateur, pendant
le cours du bail, de tout ce dont il a intérêt d'être informé touchant la chofe
louée.

C'eft par ce principe que notre Coutume d'Orleans, *art.* 72. rend le fermier, à
qui une faifie féodale a été fignifiée, refponfable des dommages & intérêts du
propriétaire de qui il la tient à ferme ,
lorfqu'il néglige de lui en donner avis.

4°. La bonne foi oblige le locataire
d'une maifon à la faire voir aux perfonnes qui viennent la vifiter pour l'acheter,
lorfqu'elle eft mife en vente , & pareillement aux perfonnes , qui dans la derniere année du bail , lorfque le locateur
a mis un écriteau pour la louer , viennent
la vifiter pour la prendre à loyer. C'eft
une très-grande injuftice que commet un
locataire, qui pour obliger le locateur à
le laiffer dans la maifon pour le prix qu'il
en veut donner , écarte les perfonnes qui
la viendroient voir , foit en fupprimant
l'écriteau, foit en refufant de faire voir
la maifon , ou en recevant mal les perfonnes qui la viennent voir.

ARTICLE II.

Des obligations du Conducteur qui naissent de la coutume , ou de quelque clause particuliere du bail.

204. Les Coutumes obligent le locataire d'une maison à la garnir de meubles suffisants pour répondre d'un certain nombre de termes de loyer à échoir. Notre Coutume d'Orleans, *art.* 417. oblige le locataire à la garnir pour deux termes à échoir. Le locateur doit pour cela assigner le locataire pour qu'il soit condamné à quitter la maison, faute par lui de la garnir de meubles suffisants. Si le locataire soutient qu'elle est garnie, il y a lieu à la visite : lorsque l'objet n'est pas de conséquence , l'usage du Châtelet d'Orleans est que le Juge envoie visiter la maison par un Huissier priseur ; & s'il paroît par le Procès verbal de cet Huissier qu'elle n'est pas suffisamment garnie, il permet au locateur d'expulser le locataire, & de disposer de sa maison envers tel autre que bon lui semblera.

L'article de la Coutume ne concerne que les maisons. A l'égard des métairies, les fruits de la terre répondent des fermes ; le fermier peut néanmoins être contraint à garnir la métairie des meubles

aratoires & des beftiaux néceffaires pour
la faire valoir , & cette obligation naît de
la nature même du bail ; car étant obligé
de jouir de la métairie en bon pere de famille (*article précédent*) & de la cultiver,
il s'enfuit qu'il doit avoir tout ce qui eft
néceffaire pour la culture.

205. Enfin le conducteur eft obligé à
s'acquitter de tout ce qu'il a promis par
les claufes particulieres du contrat.

Par exemple , c'eft une claufe ordinaire dans les baux des métairies , que le
fermier fera les voitures des matériaux
néceffaires pour les réparations des bâtimens de la métairie.

Le fermier qui a contracté cette obligation n'eft pas toujours obligé de faire
ces voitures au jour indiqué par le propriétaire. Lorfque les travaux de la campagne font preffants , comme dans le fort
de la recolte , dans le temps des femences,
le propriétaire ne doit pas exiger ces voitures , mais il doit attendre un temps plus
commode à fon fermier pour les faire ,
fur-tout lorfque les réparations ne font
pas preffantes.

Si elles font preffantes , il faut entrer
dans l'examen fi le propriétaire eft en faute d'avoir attendu à ce temps à faire faire
ces voitures , comme s'il y a long-temps
que les réparations font furvenues , &

qu'il en a été averti par son fermier ; en
ce cas, si le fermier est obligé de faire ces
réparations dans le fort de ses travaux,
il est bien fondé à demander au propriétaire quelque dédommagement de ce qu'il
lui en coute de plus pour ses voitures,
que s'il les eût faites dans un temps plus
commode.

206. Le fermier qui a subi cette obligation ne peut être obligé à aller chercher
les matériaux dans des endroits éloignés,
lorsqu'on en trouve de bons dans des
endroits plus voisins de la métairie ; néanmoins si la différence de la distance des
différens endroits est peu considérable, il
est obligé d'aller quérir les matériaux à
l'endroit qui lui est indiqué ; quoiqu'un
peu plus éloigné qu'un autre.

207. Enfin le fermier n'est obligé qu'aux
voitures nécessaires pour les réparations à
faire à la métairie, eu égard à l'état où
elle étoit lors du bail.

Si le propriétaire en change l'état, comme par exemple, si une métairie étoit
couverte en chaume, & que le propriétaire veuille la faire recouvrir en tuiles
qu'il faille aller quérir loin, le fermier ne
sera pas obligé à ce surcroit de voitures,
auquel ce changement donne lieu ; car le
propriétaire ne peut pas par son fait &
en changeant l'état de sa métairie, rendre

plus dure l'obligation de son fermier, &
l'assujettir à un plus grand nombre de voitures que celui auquel il s'étoit attendu.

208. Si pendant le cours du bail la métairie, ou sa plus grande partie avoit été
incendiée, le fermier ne seroit pas obligé
en vertu de la clause du bail à faire toutes les voitures nécessaires pour la reconstruction de cette métairie.

Car il n'a entendu s'obliger qu'aux voitures nécessaires pour des réparations d'entretien qui ont coutume de survenir dans
le cours d'un bail, non à celles nécessaires pour une reconstruction entiere, à laquelle un incendie qu'on n'a pas prévu a
donné lieu.

209. C'est encore une convention assez
fréquente dans les baux, que le fermier
acquittera les cens & rentes seigneuriales.

Cette convention ne renferme que les
redevances modiques : si la ferme se trouvoit chargée d'une rente considérable,
quoique seigneuriale, le fermier n'en seroit pas tenu en vertu de cette convention
s'il n'en avoit pas eu connoissance.

210. Lorsque le locateur a chargé le
fermier de l'acquittement des cens & rentes seigneuriales, sans lui indiquer à qui
ces redevances étoient dûes, & en quoi
elles consistoient; si le fermier n'a pu en

avoir connoiſſance, il ne ſera pas tenu des frais faits par les Seigneurs, pour en être payé ni des amendes & défauts; ce ſera le propriétaire qui en ſera tenu.

ARTICLE III.

Si le Locataire ou Fermier d'un héritage eſt tenu des charges réelles & réparations de l'héritage, lorſqu'on ne s'en eſt pas expliqué.

§. I.

Des charges réelles.

211. Le propriétaire qui loue ſon héritage, en conſerve non-ſeulement la propriété, mais encore la poſſeſſion & la jouiſſance ; car il en jouit par ſon fermier, de qui il reçoit les fermes qui lui tiennent lieu de jouiſſance & poſſeſſion ; d'où il ſuit que c'eſt le propriétaire qui doit ſupporter toutes les charges de l'héritage, & non point le fermier qui ne poſſede point proprement l'héritage, n'en étant en poſſeſſion qu'au nom de celui duquel il tient l'héritage à ferme.

Toutes les rentes foncieres, ſoit ſeigneuriales, ſoit non-ſeigneuriales, doivent donc être acquittées par le propriétaire, & non par le fermier, à moins qu'il n'en ait été expreſſément chargé par ſon bail.

212. Je penſerois qu'on pourroit en excepter le champart, & qu'il devroit être acquitté par le fermier ; car le champart conſiſtant en une portion des fruits, qui doit être laiſſée au Seigneur de champart, le propriétaire en affermant à ſon fermier la terre ſujette au champart, eſt cenſé ne lui avoir affermé que l'autre partie des fruits qui lui reſte.

Au reſte, pour que le fermier ſoit tenu du champart, ſans aucun recours contre le propriétaire qui lui a fait le bail, il faut qu'il n'ait pu ignorer cette charge, & par conféquent que le Seigneur de champart fût en poſſeſſion actuelle & depuis long-temps de ce champart, en telle ſorte qu'il ne pût être ignoré dans le pays.

213. Il y a beaucoup moins de difficulté à décider que la dîme doit être acquittée par le fermier, & non par le propriétaire ; car la dîme n'eſt pas une charge du fond, ce n'eſt pas un droit foncier, c'eſt une louable coutume, qui par la force de la coutume a paſſé en obligation : ce n'eſt donc pas une charge du fond dont le poſſeſſeur du fond doive être tenu, mais c'eſt le fermier qui perçoit les fruits qui la doit acquitter, parce qu'elle n'eſt dûe que ſur les fruits, & en vertu de l'uſage

dans lequel font ceux qui perçoivent les fruits , de la payer.

214. Les impositions qui se font sur les héritages sont charges du fond , telles que sont les impositions du Dixieme , du Vingtieme , les impositions pour ban , arriereban , fortifications , pavé , &c. C'est par conséquent le propriétaire ou possesseur qui en est tenu , & non le fermier ou locataire.

Il est vrai que selon les Edits ou Lettres patentes portant établissement de ces impositions , les fermiers ou locataires sont contraints à payer ces impositions ; mais ils en doivent être acquittés par le locateur , à qui ils retiennent sur les loyers ou fermes ce qu'ils ont payé pour lesdites impositions.

215. Les impositions qui se font pour réparations à faire aux Eglises Paroissiales sont d'une nature mixte ; elles sont charges du fond pour une portion , & charges personnelles du fermier ou locataire qui est Paroissien pour l'autre portion. Comme les Eglises Paroissiales concernent principalement & immédiatement l'utilité des habitans , il est juste que les locataires & fermiers qui sont habitans & Paroissiens contribuent à l'entretien desdites Eglises avec les propriétaires des fonds : la portion à laquelle ils doivent contri-

I v

buer eſt ordinairement réglée au tiers du taux auquel la maiſon ou métairie dont ils ſont locataires ou fermiers a été impoſée par ces ſortes de tailles.

216. Le locataire ou fermier étant tenu de contribuer pour un tiers à ces impoſitions en ſa qualité d'habitant & de Paroiſſien, il s'enſuit, 1°. que ſi le locataire a ſous-baillé toute la maiſon, c'eſt le ſous-locataire qui eſt habitant & Paroiſſien qui eſt tenu du tiers de cette impoſition, & non pas le locataire ; & s'il la ſous-baillée pour partie, le ſous-locataire eſt tenu d'une partie du tiers de la taxe, à proportion de la partie qu'il occupe.

217. 2°. Il s'enſuit que le locataire d'un magaſin ou d'autres bâtimens deſtinés à renfermer ou à débiter des marchandiſes, ne doit point ſon tiers du taux de la taille d'Egliſe impoſée ſur ces ſortes de bâtimens, qui ne ſont point deſtinés pour l'habitation de ce locataire qui a ſon domicile ailleurs ; car n'étant point habitant ni Paroiſſien, il n'a aucune qualité qui le rende contribuable. C'eſt en conſéquence de ces principes qu'il a été jugé par Sentence du Bailliage d'Orleans, il y a quelques années, que les Bouchers locataire de la grande Boucherie ne devoient porter aucune part du taux impoſé ſur l

grande Boucherie, pour les réparations à faire à l'Eglise de S. Hilaire, & qu'elle devoit être portée en entier par les propriétaires.

Observez que dans la répartition de la taxe, ces bâtimens qui ne servent pas pour l'habitation d'un Paroissien, doivent être imposés à un tiers de moins que les maisons ; autrement le propriétaire de ce magasin, ou autre bâtiment semblable qui n'ayant point de locataire Paroissien, doit porter son taux en entier, se trouveroit porter plus que sa part des deux tiers de l'imposition dûe par les propriétaires.

A l'égard des maisons occupées par les propriétaires, elles doivent être taxées comme les maisons louées, parce que le propriétaire étant en même temps Paroissien, doit contribuer à l'imposition dans les deux qualités.

218. De même que le fermier d'un héritage, quoiqu'il perçoive tous les fruits de l'héritage, n'est pas tenu des charges réelles, s'il n'en a été expressément chargé par le bail ; de même le fermier d'une Justice, quoiqu'il perçoive à son profit les fruits de la Justice, tels que sont les amendes, n'est pas néanmoins tenu de fournir aux dépens des poursuites qui sont faites à la requête du Procureur Fiscal contre les criminels, s'il n'en a été

expreſſément chargé, non-plus que des
autres frais qui ſo.. des charges du droit
de Juſtice, tels que ſont les gages des
Officiers, les réparations de l'auditoi-
re, &c.

§. II.

Des réparations.

219. Le propriétaire ou poſſeſſeur eſt
tenu de toutes les réparations à faire à
l'héritage qu'il a loué.

Il y a néanmoins certaines menues réparations qu'on appelle *locatives*, dont
l'uſage a chargé les locataires des maiſons.

Le fondement de cet uſage eſt qu'elles
proviennent ordinairement de la faute des
locataires, ou de leurs gens, ou des perſonnes qu'ils introduiſent chez eux, &
dont ils ſont reſponſables.

Pour juger quelles réparations ſont locatives, on doit donc tenir cette regle
que ce ſont les menues réparations qui
ont coutume de provenir de la faute des
locataires, ou de leurs gens, & qui ne
proviennent pas de la vétuſté ou mauvaiſe qualité des parties dégradées.

220. Deſgodets en ſon Livre des Loix des
bâtiments, *Part. 2. ſur l'article* 171. *de
la Coutume de Paris, n.* 10. rapporte
parmi ces réparations celles qui ſont à

faire aux âtres & contrecœurs de cheminées, parce que la préfomption eft que
c'eft ou par la violence d'un trop grand
feu, ou par le choc des buches jettées
fans précaution qu'ils ont été dégradés,
& par conféquent par la faute des locataires ou de leurs gens. On préfume la
même chofe à l'égard des plaques de
fonte qui fervent de contrecœurs, lorfqu'elles fe trouvent caffées, & le locataire en doit fournir d'autres.

Par la même raifon le locataire doit
faire recrêpir le bas des murailles des
chambres qui fe trouve dégradé ; la préfomption étant que cette dégradation
vient de ce qu'on a appuyé fans précaution des meubles contre lefdites murailles.

A l'égard des pavés & carreaux, lorfque tout un pavé eft mauvais par vétufté,
il eft évident que la réparation de ce pavé n'eft pas à la charge du locataire ;
mais lorfque le pavé étant bon, il fe trouve
quelques pavés ou carreaux de manque,
ou caffés ou ébranlés, la préfomption eft
que c'eft par la faute du locataire ou de
fes gens, & il eft tenu d'en remettre
d'autres.

Goupi en fes notes fur Desgodets ex-
cepte de cette regle les pavés des gran-
des cours ou des écuries qui fe trouvent

caſſés ; ces cours étant deſtinées à ſupporter des chariots, des charrettes & autres choſes de grand poids ; & les écuries
étant deſtinées à recevoir des chevaux
qui battent du pied ; lorſqu'il s'y trouve
des pavés caſſés, on n'en doit pas attri-
buer la faute au locataire, mais au pa-
veur qui a employé des pavés trop min-
ces, ou qui a trop épargné le ciment :
Goupi décharge auſſi le locataire de la
réparation des pavés qui ne ſont pas caſſés, mais ſeulement ébranlés dans les
petites cours, & dans les cuiſines, parce
que c'eſt un effet des intempéries de l'air
dans les cours, ou du lavage qu'il eſt
néceſſaire de faire dans les cuiſines.

Le locataire eſt tenu de remettre des
loſanges ou carreaux de vitres, & des
verges de fer pour les ſoutenir, à la place
deſdites vitres ou verges qui ſe trouvent
de manque ou qui ſont caſſées, la préſomption étant que c'eſt par la faute du
locataire ou de ſes gens, à moins que
les vitres n'euſſent été caſſées par la grêle,
& à l'égard des verges, à moins qu'on
ne reconnût qu'elles ont été caſſées,
vitio materiæ, *putà* par quelque paille ;
mais la réparation pour remettre les pan
neaux en plomb, n'eſt pas à la charge du lo
cataire ; cette réparation n'étant pas cenſé
cauſée par la faute du locataire, mais pa

la vétuſté des plombs. Deſgodets & Goupi comprennent auſſi dans les réparations locatives le lavage des vitres.

Enfin entre les différentes choſes dont une maiſon eſt compoſée, telles que ſont les portes, croiſées, volets, planches de cloiſon ou de fermeture de boutiques, rateliers, gonds, pentures, ſerrures, targettes, barreaux : lorſqu'il s'en trouve quelqu'unes de manque, ou qui ſoient détachées par violence, ou caſſées, ou endommagées autrement que par vétuſté ou par leur mauvaiſe qualité, le locataire eſt obligé de réparer celles qui peuvent ſe réparer, d'en ſubſtituer d'autres à la place de celles qui ne peuvent ſe réparer ou qui ſe trouvent de manque ; la préſomption étant que toutes ces choſes ſe ſont trouvées en bon état, lorſque le locataire eſt entré en jouiſſance ſans s'en plaindre, & que c'eſt par ſa faute qu'elles ſe trouvent de manque, ou qu'elles ſont endommagées ; c'eſt pourquoi, c'eſt un conſeil très-judicieux que Goupi donne aux locataires de bien examiner avant que d'entrer en jouiſſance d'une maiſon les choſes qui y manquent, ou qui ſont endommagées, & de s'en faire donner une reconnoiſſance par le bailleur.

221. Lorſqu'il y a un Jardin dans les maiſons qui ſont louées, l'entretien du Jardin

eſt une charge du locataire qui doit le mettre en auſſi bon état qu'il étoit, lorſqu'il eſt entré en jouiſſance ; & lorſqu'on ignore en quel état il étoit lors, il eſt préſumé avoir été en bon état.

A l'égard des vaſes & pots de fleurs qui ſervent à l'ornement du Jardin, & des bancs que le propriétaire y a laiſſé en donnant la maiſon à loyer ; Goupi fait une diſtinction : il dit qu'à l'égard des vaſes de fayance, de fonte ou de fer, des caiſſes de bois & des bancs de bois, lorſqu'ils ſont caſſés ou dégradés autrement que par vétuſté, la préſomption eſt que c'eſt par la faute du locataire ou de ſes gens, lequel en conſéquence eſt tenu de les réparer ou d'en ſubſtituer d'autres ; mais qu'à l'égard des vaſes de marbre, de pierre ou de terre cuite, auſſi - bien que les bancs de pierre, la dégradation de ces choſes pouvant venir de l'intempérie de l'air, le locataire n'en eſt point tenu, à moins que le propriétaire ne prouve qu'ils ont été rompus par violence.

222. Il n'eſt pas douteux que le ramonage des cheminées eſt une charge des locataires, & que ſi le feu prenoit à une cheminée faute d'avoir été ramonée, & qu'en crévant par ſa violence le tuyau, il causât un incendie, le locataire ſe-

roit tenu de tout le dommage que l'incendie auroit caufé, à moins qu'il ne fe fût trouvé dans le tuyau quelque bois; auquel cas ce feroit par le défaut de la conftruction de la cheminée que l'incendie feroit arrivé, & le locataire n'en feroit pas tenu; c'eft ce qu'obferve Goupi. Au contraire, il n'eft pas moins certain que le curement des privés eft une charge du bailleur & non des locataires. A l'égard des curements des puits, Defgodets en charge les locataires, parce que ce font les pierres & autres chofes que les locataires ou leurs gens y laiffent tomber par leur faute qui donnent lieu à ce curement; mais lorfque dans des années de fechereffe, les eaux étant baiffées, il faut percer le tuf pour faire venir l'eau, ce doit être aux frais du bailleur.

223. Lorfque deux locataires principaux ont chacun par leur bail la communauté d'un efcalier qui conduit à l'appartement de chacun d'eux, Goupi décide qu'aucun d'eux ne doit être tenu des réparations locatives de cet efcalier, dont feroit tenu celui qui feroit feul ocataire, telles que celles des vitres & es carreaux caffés : Goupi fonde fon vis fur ce moyen; la raifon, dit-il, ui fait charger les locataires des répa-

rations locatives, étant la préfomption qu'elles proviennent de leur faute, ils ne doivent pas en être chargés dans cette efpece, parce qu'y ayant deux locataires principaux de l'efcalier, & n'y ayant pas de raifon de préfumer que ces réparations proviennent de la faute de l'un plutôt que de l'autre, on ne peut pas préfumer qu'elles proviennent de la faute d'aucun d'eux. Je ne fuis pas de l'avis de Goupi ; la réponfe au raifonnement fur lequel il fe fonde eft, que la préfomption que les réparations locatives viennent de la faute du locataire, n'eft pas la caufe prochaine qui oblige le locataire à les faire : cette préfomption a pu donner lieu à l'ufage qui l'y a affujetti ; mais l'ufage une fois établi, la caufe prochaine de l'obligation que tous les locataires contractent de faire ces réparations eft que, fuivant la regle, *in contractibus tacitè veniunt ea quæ funt moris & confuetudinis*, les locataires fe font tacitement foumis à la charge des réparations qu'il eft d'ufage que les locataires fupportent.

224. Les fermiers des héritages de campagne à l'égard des bâtiments qu'ils occupent, font tenus des menues réparations dont nous avons dit qu'étoient tenus les locataires des maifons. Defgodets les

charge des entretiens des hayes & du curement des fossés. Ce qui me paroît juste, lorsque ce curement a coutume de se renouveller dans un temps qui n'excede pas celui de la durée des baux; car en ce cas, il fait partie de la culture.

225. Sur les réparations locatives dont les fermiers ou locataires des différentes especes d'héritages doivent être tenus, il faut s'en rapporter aux différents usages des différents lieux.

✱✱✱✱✱✱✱✱✱✱✱✱✱✱

QUATRIEME PARTIE.

De ce qui concerne l'exécution du Contrat de louage, & des droits que ce Contrat donne au locateur & au conducteur.

CHAPITRE PREMIER.

Des droits des locateurs des maisons & métairies.

126. LEs locateurs des maisons & métairies outre l'action personnelle *ex conducto* qui naît de l'obligation que le conducteur a contractée envers lui,

dont nous avons traité au Chapitre précédent , ont plusieurs autres droits qui leur ont été accordés par les Loix & les Coutumes : fçavoir , 1°. une efpece de droit de gage fur les fruits des terres louées , & fur les meubles fervants à l'exploitation des maifons louées , dont nous traiterons dans le premier article de cette fection ; 2°. un droit de préférence aux créanciers fur lefdits effets ; 3°. un droit de fuite ; 4°. différents droits ou de gagerie ou d'exécution felon les différentes Coutumes. Nous traiterons féparément de chacun de ces droits dans quatre articles.

C'eft auffi un privilege des Seigneurs d'hôtel & de métairie que le payement des loyers ou fermes qui leur font dûs ne puiffent être arrêtés par aucunes lettres de répi ni d'Etat qu'auroient obtenu les locataires ou fermiers. *Paris, art.* 111. *Orleans ,* 424. C'eft encore un droit particulier des locateurs de métairies que, quoique la dette d'un fermier de métairie foit en foi purement civile, & qui n'emporte pas la contrainte par corps , & que l'Ordonnance de 1667. *tit.* 34. *art.* 7. ait défendu de ftipuler la contrainte par corps pour les dettes civiles qui ne font pas de nature à emporter cette contrainte : néanmoins ladite

Ordonnance, *art.* 7. permet aux locateurs de métairie de stipuler cette contrainte dans les baux à ferme des biens
de campagne.

Observez aussi que le fermier qui s'y
est soumis n'est pas reçu au bénéfice de
cession. Louet & Brodeau, *L. c. art. dern.*
en rapportent plusieurs Arrêts.

ARTICLE PREMIER.

*De l'espece de droit de gage qu'ont les
locateurs sur les fruits & sur les meubles
qui servent à l'exploitation des maisons.*

§. I.

Quelle est l'origine de ce droit.

227. Ce droit tire son origine des Loix
omaines : elles accordoient aux locateurs des biens de campagne une hypo-
heque tacite sur les fruits qui étoient
nés durant le temps du bail, pour le
ayement des fermes & des autres obli-
ations du fermier résultantes du bail,
*in prædiis rusticis fructus qui ibi nascuntur ,
tacitè intelliguntur pignori esse domino fundi locati , etiamsi nominatim id non con-
enerit , l. 7. ff. in quib. cauf. pign.*
Les mêmes Loix Romaines accordoient

aux locateurs des maisons une hypotheque tacite sur les meubles que le locataire
y avoit fait porter ou conduire, pour le
payement des loyers & autres obligations
résultantes du bail, *eo jure utimur ut quæ
in prædia urbana inducta illatave sunt,
pignori esse credantur, quasi id tacitè con-
venerit, l. 4. ff. d. t.*

Elles accordoient ce droit d'hypotheque tacite non-seulement dans les baux
des maisons, c'est-à-dire, des édifices
loués pour servir à l'habitation du locataire, mais pareillement dans les baux
des auberges, magasins, cours, boutiques & autres héritages semblables, *l. 3.
l. 4. §. 1. ff. d. tit.*

Mais elles ne donnoient aucune hypotheque sur les meubles qui occupoient
les métairies aux locateurs de métairies,
l'hypotheque qu'elles leur accordoient
sur les fruits nés dans les terres desdites
métairies devant leur suffire, *d. l. 4.*

228. Les Coutumes à l'imitation des
Loix Romaines ont accordé aux locateurs
d'héritages une espece de droit de gage
sur les fruits & sur les meubles. Celle
de Paris, *art.* 171. & notre Coutum
d'Orleans, *art.* 415. & 416. ont mêm
été plus loin; car elles accordent au lo
cateur des métairies une espece de droi
de gage non-seulement sur les fruits qu

y naiſſent, mais même ſur les meubles que les fermiers ont dans leſdites métairies tel que l'ont les locateurs des maiſons de ville.

A l'égard des Coutumes qui ne s'en ſont pas expliquées, il ſe trouve au premier Tome du Journal des Audiences VIII. 25. un Arrêt du 22. Novembre 1655. qui a jugé, que les locateurs des métairies & biens de campagne n'avoient ce droit que ſur les fruits, conformément aux Loix Romaines, & non ſur les meubles; la Coutume de Paris qui l'accorde ne devant pas à cet égard faire loi hors de ſon territoire : il ne paroît pas que cet Arrêt ait été ſuivi ; car Baſnage en ſon Traité des hypotheques atteſte que c'eſt un uſage général de la France coutumiere que le locateur des métairies ait ce droit ſur les meubles comme ſur les fruits.

229. Il nous reſte à obſerver une différence entre notre Droit & le Droit Romain à l'égard du droit des locateurs ſur les fruits & ſur les meubles : ſelon le Droit Romain, ce Droit étoit une hypotheque parfaite que le locateur conſervoit, en quelques mains que paſſaſſent les choſes qui y étoient ſujettes ; mais dans notre Droit, lorſque les fruits & les meubles ont été déplacés de la métairie ou de la maiſon

où ils étoient, & que le locateur a manqué de les faifir dans le court délai qui
lui eft accordé pour cela, & dont nous
parlerons *infrà*, *art.* 3. fon droit s'éva-
nouit.

Cette décifion a lieu quand même le
fermier ou locataire demeureroit propriétaire defdites chofes ; il fuffit qu'elles
ayent été déplacées de la maifon ou métairie, & que le locateur ait omis de les
fuivre pour qu'il ne foit plus recevable
à prouver que les fruits qui fe trouvent
dans un autre lieu foient ceux qui font
nés dans fa métairie, & que les meubles
font ceux qui ont été déplacés de fa
maifon.

Cela a lieu à bien plus forte raifon,
lorfque ces chofes ne font plus en la poffeffion du fermier ou locataire qui les a
aliénées, par la regle générale qu'en France, les meubles n'ont pas de fuite par
hypotheque.

§. II.

Comment fe contracte ce droit, à qui eft-il accordé.

230. Ce droit fe contracte par le bail
à ferme ou à loyer qui eft fait de l'héritage, le bai lne fût-il que verbal.

231. Il eſt accordé aux *Seigneurs d'hôtel & de métairie*, non en leur qualité de Seigneurs ou propriétaires de l'hôtel ou de la métairie, mais en leur qualité de locateurs deſdits hôtels & métairies ; c'eſt à cette qualité que ce droit & les autres dont nous traiterons dans les articles ſuivants, ſont attachés ; c'eſt pourquoi non-ſeulement le propriétaire qui loue la maiſon qui lui appartient, mais l'uſufruitier ou le poſſeſſeur qui loue la maiſon ou métairie dont il a l'uſufruit ou la poſſeſſion, a ce droit.

Le Seigneur féodal qui a ſaiſi féodalement la maiſon ou métairie de ſon vaſſal, ou qui jouit du revenu de l'année pour ſon droit de rachat, a le même droit, ſoit que ce ſoit lui - même qui ait fait le bail, ſoit que ce ſoit le vaſſal.

Il faut dire la même choſe dans notre Coutume d'Orleans du Seigneur de cenſive qui jouit du revenu de l'année pour le droit de relevoiſon à plaiſir.

Il y a plus : un ſimple locataire qui a ſous-baillé la maiſon ou la métairie qu'il tenoit à loyer, a le même droit ſur les meubles du ſous-locataire & ſur les fruits.

232. Un tiers qui a payé le locateur de ce qui lui étoit dû par le locataire, ſuccede à ce droit pour la répétition de tout ce qu'il a payé pour le locataire, & exer-

K

ce à cet égard tous les droits du locateur.

§. I I I.

A quelles choses s'étend ce droit.

233. Ce droit s'étend , comme nous
l'avons déja dit , à tous les fruits de quelque nature qu'ils foient , qui ont été recueillis fur les terres de la métairie , tels
que .font les bleds & grains de toutes efpeces , foins , bois , vins , cidres , &c.

Ces fruits me font obligés non - feulement lorfqu'ils ont été recueillis par le
principal locataire ; ils le font pareillement lorfqu'ils l'ont été par fes fous-locataires ; car mon fermier principal n'a pas
pu en fous - baillant me priver de ce gage.

234. Les fous-fermes qui font dûes à
mon fermier principal font comme des
fruits civils , & font en conféquence fu-
jettes à mon droit ; mais je dois choifir ,
ou de me venger fur les fruits perçus par
ce fous-locataire , ou fur la fouferme qu'il
doit ; car comme il ne peut devoir de
fouferme qu'autant qu'il perçoit les fruits
des héritages qui lui ont été fous-baillés ;
fi je lui enleve ces fruits en vertu de mon
droit , il n'y a plus de fouferme que je
puiffe faifir.

235. Ce droit comprend auffi les meubles qui fervent à l'exploitation des métairies & des maifons , non - feulement ceux du principal locataire, mais auffi ceux des fous-locataires ; fauf que ceux de chaque fous-locataire n'y font fujets que jufqu'à concurrence du loyer de la portion de la maifon que ce fous-locataire occupe *in eam dumtaxat fummam invecta mea & illata tenebuntur in quam (ego abconductor.) cenaculum conduxi, L. 11. ff. 5. §. de pign. act.*

La Coutume de Paris a fuivi cette difpofition de Droit en l'art. 162. « S'il y a » des fouflocatifs , peuvent être pris leurs »biens pour ledit loyer & charges du » bail ; & néanmoins leur feront rendus »en payant le loyer pour leur occupation.» Cette difpofition doit avoir lieu dans les Coutumes qui n'en ont point de contraires.

236. De ce que le fous-locataire n'engage fes meubles que jufqu'à concurrence de fon loyer, Bafnage en fon Traité des hypotheques en conclut après Barthole , que les meubles de celui à qui le locataire a donné l'habitation gratuite d'une partie de la maifon, ne font point obligés au locateur , fi ce n'eft aux menues réparations de fon appartement, dont il eft tenu comme un fous-locataire : cette

décifion ne me paroît pas bonne. Un Seigneur d'hôtel qui compte pour la fureté de fes loyers fur les meubles dont il voit fa maifon garnie, feroit trompé fi la maifon ou prefque toute la maifon fe trouvoit occupée par différents particuliers, qui diroient que le principal locataire leur a accordé une habitation gratuite; il me paroît équitable que leurs meubles foient obligés au loyer à proportion de la partie qu'ils occupent.

237. Notre Coutume d'Orleans s'eft écartée de la difpofition du Droit Romain; elle affujettit les meubles du fous-locataire de partie de la maifon au payement de tous les loyers, & non pas feulement à proportion de ce qu'il occupe; d'où il fuit qu'elle y affujettit auffi ceux de celui qui auroit une habitation gratuite. Voici les termes de fa difpofition en l'art. 408. » Le Seigneur d'hôtel peut faire exécution » fur tous les meubles qu'il trouve en fon » hôtel, pour le payement des loyers qui » lui font dûs, encore que celui fur le- » quel l'exécution fera faite ne tînt que » partie de la maifon.

Notre Coutume par cet article donne au Seigneur d'hôtel pour fes loyers, un droit indéfini fur les meubles du fous-locataire qui n'occupe que partie de la maifon, & ne le limite point à ce qui eft

dû pour la portion qu'il occupe : ce droit
eſt exorbitant & particulier à notre Coutume.

238. Cette diſpoſition de notre Coutume donne lieu à une queſtion. Une
maiſon a été ſou-baillée par parties à ſix
ſous-locataires ; le Seigneur d'hôtel a exécuté les meubles de Titius , l'un des ſix
ſous-locataires ; Titius a payé tout ce qui
étoit dû au Seigneur d'hôtel , & a été
ſubrogé à ſes droits : Titius pourra-t-il
exécuter les meubles de chacun des autres ſous-locataires pour le total des loyers
qu'il a payé , ſa portion ſeulement con-
fuſe , ou ſeulement pour un ſixieme ? La
raiſon de douter eſt que Titius exerce les
droits du Seigneur d'hôtel , d'où il ſem-
ble ſuivre que de même que le Seigneur
d'hôtel avoit le droit d'exécuter les meubles de chacun de ces ſous-locataires pour
le total de ſes loyers , Titius qui exerce
ſes droits doit l'avoir de même. La raiſon de décider au contraire eſt que le Seigneur d'hôtel n'avoit le droit de ſe venger
ſur les meubles de chacun de ces ſous-locataires pour le total , qu'à la charge de
lui céder tous ſes droits ; Titius qui eſt
ſubrogé aux droits du Seigneur d'hôtel ,
& qui n'agit que comme *procurator in rem
ſuam* du Seigneur d'hôtel , doit donc auſſi
les céder à chacun de ces ſous-locataires

qui payeroit le total : mais ce fous-locataire qui aura remboufé Titius de tout
ce qu'il a payé au Seigneur d'hôtel , deve-
nant lui-même fubrogé à tous les droits
du Seigneur d'hôtel , aura le droit fur les
meubles de Titius que le Seigneur d'hôtel
avoit ; & par ce moyen après avoir payé
Titius , il obligera à fon tour Titius à lui
rendre ce qu'il lui a payé. Pour éviter ce
circuit de droits & actions, il faut décider
que le fous-locataire qui a payé le total ,
ne peut fe venger fur les meubles de chacun des fous-locataires que pour la portion de chacun.

Si l'un des fous-locataires n'avoit pas
dequoi fatisfaire à fa portion , cette cadu-
cité devroit fe repartir entre tous les autres.

239. Obfervez que l'article de la Coutume d'Orleans doit s'entendre des fous-
locataires, non pas d'un principal locataire, à qui le Seigneur d'hôtel auroit
loué féparement une partie de fa maifon :
il eft évident que les meubles de ce principal locataire d'une partie de maifon ne
peuvent être affectés qu'au loyer de cette
partie ; car lorfqu'un Seigneur d'hôtel
loue féparement différentes parties de fa
maifon à différentes perfonnes , ce font
autant de baux féparés qu'il y a de différentes parties.

240. Lalande prétend aussi que cette disposition de notre Coutume ne doit pas s'entendre du sous-locataire dont le sou-bail auroit été expressément consenti par le propriétaire ; mais sa décision ne me paroit pas juste : personne n'est facilement présumé renoncer à ses droits. Le fait dont on voudroit induire cette renonciation doit être tel, qu'il ne puisse pas paroître avoir été fait par un autre motif : or c'est ce qu'on ne peut pas dire en cette espece ; le propriétaire qui consent au sous-bail, peut n'y consentir que pour déclarer que par ce consentement il reconnoit le sous-locataire comme une personne recevable, à qui le sous-bail a pu être fait, & non pas pour renoncer à son privilege & au droit qu'il a sur tout ce qui exploite sa maison.

Si le propriétaire avoit expressément déchargé le principal locataire du loyer de la partie sou-baillée, & eût accepté le sous-locataire pour son locataire, en ce cas il ne seroit pas douteux que les meubles de ce sous-locataire ne répondroient que de son loyer, & non pas de celui du premier locataire ; car le propriétaire par cette décharge fait de ce sous-locataire un principal locataire, & du sou-bail un bail séparé de cette partie de maison.

241. Ce droit que nos Coutumes ac-

cordent aux locateurs des maisons ou métairies comprend non-seulement les meubles qui appartiennent aux fermiers ou locataires & aux sous-locataires, il comprend encore ceux qui appartiennent à des tiers, lorsque c'est de leur consentement, ou exprès ou tacite, qu'ils garnissent & occupent la maison.

Par exemple, si un Tapissier a donné à loyer des meubles à mon locataire pour meubler la maison qu'il tient de moi, les meubles de ce Tapissier, quoiqu'ils n'appartiennent point à mon locataire, seront obligés à mes loyers & à toutes les obligations du bail, tout comme s'ils appartenoient à mon locataire ; & en conséquence si je les saisis, le Tapissier n'en pourra demander la recréance.

Cette décision est fondée, 1°. sur les textes de notre Coutume d'Orleans ; il est dit, *art.* 408. que le Seigneur d'hôtel peut faire exécution *sur tous les meubles qu'il trouve en son hôtel,* sans distinguer s'ils appartiennent ou non à son locataire ; & en l'*art.* 456, il est dit, que *si un créancier AUTRE QUE DE LOYER DE MAISON, arrérages de rentes foncieres, ou moisson,* fait prendre par exécution aucuns biens-meubles qu'il prétend appartenir à son débiteur, & qu'un tiers opposant maintienne lesdits biens lui appartenir, il y fera reçu ; donc *à contrario* lorfque c'eft un créancier de loyer de maifon ou fermes qui faifit les chofes qui font dans fa maifon ou métairie, celui qui s'en prétend le propriétaire n'eft pas reçu à les reclamer ; donc ils font obligés aux loyers.

2°. Notre décifion eft fondée fur l'ufage conftant qui a donné cette interprétation à ces difpofitions de Coutumes.

Les Coutumes, fuivant qu'il paroit par un grand nombre de leurs difpofitions, ayant apporté tout le foin imaginable à procurer la fureté du payement des fermes des métairies & des loyers des maifons, dans lefquels confiftent le principal revenu des citoyens, & d'où dépend l'entretien de leurs familles, il auroit manqué quelque chofe à leur prévoyance, fi elles n'euffent pas affujetti au droit des Seigneurs d'hôtels & métairies, tous les meubles qu'ils y trouvent ; car fans cela un Seigneur d'hôtel feroit tous les jours expofé à perdre fes loyers : lorfqu'il loue fa maifon, il ne connoît pas ordinairement la fortune de fon locataire ; il ne peut compter que fur les meubles qui apparoiffent en fa maifon, & il ne peut fçavoir s'ils appartiennent à fon locataire ou non : il eft donc néceffai e pour fa fureté que ces meubles lui foient obligés, foit qu'ils appartiennent ou non à fon locataire.   K v.

On oppofera qu'il répugne aux principes de droit & même à la nature des chofes , que les meubles qui n'appartiennent
pas au locataire foient obligés ; car les
meubles qui exploitent une maifon ne
font obligés que parce que le locataire eft
cenfé les avoir tacitement obligés : mais
il ne peut pas obliger les chofes qui ne lui
appartiennent pas , *res aliena pignori dari
non poteft. L. 6. Cod. fi alien.* Perfonne ne
peut accorder à un autre un droit dans
une chofe dans laquelle il n'a lui - même
aucun droit , fuivant la regle, *nemo plus
juris ad alium transferre poteft quàm ipfe
haberet. L. 54. ff. de Reg. Jur.* La réponfe eft , qu'on ne peut à la vérité obliger la chofe d'autrui fans le confentement
de celui à qui elle appartient , mais on le
peut avec fon confentement , *aliena res
pignori dari voluntate Domini poteft , L.
20. ff. de pign. act.* Or celui qui prête ou
qui loue des meubles à mon locataire ,
ou pour quelqu'autre raifon , les place
chez lui , eft cenfé , en fouffrant qu'ils
garniffent ma maifon , confentir qu'ils
foient obligés aux loyers , parce qu'il fçait
ou doit fçavoir que tout ce qui occupe une
maifon répond des loyers & de toutes les
obligations du bail.

242. Cette décifion a lieu quand même
celui qui a prêté ou donné à loyer des
meubles à mon locataire auroit par l'acte

qui contient ce prêt ou ce louage, & qui est passé à mon insçu expressément protesté qu'il n'entendoit point consentir que ces meubles me fussent obligés ; car cet acte qui est passé à mon insçu ne peut me préjudicier.

Il est vrai que *subtili jure* ces meubles ne me font pas obligés, parce qu'on ne peut pas présumer en ce cas le consentement du propriétaire, qui a expressément déclaré le contraire ; mais ce propriétaire m'ayant induit en erreur par cet acte passé à mon insçu, est tenu envers moi *actione de dolo in id quanti. mea interest non esse deceptum* : or ces dommages & intérêts consistent à ce que je puisse me venger sur ces meubles, tout comme s'ils m'étoient véritablement obligés, ainsi qu'il m'avoit donné lieu de le croire.

243. Des principes que nous avons établis, il suit que pour que les meubles qui n'appartiennent pas au locataire soient obligés aux loyers, il faut que ce soit par la volonté du propriétaire desdits meubles qu'ils aient été introduits dans la maison louée ; s'ils y ont été introduits sans la volonté du propriétaire, en ce cas le locateur n'y peut prétendre de droit, n'y ayant en ce cas aucune raison sur laquelle il puisse être fondé. C'est pourquoi si par exemple on a volé des meubles à quel-

qu'un, & que le voleur ou celui qui les
a acquis du voleur, en ait garni la maison
qu'il tient de moi à loyer, je ne pourrai
en contester la recréance au propriétaire,
lorsqu'il aura justifié que ces meubles lui
ont été volés, & qu'il les aura fait reconnoître pour lui appartenir ; car on ne peut
pas dire que ce soit par sa volonté que ses
meubles aient été introduits dans ma maison.

244. Si une personne vend des meubles à mon locataire sans jour & sans terme, & que dans l'espérance de recevoir
son argent comptant, il les laisse enlever
& porter en la maison que mon locataire
tient de moi, pourrai-je prétendre qu'ils
me sont obligés, & empêcher qu'il ne les
revendique peu après, faute de payement ? Je pense que non ; car le vendeur
étant supposé avoir vendu sans terme &
au comptant, & par conséquent n'avoir
point voulu se défaisir de la chose qu'autant qu'on le payeroit, on ne peut pas
dire qu'il ait consenti à ce qu'elle fût obligée à mes loyers.

Mais s'il avoit tardé un temps un peu
considérable à redemander sa chose, faute
de payement, il en résulteroit de ce retard une présomption qu'il auroit bien
voulu suivre la foi du locateur, & par
conséquent lui en transférer la propriété ;

auquel cas nul doute que cette chofe ne foit obligée à mes loyers, puifque mon locataire en eft devenu le propriétaire.

245. Les meubles pour être fujets au droit que la Coutume accorde au loca-teur, doivent exploiter la maifon ou métairie qui a été louée. Quels font les meubles qui font cenfés exploiter ? Ce font ceux qui paroiffent y être pou. y demeurer, ou pour y être confommés, ou pour garnir la maifon ; c'eft ce qui eft décidé par la Loi 7. §. 1. *ff. in quib. cauf. pign. tacit. Videndum ne non omnia illata vel conducta, fed ea fola quæ ut ibi fint illata fuerint, pignori fint ? quod magis eft.*

Les chofes qui font dans une maifon, non pour y refter, ni pour la garnir, mais qui y font comme en paffant, ne peuvent donc point paffer pour chofes qui exploitent & garniffent la maifon, & ne font point obligées au locateur.

Cela doit fur-tout avoir lieu à l'égard des chofes qui n'appartiennent pas au lo-cataire. Suivant ces principes, les effets des voyageurs qui fe trouvent dans une auberge ne font point obligés aux loyers de cette auberge, & ne peuvent être faifis par le Seigneur d'hôtel ; car on ne peut pas dire qu'ils exploitent l'auberge, qu'ils la garniffent, puifqu'ils n'y font qu'en paffant.

Par la même raifon, le linge que l'on donne à une Blanchiffeufe pour le blanchir, l'étoffe qu'on donne à un Tailleur pour faire des habits, les montres qu'on donne à un Horloger pour les racommoder, les livres qu'on donne à un Relieur pour les relier, & autres chofes femblables, ne font point cenfées exploiter les maifons de ces perfonnes, & ne répondent point des loyers qu'elles en doivent.

246. Pareillement, fi quelqu'un a donné à mon locataire quelques meubles en dépôt ou en nantiffement qu'il tient enfermés, & qui ne font point en évidence, ces meubles ne doivent pas m'être obligés ; car on ne peut pas dire qu'ils font dans ma maifon pour y demeurer, mon locataire étant obligé de les rendre à celui qui les a dépofé auffi-tôt qu'il les redemandera, ou à fon débiteur qui les lui a donné en nantiffement auffi-tôt qu'il payera : d'ailleurs je n'ai point dû compter pour mes loyers fur ces effets qui n'étoient point en évidence, & que mon locataire qui n'en avoit que la garde, & non l'ufage, devoit tenir enfermés.

Mais fi les meubles qui ont été dépofés ou donnés en nantiffement à mon locataire, étoient des meubles de nature à être mis en évidence, & à garnir une maifon, ils doivent répondre de mes loyers ; autrement ne fçachant point à quel titre mon locataire les tient , & comptant fur ces meubles qui garniffent ma maifon, je ferois induit en erreur ; on peut dire en ce cas, que celui qui les a donné en dépôt ou en nantiffement à mon locataire, en confentant qu'ils fuffent introduits en ma maifon, & qu'ils la garniffent, a tacitement & virtuellement confenti qu'ils me fuffent obligés.

247. On ne peut pas dire la même chofe dans le cas d'un dépôt néceffaire; comme fi dans le cas d'un incendie, un voifin a fait porter dans la maifon de mon locataire fes meubles pour les préferver des flammes, on ne peut pas en ce cas fuppofer qu'il ait confenti qu'il garniffent ma maifon, & répondiffent de mes loyers, à moins qu'il ne les y eût laiffé long-temps après le péril paffé.

248. A l'égard des meubles qui appar- tiennent aux locataires ou fous locataires, ils font obligés, foit qu'ils foient en évi- dence, foit que ce foit des effets renfer- més tels que des bijoux & autres chofes femblables : car il fuffit qu'ils foient dans la maifon pour y demeurer, c'eft-à-dire, qu'ils n'y foient pas en paffant, & avec la deftination d'être tranfportés en un autre lieu.

249. Quoique des Marchandifes ne

soient pas au rang des meubles meublants d'une maison, qu'étant destinées à être vendues, elles ne soient pas dans la maison pour y demeurer, néanmoins elles font obligées au bail; car le droit du locateur s'étend sur tous les effets qui garniffent chacune des parties de sa maison, suivant le genre d'exploitation de chaque partie; par conféquent le locataire ayant fait une boutique, un magasin d'une partie de la maison, l'exploitant comme boutique, comme magasin, les effets qui garniffent cette partie de maison entant que boutique, entant que magasin, doivent être obligés au locateur, & par conféquent les Marchandises qui font le garniffement naturel d'une boutique & d'un magasin.

250. On a demandé fi le locateur pouvoit exercer fon droit de gage fur l'argent cómptant qui fe trouvoit dans une maison? Auzanet décide fort bien pour la négative; car cet argent n'étant pas destiné pour demeurer dans la maison, mais pour être dépenfé au-dehors, on ne peut pas dire que ce foit une chofe qui exploite la maison.

251. A l'égard des créances dont les cédules & obligations fe trouvent dans la maison, il eft très-évident qu'elles ne font point partie des chofes qui font dans

la maifon, & qui répondent des loyers;
car ces cédules & obligations font de fimples inftruments qui fervent à prouver
l'exiftence des créances, & ne font point
les créances mêmes : les créances font
des chofes incorporelles, *quæ in folo jure
confiftunt ;* & qui par conféquent ne font
dans aucun lieu, *nullo circumfcribuntur loco ;*
on ne peut donc pas les compter parmi les
chofes qui font dans la maifon, & qui
répondent des loyers.

A R T I C L E   I I.

*Du droit de préférence du Seigneur d'Hôtel
ou métairie.*

252. Les locateurs de maifons & de métairies ont le droit d'être préférés pour les
créances réfultantes du bail aux autres
créanciers de leur fermier ou locataire,
fur les fruits & fur les meubles qui garniffent la métairie ou la maifon.

Ce droit de préférence a lieu même
dans les Provinces où les meubles font
fufceptibles d'hypotheque, fur les créanciers hypothecaires antérieurs au bail,
comme l'attefte Bafnage en fon Traité
des hypotheques.

La raifon eft que l'hypotheque dont
les meubles font fufceptibles en ces Pro-

vinces ne dure que tant qu'ils font en
la poffeffion du débiteur, fuivant la regle
générale du Droit François, que *meubles
n'ont point fuite par hypotheque*; d'où il
fuit qu'un créancier qui les a en nantiffement eft préféré aux créanciers antérieurs,
parce que le nantiffement en a comme
dépoffédé le débiteur; or le Seigneur
d'hôtel ou de métairie a comme en nantiffement les meubles qui font dans fa
maifon dont le locataire ne peut les faire
fortir à fon préjudice; & par conféquent
il doit être préféré aux autres créanciers.

253. Suivant les actes de notoriété du
Châtelet de Paris des 7 Fév. 1688, 24 Mars
1702 & 19 Septembre 1716, on fait à
l'égard de cette préférence une diftinction
entre les baux devant Notaires, & ceux
qui n'ont été faits que fous fignature privée ou verbalement. Lorfque le bailleur
a un bail paffé devant Notaires, il eft
préféré aux créanciers de fon locataire
généralement pour toutes les obligations
réfultantes du bail, & par conféquent
pour tous les termes échus, & pour tous
ceux qui reftent à courir du bail; mais
lorfque le bail n'eft que verbal, ou même
feulement fous fignature privée, le bailleur n'a de préférence que pour trois termes échus & pour le courant.

Denifar en fa note fur l'acte de

notoriété du 24 Mars 1702, obſerve que lorſque le bail ſous ſignature privée a été reconnu en Juſtice, avant la ſaiſie des meubles du locataire faite par quelqu'un de ſes créanciers, il donne au bailleur la même préférence que s'il étoit devant Notaires.

Lalande en ſon Commentaire ſur l'*art.* 421. de notre Coutume d'Orleans avoit fait une pareille diſtinction entre les baux paſſés devant Notaires & ceux qui ne le ſont pas ; mais cet Auteur étoit peu inſtruit de l'uſage : il eſt certain qu'elle n'eſt pas obſervée dans notre Province : la raiſon peut en être que les baux que les particuliers font à Orleans de leurs maiſons ſont tous paſſés ſous ſignature privée, & qu'on n'a pas cru néceſſaire de prendre ici les mêmes précautions contre les fraudes qu'à Paris, où elles ſont beaucoup plus communes. Cela a été jugé par Sentence du Bailliage d'Orleans en 1707 : on a adjugé aux Jéſuites Seigneurs d'hôtel la préférence pour huit années de loyer contre les créanciers du Sieur Bonquin, quoique les Jéſuites n'euſſent point de bail, elle eſt rapportée dans une note manuſcrite de feû M. de Manthelon qui avoit préſidé au jugement ; il ajoute que la Sentence a été confirmée par Arrêt du mois de Juillet 1708. Nous voyons tous les jours ici accorder la préférence aux Seigneurs d'hôtel pour toutes les années qui restent à courir de leur bail, quoiqu'il n'ait été passé que sous signature privée, & jamais je n'ai vû que les créanciers se soient avisés de revoquer en doute cette préférence. Il est vrai que la Coutume d'Orleans restraint à trois termes échus & deux à écheoir, le droit d'exécuter qu'elle accorde aux Seigneurs d'hôtel, & le droit de suite ; mais sa décision ne doit pas s'étendre au droit de préférence qui est un droit différent.

254. On demande si le Seigneur de métairie est préféré pour les avances qu'il a faites à son fermier pour faire valoir la métairie ? Il faut distinguer : si ces avances ont été faites par le bail même, l'obligation de rendre ces avances faisant partie des obligations du bail même, il n'est pas douteux que le Seigneur de métairie doit être préféré, suivant le principe qui lui accorde la préférence pour toutes les obligations du bail. Il y a plus de difficulté si les avances n'ont été faites que depuis le bail ; car la créance de ces avances naît d'un contrat de prêt séparé & distingué du bail, & qui n'en fait point partie ; néanmoins il paroît que l'usage a étendu à cette créance les droits des Seigneurs de métairies, surtout lorsque ces

avances ont été faites en grains ou autres
especes, & qu'on ne peut douter qu'elles
ont été faites pour faire valoir la métairie ; car le Seigneur de métairie ayant
été obligé de faire cette avance pour faire
valoir sa métairie, il y a même raison
que pour le bail.

255. Cette regle que le Seigneur d'hôtel est préféré pour tout ce qui lui est dû,
reçoit exception à l'égard de la taille ;
car, suivant les reglements pour la taille,
Déclaration du 22 Août 1565, Edit du
mois d'Août 1669, le Seigneur d'hôtel
n'est préféré à la taille dûe par son locataire que pour six mois de loyer, & le
Seigneur de métairie n'est préféré à la
taille dûe que pour une année de ferme.
Au reste la créance du Roi n'exclut le
locateur pour le surplus que sur les meubles qui appartiennent au locataire ou
fermier ; car le Roi n'ayant droit de se
faire payer que sur les effets qui appartiennent à son débiteur, il ne peut rien
prétendre, ni par conséquent exclure le
locateur, sur les autres effets qui, sans
appartenir au locataire ou fermier, exploitent l'hôtel ou métairie.

256. Il y a certaines créances, qui
sont préférées au Seigneur d'hôtel ou de
métairie ; telle est d'abord la créance des
rais de justice qui ont été faits pour la

cause commune de tous les créanciers ;
les frais funéraires *intrà juſtum modum*
qu'on doit arbitrer eu égard à la qualité
du défunt. Suivant un acte de notoriété
du Châtelet de Paris du 4 Août 1652,
on doit les réduire à une ſomme de 20 l.
mais on n'a pas toujours ſuivi cette ré-
duction.

Baſnage en ſon Traité des hypotheques , met la créance des Médecins,
Chirurgiens , Apothiquaires , pour la
derniere maladie du défunt , au même
rang que les frais funéraires , & par conſéquent avant le maître d'hôtel ou de
métairie. Dupleſſis ſur Paris, *édit. de* 1699
ne les met qu'après.

Les moiſſonneurs ſont préférés au Seigneurs de métairie ſur les grains qu'ils
ont coupés à la derniere récolte, les mé-
tiviers ſur ceux qu'ils ont meſtivés ; à
Orleans les valets de labour lui ſont auſſi
préférés ſur les grains pour les ſervice
qu'ils ont rendus pendant les quatre moi
courus depuis la Saint Jean juſqu'à l
Touſſaint, leſquels leur ſont payés ſur l
pied d'une demi-année à cauſe de la forc
du travail,

Dans quelques Provinces, comme e
Dunois, on accorde auſſi un privileg
ſur les fruits avant le maître d'hôtel au
Charrons & Maréchaux pour leurs four

nitures de l'année, comme ayant servi à faire valoir la métairie : dans notre Province de l'Orleanois, ils n'ont point de privilege.

Celui qui a vendu des chevaux pour faire valoir la métairie, & celui qui a fourni la semence, n'ont point de privilege sur le Seigneur de métairie, s'ils n'ont de lui un consentement de préférence.

ARTICLE III.

Du droit de suite qu'a le Locateur à l'égard des meubles sujets à son hypotheque.

257. Par le Droit Romain, les meubles qui avoient été une fois amenés & apportés dans la maison louée, conservoient l'hypotheque qu'ils avoient contracté, quoiqu'ils en fussent par la suite déplacés, ou même aliénés : le Préteur accordoit au locateur pour la poursuite de cette hypotheque une action qui s'appelloit l'*Action Servienne* ; cette action, quoique Prétorienne, étoit de la classe de celles qu'on appelloit *perpetuelles*, & elle avoit lieu contre quiconque se trouvoit avoir en sa possession les choses sujettes à cette hypotheque.

Quoique par notre Droit François, les meubles n'ayent pas de suite par hypotheque, néanmoins on a conservé aux locateurs de maisons & de métairies, le droit de suivre les meubles qui leur sont obligés.

Plusieurs Coutumes en ont des dispositions : par exemple, celle d'Auxerre, *tit.* 5. *art.* 129. dit : Meubles n'ont pas de suite par hypotheque, si ce n'est pour louages de maisons.

Mais le locateur doit exercer ce droit de suite dans un court délai depuis que les meubles ont été transportés hors de la maison ou métairie ; sinon, le droit qu'avoit le locateur sur lesdits meubles est purgé ; & en cela notre Droit François est différent du Droit Romain.

Sur le temps dans lequel le locateur doit exercer son droit de suite sur les meubles déplacés de sa maison ou métairie, il faut suivre les usages des différents lieux : suivant l'usage de notre Province, le locateur d'une maison a huit jours pour suivre les meubles qui ont été enlevés, & le locateur d'une métairie en a quarante.

258. Ce droit de suite peut être exécuté de deux manieres, ou par la voye de saisie, ou par la voye d'action.

Les articles 415 & 416 de notre Coutume d'Orleans, établissent la premiere. L'article 415 dit : » le Seigneur d'hôtel » ou de rente fonciere peut poursuivre » les biens enlevés de son hôtel & iceux » par lui, son Procureur ou Commis,

» (un

» (un Sergent appellé) *prendre, faifir,*
» *& enlever par exécution* pour la fureté
» de ce qui lui eft dû pour trois termes
» échus & deux à écheoir pour garnifle-
» ment dudit hôtel.

L'article 416 dit : » Et pour le regard
» des moifons, fermes, ou penfions d'hé-
» ritage, le Seigneur peut pourfuivre les
» biens enlevés de fon hôtel pour le paye-
» ment de trois années échues, & gar-
» niffement d'une année à écheoir.

La voye d'action eft établie par l'art.
419. » fi le locataire ou autre que le
» Seigneur d'hôtel, ou de rente fonciere,
» enlevoit les biens étant en l'hôtel baillé
» à loyer, fans le confentement du loca-
» teur; icelui locateur peut appeller ledit
» locataire ou celui qui a enlevé lefdits
» biens pour les rétablir audit hôtel
» pour fureté de trois termes derniers,
» fi tant il en prétend ; & outre peut
» contraindre ledit locataire à garnir la-
» dite maifon pour l'année à venir.

259. Ces difpofitions de notre Coutume ne définiffent point le temps dans lequel ce droit de fuite peut être exercé,
foit par la voye de faifie, foit par la voye
d'action ; mais comme nous l'avons dit,
l'ufage le reftraint à huit jours pour les
maifons de ville, & quarante jours pour
les métairies.

L

En un cas néanmoins, le locateur peut l'exercer même après ce temps ; c'est celui auquel les effets exploitants la maison ou métairie en auroient été enlevés par un créancier du locataire qui les auroit saisis sur lui ; en ce cas, le locateur est recevable même après les huit jours & les quarante jours expirés, à s'opposer à la saisie, à demander la main-levée & le rétablissement en son hôtel des meubles saisis, si mieux n'aime le créancier saisissant se charger de toutes les obligations de son bail, lui payer les loyers ou fermes échues, & lui donner caution pour le surplus. La raison de cette décision est, que la main de justice sous laquelle sont les effets enlevés, conserve les droits de tous les créanciers, & par conséquent celui du locateur.

260. Le Seigneur d'hôtel ou de métairie peut, suivant cet article 415. saisir les meubles enlevés de son hôtel, soit qu'ils soient encore en la possession du locateur qui les a transportés ailleurs, soit qu'ils soient en celles d'un tiers, envers qui le locataire en auroit disposé ; mais il lui faut en ce cas permission du Juge pour les saisir dans la maison de ce tiers où ils auroient été transportés ; car suivant l'art. 455. aucun ne peut entrer en la maison d'autrui pour faire enlever les

biens étant en icelle maifon fans autorité de juftice.

261. Le locateur peut dans le temps prefcrit fuivre par la voye de faifie ou par la voye d'action les meubles enlevés de fon hôtel & métairie, même contre un acheteur de bonne foi, ou contre un créancier qui les auroit reçu de bonne foi, foit en payement, foit en nantiffement ; car ces meubles ayant contracté une efpece d'hypotheque, lorfqu'ils ont été introduits dans la maifon ou métairie ; le locataire ne les poffédant dès-lors qu'à la charge de cette efpece d'hypotheque, n'a pu les tranfporter à un autre qu'à cette charge ; perfonne ne pouvant transférer à un autre plus de droit dans une chofe qu'il n'en a lui-même : tel eft l'avis de Dumoulin en fa note fur l'art. 125. de Bourbonnois, *etiam emptoribus bonæ fidei modo infrà breve tempus* ; tel eft l'ufage contre l'avis de Lalande.

262. De-là il fuit que fi le locataire d'une maifon à l'expiration du bail, à l'infçu du locateur envers qui il eft redevable des loyers & autres obligations de fon bail, a tranfporté fes effets dans une autre maifon qu'il a prife à loyer ; le premier locateur a droit de les fuivre dans cette autre maifon, & doit être préféré au nouveau locateur, &

non pas venir avec lui en concurrence ; comme l'enfeigne mal-à-propos Lalande ; car tant que l'hypotheque de ces meubles contractée envers le premier locateur n'eſt pas purgée, ils n'ont pu devenir obligés envers le ſecond locateur au préjudice du premier.

263. Ce droit de ſuite a lieu même contre le propriétaire des meubles enlevés de l'hôtel, qui les auroit prêté ou donné à loyer ; car nous avons vu ci-deſſus qu'ils étoient obligés au locateur, d'où il ſuit qu'il doit avoir le droit de les ſuivre même contre le propriétaire.

264. Lorſqu'il ne paroît pas que le détenteur contre qui le locateur exerce ſon droit de ſuite, ait eu connoiſſance que les meubles reclamés par le locateur ayent occupé ſa maiſon, le locateur eſt obligé de les faire reconnoître à ſes dépens, qu'il peut repéter contre ſon locataire.

265. Il y a pluſieurs preſcriptions qui peuvent être oppoſées au locateur par les tiers, contre la pourſuite qu'il fait des meubles enlevés de ſon hôtel ou métairie.

La premiere eſt, ſi le locateur a donné quelque conſentement même tacite à l'enlevement ; car dès-lors il n'eſt plus recevable à les ſuivre.

La ſeconde eſt, ſi le locateur a laiſſé paſſer le temps,

La troisieme, si ces meubles enlevés de l'hôtel ont été depuis vendus en foire ou marché ; car la faveur du commerce a fait établir que ceux qui achetent en foire ou marché public, acquissent surement, & fussent à couvert de toutes recherches de la part de tous ceux qui prétendroient quelque droit aux choses ainsi vendues ; ces ventes ont à l'égard des meubles le même effet que les ventes des immeubles par décret.

266. Il faut dire la même chose à plus forte raison des ventes judiciaires faites à l'encan par un Sergent ; c'est pourquoi, si le créancier de mon locataire a saisi les effets qui étoient dans ma maison, & qu'il les ait fait vendre sans que je m'y sois opposé, ou si après la mort de ce locataire, ses héritiers les ont fait vendre à l'encan sans que je m'y sois opposé, je ne pourrai les suivre contre ceux qui s'en feront rendus adjudicataires.

267. C'est à celui qui allegue ces prescriptions à les justifier, suivant la regle *reus excipiendo fit actor* ; par conséquent, si le locateur d'une maison donne une demande contre quelqu'un afin de rétablissement de meubles qui étoient en sa maison ; s'il est constant que ces meubles occupoient effectivement sa maison, ce sera au défendeur qui alleguera quelqu'une

L iij

de ces prescriptions à justifier ; ou que
le locateur a consenti à l'enlèvement,
ou que le temps qui lui est accordé pour
les suivre est expiré, ou qu'ils ont été
vendus à l'encan, ou en foire ou marché
public.

268. Il reste à observer que l'esprit de
nos Coutumes, en accordant le droit de
suite au locateur, n'est pas d'ôter au locataire toute disposition des meubles qu'il
a porté en la maison qu'il a louée ; mais
seulement autant qu'elles donneroient
atteinte à la sûreté du locateur pour ses
loyers & les autres obligations du bail.

C'est pourquoi, la Coutume d'Orleans, *art.* 415. dit, que le Seigneur
d'hôtel *peut poursuivre* les biens enlevés
de son hôtel *pour trois termes échus, &
deux à écheoir*, & l'art. 416. dit, que le
Seigneur de métairie peut poursuivre *pour
le payement de trois années échues & gar-
nissement d'une année à écheoir.*

Le locataire peut donc librement disposer des effets qu'il a dans l'hôtel ou
métairie qu'il a pris à loyer, & le locateur ne peut les suivre ni en demander
le rétablissement, pourvû qu'il en reste
suffisamment dans l'hôtel ou métairie,
de quoi procurer au locateur la sûreté
de ses loyers ou fermes.

269. Quoique le locateur ne puisse pas

empêcher son locataire de disposer des effets qui sont dans sa maison, pourvû qu'il en reste dans la maison suffisamment de quoi répondre de trois termes échus & deux à écheoir : cependant si un créancier du locataire saisissoit les meubles, le locateur est fondé à s'opposer à l'enlevement & à demander la main-levée de la saisie, si mieux n'aime le saisissant se charger de toutes les obligations du bail tant pour le passé que pour l'avenir, & d'en donner caution ; il ne suffiroit pas au saisissant d'offrir de payer ce qui est échu, & d'offrir de laisser en l'hôtel de quoi répondre de deux termes à écheoir.

ARTICLE IV.

Du droit d'exécution que la Coutume d'Orleans accorde au Locateur, & du droit de gagerie dans la Coutume de Paris.

270. L'exécution est la saisie que fait un créancier par le ministere d'un Sergent, des meubles de son débiteur, par laquelle il les met sous la main de Justice, en la garde d'une ou de plusieurs personnes, pour les vendre ensuite à l'encan.

Régulierement un créancier ne peut faire cette exécution que sur le débiteur

qui lui eſt obligé, *ex ſuâ propriâ perſonâ*,
en vertu d'une obligation contenue en
un acte paſſé pardevant Notaire, ou
d'une condamnation contenue en une
Sentence rendue contre lui, & qui n'eſt
pas ſuſpendue par un appel.

Quoique l'héritier de mon débiteur,
en acceptant la ſucceſſion, devienne lui-
même mon débiteur, néanmoins je ne
peux pas exécuter ſes meubles, parce
qu'il eſt bien mon débiteur, mais il ne
l'eſt pas *ex propria perſona*, *ſed heredita-
rio nomine* : il ne l'eſt pas en vertu d'un
titre exécutoire, c'eſt-à-dire, d'un acte
paſſé pardevant Notaire, par lequel il
ſe ſoit lui-même obligé, ou d'une Sentence par laquelle il ait été lui-même condamné ; il faut donc pour que je puiſſe
avoir droit d'exécuter ſes biens, ou qu'il
faſſe une nouvelle reconnoiſſance pardevant Notaire de la dette du défunt dont
il eſt héritier, ou que j'obtienne contre
lui une Sentence de condamnation.

Ces principes ſouffrent exception dans
notre Coutume d'Orleans à l'égard des
locateurs de maiſons ou métairies ; car
quoique le locataire ou fermier ne ſoit
obligé en vertu d'aucun titre exécutoire,
quoique le bail ait été fait par un acte
ſous ſeing-privé, ou même par une ſimple convention verbale, notre Coutume

d'Orléans donne le droit au locateur pour le payement des trois derniers termes à lui dûs d'exécuter les meubles qui font en la maison ou métairie qu'il a louée.

Ce droit eft fondé fur l'article 406 de notre Coutume : "Un Seigneur d'hô-
"tel ou métairie peut audit hôtel ou
" métairie, par fes mains, fon Procureur
"ou Commis, exécuter ou faire exécu-
"ter pour trois termes précédens & der-
"niers à lui dûs, du loyer ou ferme....
"fans contrat, obligation, ni autorité de
"Juftice, appellé avec lui un Sergent
"pour le garder de force, & faire figni-
"fier la vente des biens faifis; &c.

271. Obfervez 1°. que ce que la Coutume accorde en cet article au Seigneur d'hôtel doit s'entendre pareillement d'un principal locataire qui auroit fous-baillé la maifon en tout ou en partie ; il a les mêmes droits que la Coutume accorde au Seigneur d'hôtel : car ces drois naiffent du contrat & de la qualité de locateur, plutôt que du droit de propriété & de la qualité de propriétaire.

272. Obfervez 2°. que le Seigneur d'hôtel ou de métairie ne peut en vertu de cet article exécuter que les effets qui font en fon hôtel ou métairie, & qui lui font, tant qu'ils y demeurent, tacitement hypotéqués ; c'eft pourquoi la Cou-

tume dit , *peut audit hôtel ou métairie* : ces termes font reftrictifs. Pour que le loca-teur puiffe exécuter les biens que fon locataire a ailleurs , il faut qu'il ait un titre exécutoire.

273. Obfervez 3°. que le Seigneur d'hôtel ou métairie ne peut exécuter en vertu de cet article que pour trois termes de loyers ou fermes à lui dûs.

Ces termes font de fix mois pour les loyers de maifon , à moins que le bail ne portât qu'ils fe payeroient par chaque année.

Et à l'égard des fermes des métairies , les termes font d'un an , à moins qu'il n'y eût une claufe contraire.

S'il eft dû plus de trois termes au lo-cateur , & qu'il n'ait point de titre exé-cutoire , il ne peut exécuter pour le fur-plus qui lui eft dû , qu'il n'ait obtenu Sentence contre fon locataire ou fermier , contre qui il doit pour l'obtenir donner une demande.

En attendant , il peut obtenir une per-miffion du Juge pour faifir & arrêter.

274. Obfervez 4°. que le Seigneur d'hôtel ou de métairie peut lui - même , néanmoins avec le miniftere d'un Sergent exécuter ; en quoi cette exécution différe des autres exécutions ; car à l'égard des autres exécutions, le créancier ne peut

la faire lui-même ; il ne peut y être préfent : c'eſt le Sergent qui la fait à ſa requête.

Obſervez 5°. que ſuivant un uſage qui a toujours été pratiqué dans notre Province, cette exécution a cela de particulier, que le Seigneur d'hôtel n'eſt pas obligé de laiſſer à ſon locataire le lit que l'Ordonnance de 1667, *tit. 33. art.* 14. veut qu'on laiſſe à la partie ſaiſie : la raiſon de cet uſage eſt qu'une infinité de pauvres gens qui prennent à loyer des chambres dans les Villes, n'ont pas le plus ſouvent d'autres effets qui puiſſent répondre du loyer de leurs chambres. Cela ne doit pas être étendu aux Seigneurs de métairie, ni aux Seigneurs de rente foncicre.

Au reſte, cette exécution a cela de commun avec les autres, 1°. qu'elle eſt ſujette à toutes les formalités des ſaiſies établies par l'Ordonnance de 1667; 2°. que ſi le débiteur ne s'oppoſe point, le locateur ſaiſiſſant peut huitaine après faire vendre en le ſignifiant au ſaiſi. 3°. Si le locataire s'oppoſe, le locateur ne peut procéder à la vente qu'il n'ait été ſtatué ſur l'oppoſition, & pour cela il doit aſſigner le locataire, pour voir prononcer la main-levée de l'oppoſition ; mais pendant l'oppoſition, la ſaiſie tient, & le locataire n'en peut avoir main-levée qu'en

L vj

consignant les termes de loyers pour lesquels l'exécution est faite, entre les mains du locateur, qui doit donner caution de les rapporter, s'ils ne se trouvent pas dûs.

275. Observez 6°. que ce droit d'exécution du seigneur d'hôtel ne s'éteint point par la mort du débiteur comme celui des autres créanciers ; la raison de différence est que celui des autres créanciers est fondé sur le titre exécutoire qui cesse par la mort de l'obligé ou condamné ; au lieu que celui du Seigneur d'hôtel ou de métairie n'est fondé que sur sa seule qualité de locateur.

C'est pourquoi le locateur peut en signifiant au préalable le bail à l'héritier de son locataire, procéder par voie d'exécution sur les meubles qui garnissent la maison, sans qu'il soit besoin qu'il obtienne auparavant une Sentence de condamnation contre lui.

276. La Coutume de Paris n'est pas si favorable que la nôtre aux seigneurs d'hôtels ou de métairies ; elle ne leur accorde pas le droit d'exécuter, lorsqu'ils n'ont point de titre exécutoire : elle donne seulement aux propriétaires des maisons le droit de procéder pour les loyers qui leur sont dûs par voie de gagerie sur les meubles qui y sont.

Cette voie de gagerie est une simple
saisie & arrêt qui consiste à saisir & à
établir un gardien auxdits meubles pour
sûreté de ce qui est dû ; mais le locateur
ne peut les déplacer, ni procéder à la
vente, qu'il n'ait obtenu Sentence.

La Coutume de Paris n'ayant pas
limité le nombre des termes de loyer
pour lesquels peut être faire ladite gagerie, il y a lieu de penser qu'elle peut
le faire pour tous ceux qui sont dûs au
Seigneur d'hôtel, en quelque nombre
qu'ils soient. Il sembleroit aussi que le
Seigneur d'hôtel ne devroit pas avoir
besoin d'une permission du Juge pour
procéder à cette gagerie, puisque la loi
elle-même lui en a accordé la permission.

SECTION II.

Du droit du Conducteur.

277. Le droit du conducteur est le droit
qu'il a vis-à-vis du locateur, de ses héritiers ou autres successeurs universels, de
jouir de la chose qui lui a été louée pendant tout le temps que doit durer le bail,
lequel droit résulte de l'obligation que le
locateur a contracté envers lui de lui en
accorder la jouissance.

Nous avons vu *suprà, part.* 3. *ch.* 1. *art.*
4. §. 1. & 2. comment il en devoit jouir.

278. Il a le droit de jouir de toute la chose qui lui a été louée : de-là naît la question, si le fermier a le droit de jouir de la partie qui pendant le cours du bail est accrue par alluvion à l'héritage qu'il tient à ferme, sans augmentation de sa ferme. Caroccius tient l'affirmative, parce que ce qui accroit à un héritage par alluvion, fait partie de cet héritage, *jure accessionis*, & que le fermier de cet héritage ayant le droit de jouir de tout cet héritage, doit avoir le droit de jouir de cette accrue qui en fait partie.

On peut répondre : le fermier, dites-vous, a droit de jouir de tout l'héritage. Je distingue : Il est vrai qu'il a droit de jouir de tout ce qui lui a été loué ; mais il n'a pas droit de jouir de ce qui ne lui a pas été loué, & la partie qui est accrue depuis le bail n'a pas pu lui être louée, puisqu'elle n'existoit pas encore. Il est vrai que dans le contrat de vente ce qui est accru depuis le contrat & avant la tradition peut être prétendu par l'acheteur ; mais c'est parce que depuis le contrat la chose est aux risques de l'acheteur, & qu'il est juste que celui qui auroit souffert la perte, si la chose fût périe ou en total ou en partie, ait le bénéfice de l'augmentation lorsqu'il en survient ; *ubi est periculum, ibi & lucrum* : mais dans le contrat de louage ou bail à ferme, la chose eſt entierement aux riſques du locateur, & non à ceux du conducteur : Ce n'eſt donc pas le conducteur, mais le locateur qui doit avoir le bénéfice de l'accrue ſurvenue durant le bail à l'héritage.

Obſervez que les alluvions dans les rivieres navigables devant appartenir au Roi, il faut ſuppoſer dans l'eſpece de la queſtion que nous venons de traiter, ou que la riviere qui a fait l'alluvion n'étoit pas une riviere navigable ; ou que ſi elle étoit navigable, le propriétaire locateur avoit par une conceſſion particuliere le droit d'alluvion dans la partie de la riviere voiſine de ſon héritage.

279. Ce que nous avons dit ci-deſſus, que le conducteur avoit le droit de jouir de toute la choſe qui lui eſt louée, ſouffre une limitation, qui eſt que le fermier d'une terre où il y a logement pour le maître & logement pour le fermier, n'a pas le droit de jouir du logis deſtiné pour le maître, ni des jardins voluptuaires, ni des bois de haute futaie, quoiqu'ils n'aient pas été expreſſément exceptés par le bail ; la raiſon eſt que le droit d'un fermier étant le droit de percevoir les fruits de la terre qui lui eſt louée, il ne renferme que le droit de jouir des parties de cette

terre deſtinées à produire & à loger les fruits, & au ménage ruſtique.

Il peut néanmoins défricher les terres qui lors du bail étoient en friche & n'a-voient jamais produit aucuns fruits, & en percevoir les fruits pendant le temps de ſon bail, après qu'il les aura défrichées; car ſi lors du bail elles n'étoient pas cul-tivées & ne produiſoient pas des fruits, ce n'étoit que par le défaut d'induſtrie du propriétaire & de ſes prédéceſſeurs. Mais le vœu & l'intérêt du propriétai-re locateur étoit que le fermier pût en les défrichant leur en faire produire ; c'eſt pourquoi en affermant ſa terre, il eſt cenſé avoir compris dans le bail non-ſeulement les parties qui lors du bail pro-duiſoient des fruits, mais toutes celles qui n'étant pas deſtinées à d'autres uſa-ges, pourroient par l'induſtrie du fermier en produire.

280. Le droit du conducteur eſt un droit qui paſſe à ſon héritier, comme toutes les autres créances y paſſent.

Ce droit peut auſſi ſe céder à un tiers, de même que nous avons vu au titre du Contrat de vente, que les créances pou-voient ſe céder à des tiers, *part. 6. ch. 3.* C'eſt pourquoi un locataire ou fermier peut ſou-bailler en tout ou en partie à de tiers, la maison ou les héritages qui lui ont été loués, *nemo prohibetur rem quam conduxit fruendam, alii locare, si nihil aliud convenit. L. 6. Cod. locat.* Ces sous-locataires doivent jouir comme le principal locataire ou fermier auroit dû jouir lui-même ; c'est pourquoi si la maison a été louée comme auberge, de même que le principal locataire est obligé de l'entretenir en auberge, de même il ne peut la sou-bailler qu'à un Aubergiste qui l'entretienne comme auberge.

Vice versâ, si une maison bourgeoise a été louée à un bourgeois, il ne peut pas la sou-bailler à un Cabaretier, à un Forgeron & autres gens semblables, parce qu'elle doit être occupée comme maison bourgeoise.

281. Ces décisions doivent-elles avoir lieu s'il étoit porté formellement par le bail que le locataire pourroit sou-bailler la maison *à qui il lui plairoit ?* Je pense que cette clause ne donne au locataire le droit que de sous-bailler la maison à des personnes qui l'occupent de la maniere dont elle a coutume d'être occupée, & que si c'est une maison qui a coutume d'être occupée comme maison bourgeoise, il ne peut pas la sou-bailler à un Cabaretier pour en faire un cabaret, ni à un Maréchal ou à un Serrurier pour y établir une

forge. On oppofera peut - être que fi le locataire ne pouvoit la fou-bailler qu'à un Bourgeois qui l'occupe comme maifon bourgeoife, la claufe feroit fuperflue & de nul effet, puifqu'il avoit ce droit fans cette claufe. Or, dira-t-on, c'eft une regle d'interprétation établie en notre Traité des obligations, *n.* 92. que les claufes doivent s'interpréter plutôt dans un fens qui leur donne quelqu'effet, que dans un fens qui ne leur en donneroit aucun. La réponfe eft, que cette regle a lieu lorfque la claufe eft également fufceptible des deux fens. Mais lorfqu'elle n'eft fufceptible que de celui qui n'a aucun effet, elle ne laiffe pas de devoir être entendue en ce fens, & elle eft cenfée avoir été appofée uniquement, *dubitationis tollendæ causâ* : or dans l'efpece propofée, la claufe que le locataire pourra fou-bailler la maifon à qui il lui plaira, ne peut s'entendre qu'en ce fens feul qu'il pourra la fou-bailler à telles perfonnes qu'il lui plaira, qui l'occuperont comme elle a coutume d'être occupée, & elle eft cenfée n'avoir été appofée que *dubitationis tollendæ causâ*, & pour affurer davantage au locataire le droit qu'il avoit de droit commun de fou-bailler à de telles perfonnes, fans que le locateur puiffe s'y oppofer; mais elle ne lui donne pas le droit

de la sou-bailler à d'autres qui l'exploi-
teroient autrement qu'elle n'a coutume
de l'être. L'obligation de ne pas faire servir la chose à d'autres usages qu'à ceux
auxquels elle est destinée , étant de la
nature du Contrat de louage , on ne
présume pas facilement que les parties y
aient dérogé.

Si le locateur avoit expressément permis au locataire d'une maison bourgeoise de la sou-bailler pour en faire un cabaret , il ne seroit pas censé lui avoir
pareillement permis de la sou-bailler pour
y établir une forge de Maréchal , *& vice
versâ*.

282. Le locataire ou fermier qui a soû-
baillé demeure toujours obligé envers le
ocateur.

283. Les baux portent quelquefois la
clause que le fermier ou locataire ne pour-
a pas soûbailler sans le consentement par
'crit du locateur ; cette clause ne s'exécute pas toujours à la rigueur, lorsque
e locataire qui a fait le soûbail avec cette
lause étant obligé de quitter la maison,
résente au Seigneur d'hôtel un sous-
ocataire *æquè idoneum*, c'est-à-dire, qui
st tel, qu'il est indifférent au Seigneur
'hôtel que ce soit lui, ou le principal
ocataire qui occupe la maison ; en ce
as, tout l'effet de la clause est que le

Seigneur d'hôtel peut reprendre sa maison, & faire prononcer le résiliment du bail, faute par le locataire d'exécuter la clause de ne point soûbailler sous laquelle il lui avoit été fait ; mais s'il ne veut pas reprendre le bail, il ne doit pas être écouté à empêcher l'exécution du soûbail, quoique fait contre la clause portée au bail, parce qu'il est sans intérêt pour l'empêcher ; & qu'il est de la nature des conventions *ut ex pacto consequamur id quod nostra interest ; non ut sine ullo nostro commodo, alteri tantum noceamus.*

C'est une suite du grand précepte de l'amour du prochain qui est le principe fondamental du Droit naturel ; il est évident qu'il nous oblige à consentir à toutes les choses qui, sans nous causer aucun préjudice, peuvent faire plaisir au prochain. L'usage de notre Châtelet d'Orleans est conforme à ce que nous venons de décider, & Denisar sur les mots *Bail à loyer*, atteste que c'est aussi celui du Châtelet de Paris. Il va plus loin, & il prétend que suivant l'usage du Châtelet de Paris, le locateur n'est admis à se plaindre de la contravention à la clause, & à demander en conséquence la résolution du bail que lorsque le locataire soûbaille la maison en entier, & non lorsque pour se décharger, il en soûbaille seulement une partie, ce qui doit s'entendre à moins que le bail ne portât expreſſément qu'il ne pourroit ſoûbailler la maiſon, *ni en tout ni en partie.*

284. La clauſe de ne point ſoûbailler une métairie doit être plus ſcrupuleuſement exécutée ; car il n'eſt pas également indifférent d'avoir un tel pour fermier, plutôt qu'un autre, comme il l'eſt à l'égard d'un locataire d'une maiſon : tous les fermiers ne cultivent pas également bien une terre ; néanmoins ſelon les circonſtances, *putà* ſi le fermier ne peut plus faire valoir la terre, & en préſente un bon à ſa place, le Seigneur de métairie doit nonobſtant la clauſe, le ſouffrir, ſi mieux il n'aime reprendre le bail.

285. Le droit du conducteur, ſuivant la définition que nous en avons donnée, n'eſt qu'un droit de créance perſonnelle qu'a le conducteur contre la perſonne du locateur, c'eſt ſeulement *jus ad rem*, c'eſt pourquoi, la tradition qui eſt faite de l'héritage au locataire ou fermier, non-ſeulement ne lui en transfere pas la propriété *non ſolet locatio dominium mutare*, *L.* 39. *ff. locat.* elle ne lui transfere aucun droit dans la choſe, & pas même la poſſeſſion de la choſe : elle continue d'appartenir au locateur.

286. De - là il ſuit que ſi le locateur apportoit quelque trouble à la jouiſſance

de son fermier ou locataire, celui-ci ne pourroit pas former contre lui la demande qu'on appelle en droit *interdictum uti possidetis*, & que nous appellons la complainte, comme le décide fort bien Bruneman *ad L.* 15. *Cod. de locat.* & les Auteurs par lui cités ; car cette action ne peut être formée que par un possesseur. Le fermier ou locataire n'a donc en ce cas que l'action personnelle qui naît du contrat de louage, *actionem conducti*, aux fins que le locateur soit tenu de remplir ses engagemens, & en conséquence de le laisser jouir sans trouble de la chose qu'il lui a louée, & condamné aux dommages & intérêts résultans du trouble qu'il lui a apporté.

287. Si c'est un étranger qui a apporté du trouble à la jouissance du locataire ou fermier, prétendant avoir la possession de la piece de terre dans la jouissance de laquelle il a troublé le fermier, ou y avoir quelque droit de servitude, ce fermier n'étant pas possesseur, ne pourra pas lui former la complainte ; il n'aura en ce cas que l'action personnelle contre son locateur pour qu'il soit tenu de l faire jouir sans trouble, & en conséquen ce de faire cesser celui qui lui est apport par cet étranger.

Si l'étranger qui a apporté du trou

ble ne prétend point avoir ni la poffeffion, ni aucun droit dans l'héritage, le
fermier a de fon chef action contre lui
actionem injuriarum, aux fins de défenfes,
& de dommages & intérêts, s'il a fouffert
quelque préjudice.

288. Des principes que nous venons
d'établir réfulte une différence très-grande
entre le droit d'un locataire ou fermier,
& celui d'un ufufruitier, d'un emphytéote,
&c. Le droit de ceux-ci eft un droit dans
la chofe, qu'ils confervent en quelque
main que paffe la chofe ; au contraire le
locataire ou fermier n'ayant aucun droit
dans l'héritage qui lui a été loué, fi le
locateur a vendu ou legué cet héritage à
quelqu'un fans le charger de l'entretien
du bail qu'il en a fait, cet acheteur, ce
légataire, ne feront point obligés de l'entretenir, à moins qu'ils ne l'euffent ap-
prouvé au moins tacitement : cela eft
conforme aux principes de droit, *empto-*
rem fundi neceffe non eft ftare colono cui
prior Dominus locavit, nifi eâ lege emit,
l. 9. cod. locat. la même chofe eft décidée
à l'égard du légataire en la Loi 32. *ff.*
d. tit. le fermier ou locataire n'a en ce
cas qu'une action contre le locateur ou
fes héritiers qui font tenus de fes dommages & intérêts réfultants de l'inexécution de l'obligation du locateur.

289. Non-seulement le nouveau propriétaire qui a succedé à titre singulier à l'héritage à celui qui en a fait le bail, sans être chargé du bail, peut expulser le locataire ou fermier; un usufruitier de l'héritage à qui celui qui a fait le bail a constitué un droit d'usufruit dans l'héritage sans le charger du bail, a le même droit. Paul en la Loi 59. *ff. de usufr.* le décide en termes formels *ad exemplum venditionis potest usufructuarius conductorem expellere*: la raison est que son droit d'usufruit étant un droit dans l'héritage même, qui consiste à en percevoir les fruits, il ne peut être empêché dans l'exercice de ce droit par le locataire ou fermier, qui n'a de sa part aucun droit dans l'héritage, mais seulement un droit contre le locateur résultant de l'obligation personnelle que ce locateur a contractée envers lui par le bail, & dont cet usufruitier qui n'a pas été chargé du bail, n'est pas tenu.

290. Si pendant le cours d'un bail fait à un premier locataire ou fermier; le bailleur passe un pareil bail à loyer ou à ferme à un second, il est évident que ce second ne peut expulser le premier, n'ayant pas plus de droit que lui.

Si le second bail étoit un bail à vie, le preneur par ce bail à vie, pourroit-il

expulser

expulser le fermier ? Cela dépend de sçavoir, si ce bail à vie doit être considéré
comme un simple bail à ferme ; en ce
cas, le preneur par ce bail ne pourroit
pas expulser le fermier, n'ayant pas plus
de droit que lui dans l'héritage ; c'est ce
qui paroît avoir été jugé par un Arrêt du
28. Juillet 1714. rapporté par Augeard :
si au contraire, ce bail à vie étoit considéré comme une constitution d'usufruit,
le preneur étant un usufruitier peut expulser le fermier ; c'est ce qui avoit été
jugé auparavant par un autre Arrêt cité
au même endroit : je crois cette seconde
opinion la plus véritable.

291. Quoique le bail à ferme de l'héritage ait été passé par acte devant Notaire,
& qu'en conséquence cet héritage se trouve hypothequé à l'obligation de faire jouir
le fermier, & aux dommages & intérêts
résultants de l'inéxécution de cette obligation, le nouvel acquéreur qui a acquis
l'héritage sans charge du bail n'en doit
pas moins être admis à expulser le fermier ;
sauf qu'après la discussion des biens du
bailleur pour le payement des dommages
& intérêts à laquelle le nouveau propriétaire peut renvoyer le fermier ; si le fermier n'en a pas été payé, le nouveau
ropriétaire doit les lui payer ou le laisser
ouir ; mais le nouveau propriétaire en of-

M

frant de les payer peut expulfer le fermier
qui ne peut lui oppofer la maxime : *quem
de eviĉtione tenet aĉtio eum agentem repellit
exceptio*, laquelle ne peut être oppofée
qu'à ceux qui font perfonnellement tenus
de la garantie, fuivant les principes établis en notre Traité du Contrat de vente,
n. 180.

Cette décifion a lieu quand même l'héritage auroit été par le bail, fpécialement
hypothequé à l'obligation d'entretenir le
bail : quelques Auteurs en ont fait difficulté ; mais il y a même raifon à l'égard
de l'hypotheque fpéciale qu'à l'égard de
l'hypotheque générale ; l'une & l'autre
ne donnent au conduĉteur que le droit
de fe venger fur l'héritage pour le payement des dommages & intérêts réfultants
de l'inexécution du bail, mais elles ne
peuvent obliger perfonnellement le fucceffeur à titre fingulier à entretenir le bail,
ni par conféquent le rendre non recevable
dans fa demande contre le conduĉteur
pour lui faire quitter l'occupation de l'héritage en offrant de lui payer au préalable
fes dommages & intérêts.

192. Le principe que le fuccefleur à titre
fingulier, n'eft pas tenu d'entretenir le
bail de l'héritage fait par fon auteur,
reçoit quelques exceptions ou limita-
tions.

La premiere eſt, lorſque ce ſucceſſeur a acquis du locateur l'héritage à la charge d'entretenir le bail : cette exception ſe trouve dans la Loi *Emptorem* ci-deſſus citée, où il eſt dit : *Emptorem neceſſe non eſt ſtare colono, niſi eâ lege emit :* on ne peut oppoſer contre la validité de cette convention la regle de droit *nec paciſcendo, nec legem dicendo, nec ſtipulando quiſquam alteri cavere poteſt, leg.* 73. §. *fin. de Reg. Jur.* car cette regle n'a lieu que lorſque je n'ai moi-même aucun intérêt à la choſe que je ſtipule pour un autre ; mais lorſque j'y ai intérêt, la convention eſt valable : *ſi ſtipuler alii, cum meâ intereſſet ait Marcellus ſtipulationem valere, l.* 38. §. 20. *ff. de verb. obl.* or le locateur qui vend ſon héritage a grand intérêt que l'acheteur entretienne le bail, puiſque ſans cela, il ſeroit tenu des dommages & intérêts du fermier ou locataire ; il peut donc valablement ſtipuler de l'acheteur l'entretien du bail, & l'acheteur s'oblige valablement par cette convention directement envers ſon vendeur, & indirectement envers le fermier ou locataire : cette obligation perſonnelle qu'il contracte d'entretenir le bail, le rend non recevable à demander que le fermier ou locataire quitte l'occupation de cet héritage.

M ij

293. Il en seroit autrement s'il étoit dit par le contrat de vente que le locateur lui a fait de l'héritage, qu'il s'oblige de l'acquitter des dommages & intérêts qui pourroient être prétendus contre lui par le fermier ou locataire en cas d'expulsion; l'acheteur en ce cas ne seroit point obligé à l'entretien du bail, il peut expulser le fermier ou locataire, en lui payant au préalable ses dommages & intérêts, tels qu'ils seront reglés.

Il en est de même lorsqu'il a acquis *à la charge de l'entretien du bail, ou d'acquitter le vendeur des dommages & intérêts résultants de son inexécution*; car l'obligation que l'acheteur a contractée, n'étant point une obligation précise d'entretenir le bail, mais une obligation alternative, ou de l'entretien du bail, ou des dommages & intérêts résultants de l'inexécution; il a le choix d'offrir les dommages & intérêts.

Lorsque par le contrat de vente, il est dit que le vendeur cede à l'acquéreur les droits des baux à loyer ou à ferme des héritages vendus, je pense qu'il est censé, en lui cédant ses droits résultants des baux, le charger aussi des obligations qui en résultent: l'acquéreur, en acceptant cette cession, est censé acquérir les droits du bailleur, tels que les avoit le bailleur,

& par conféquent les obligations du bail qui y étoient jointes : j'ai vu néanmoins un Jurifconfulte en faire difficulté.

294. La feconde exception que fouffre notre principe concerne celui qui a acquis du fifc quelqu'héritage : quoiqu'il ne foit fucceffeur qu'à titre fingulier, & qu'il n'ait pas été chargé expreffément par le contrat de vente de l'entretien du bail de l'héritage fait par le fifc, il eft néan-moins tenu de l'entretenir; & la claufe d'entretenir, quoique non exprimée par le contrat de vente, y doit être fous-entendue, c'eft un des privileges du fifc, *ne fifcus colono teneretur, l. fin. ff. de jure fifci.* Automne fur cette Loi attefte qu'elle a été adoptée en France, & il cite une Sentence de la Chambre du Thréfor de 1587. qui a jugé conformément à cette Loi. Bacquet, Traité des Droits de Juft. XVII. cite auffi une Sentence du Thréfor de 1586. Mafuer, Tit. du Louage, *n.* 41. *in fin.* en fait une maxime.

Defpeiffes étend ce privilege à ceux qui ont acquis à titre fingulier de l'Eglife; mais il ne cite aucunes authorités pour fon opinion, fi ce n'eft celles de quelques Docteurs étrangers.

295 Les Arrêts paroiffent avoir établi une autre exception dans le cas des ventes faites fous faculté de rachat dans un temps

court. Il y a un Arrêt du 16. Février 1662. qui a maintenu un locataire dans la jouissance d'une maison contre un particulier qui l'avoit achetée sous faculté de rachat pendant cinq ans; & il y a deux autres Arrêts semblables cités dans les moyens des parties. Ces Arrêts me paroissent souffrir beaucoup de difficulté, même dans les Coutumes où ces ventes sont censées renfermer un engagement de l'héritage plutôt qu'une aliénation; car l'acheteur acquiert un droit dans la chose qui lui donne le droit d'en jouir, & par conséquent celui d'expulser le fermier envers qui il n'a contracté aucune obligation. Dans notre Coutume d'Orleans, où suivant l'art. 13. ces ventes sont censées renfermer une véritable aliénation; on peut encore moins refuser à l'acheteur le droit d'expulser le fermier, s'il n'a pas été chargé de l'entretien du bail.

296. Notre principe me paroît devoir souffrir une quatriéme exception, à l'égard de celui qui a acquis un héritage du locateur à titre de donation entre-vifs, quoiqu'on ait omis par la donation de le charger de l'entretien du bail fait par le donateur; je crois que la reconnoissance qu'il lui doit, l'oblige à l'entretenir pour ne pas l'exposer au recours du

locataire ou fermier qui lui en demande-
roit la garantie.

Si fuivant les difpofitions des Coutumes de Paris & d'Orleans, l'amitié
& la protection qu'un Seigneur de fief
doit à fon vaffal l'oblige, lorfqu'il jouit
du fief de fon vaffal par droit de faifie
féodale ou de rachat, à entretenir le bail
fait par fon vaffal, pour ne pas l'expofer
au recours de garantie ; à plus forte raifon
la reconnoiffance qu'un donataire doit à
fon donateur, l'y doit obliger. Arrêt du
29 Novembre 1596, rapporté par Chopin
fur Paris, *liv.* 2. *tit.* 2. *n.* 20. contre un
fils donataire de la maifon que fon pere
avoit louée.

Ceft fur une femblable raifon que quelques Auteurs (Renuffon, *Tr. du Douaire*
XIV. 27. Denifar fur le mot *Bail à loyer, &c.*)
décident que la douairiere, quoiqu'elle
ait renoncé à la communauté, doit entretenir les baux des hétitages fujets à fon
douaire que fon mari a fait ; car quoiqu'en rigueur de droit, elle ne foit pas
plus tenue de l'entretien de ces baux que
des autres dettes de la communauté à laquelle elle a renoncé ; on peut néanmoins
foutenir qu'elle doit aux héritiers de fon
mari, qui font fes alliés, ces égards de
leur éviter les dommages & intérêts dont

M iv

ils feroient tenus envers les fermiers & locataires, fi elle n'entretenoit pas les baux.

Contrd vice versá, les propriétaires ne font pas tenus après la mort de la douairiere d'entretenir les baux faits par la douairiere.

297. Notre principe fouffre une cinquiéme limitation qui eft que le fucceffeur à titre fingulier qui n'a pas été chargé de l'entretien du bail, doit au moins laiffer jouir le fermier ou locataire pendant l'année courante en fe contentant de la ferme ou loyer, & ne pas l'expulfer en fur-terme. D'où, dira-t-on, peut naître cette obligation du fucceffeur? Il n'y peut être obligé ni du chef de fon auteur, puifqu'il ne fuccede pas à fes obligations, ni de fon chef, puifqu'il n'eft intervenu aucun contrat entre lui & le fermier ou locataire, dont il puiffe réfulter une obligation; la réponfe eft que toutes les obligations ne naiffent pas des contrats, il y en a qui font formées par la feule équité naturelle, comme nous l'avons établi en notre Traité des Obligations, & par la loi de la charité que les hommes doivent avoir les uns pour les autres, laquelle ne permet pas qu'en ufant à la rigueur de tout notre droit, nous caufions à un autre homme un grand préjudice que nous

pouvons lui éviter *fine noftro magno difpen-dio*; c'eſt en conſéquence de cette Loi d'é-quité & de charité qu'un nouveau proprié-taire ne dòit pas déloger en fur-terme un fermier ou locataire, lorſqu'il n'a pas un be-foin preſſant de la maifon pour lui-même.

298. Si le fucceſſeur à titre fingulier n'eſt pas obligé d'entretenir le bail ; le fermier ou locataire n'eſt pas de fon côté obligé envers lui de l'entretenir : car de mêmé que ce fucceſſeur ne fuccede pas aux obligations réſultantes du bail dont il n'a pas été chargé, il ne doit pas de même fuccéder aux droits réſultants de l'obli-gation contractée par le fermier, ſi fon auteur ne les lui a pas cédé ; cela eſt dé-cidé par la Loi 32. *ff. locat.* où il eſt dit : *Qui fundum in plures annos locaverat de-ceſſit & fundum legavit. Caſſius negavit poſſe cogi colonum ut fundum coleret ; quia nihil heredis intereſſet*: c'eſt l'avis de Bru-neman *ad d. L.* qui cite pluſieurs bons Auteurs pour fon fentiment. Defpeiſſes eſt d'avis contraire; mais il n'appuye fon fentiment ni d'aucune bonne raifon, ni d'aucune autorité ; il prétend que la Loi 32. ci-deſſus citée, dit feulement que le fermier n'eſt pas obligé envers l'héri-tier, & qu'elle ne dit pas qu'il ne le foit pas envers le légataire. Je répons que la Loi ne dit pas, *Caſſius negavit poſſe cogi*

M v

colonum ab herede ; mais elle dit générale-
lement & indistinctement *negavit posse*
cogi colonum ce qui renferme tant le légataire que l'héritier ; il est vrai que le
Jurisconsulte ne rend raison de sa décision que par rapport à l'héritier du locateur, parce que c'étoit vis-à-vis de lui
qu'il y avoit plus de raison de douter,
puisqu'en sa qualité d'héritier, il succede
en tous les droits du défunt , & par conséquent aux droits résultants du bail : s'il
n'en rend pas de raison par rapport au
légataire, c'est parce que le Jurisconsulte
a pensé que sa décision ne pouvoit souffrir de difficulté vis-à-vis du légataire
qui ne peut avoir d'action contre le fermier, ni du chef du défunt, s'il ne lui
a pas cedé ses droits, ni de son chef,
puisque le fermier n'a contracté aucune
obligation envers lui.

299. Lorsque celui à qui j'ai succédé à
titre singulier à un héritage, m'a chargé de
l'entretien du bail , soit par une clause
expresse , soit par une clause sous-enten-
due, comme dans les acquisitions qu'on
fait du fisc , il est censé en me chargeant
de l'entretien du bail, m'en avoir aussi
cédé tous les droits & actions , & de
même que je suis obligé envers le locataire ou fermier à l'entretien du bail, le
locataire ou fermier y est aussi obligé envers moi.

Il en eſt de même, quoique la clauſe par laquelle il eſt dit qu'on charge l'acquéreur de l'entretien des baux porte l'alternative, ſi mieux n'aime s'arranger pour les dommages & intérêts & en acquitter le vendeur; car le vendeur en le chargeant de l'entretien du bail, quoique ſous cette alternative, eſt cenſé lui en avoir cédé les droits & actions, s'il vouloit l'entretenir.

Il en feroit autrement, s'il n'étoit pas chargé de l'entretien du bail, mais ſeulement d'acquitter le vendeur des dommages & intérêts réſultans de l'inéxécution des baux : n'y ayant en ce cas rien qui puiſſe paroître renfermer une ceſſion des baux, le ſucceſſeur qui voudroit entretenir les baux ne pourroit pas y obliger les fermiers & locataires qui ne le voudroient pas : mais en ce cas, ces fermiers & locataires ne pourroient pas prétendre de dommages & intérêts.

300. Le ſucceſſeur à titre ſingulier qui n'a pas été obligé par ſon contrat d'acquiſition à l'entretien du bail, peut par la ſuite s'y obliger par une convention avec le locataire ou fermier.

On demande ſi cette convention peut s'inférer de ce que ce ſucceſſeur, depuis ſon acquiſition a laiſſé jouir pendant une année ou deux le locataire ou fermier, & en a reçu les loyers ou fermes fans proteftation. Defpeiffes affure qu'on en doit inférer une approbation du bail pour tout ce qui en refte à courir , & il n'en fait pas de queftion. Caroccius eft d'avis contraire , & fon avis me paroit préférable. Le fucceffeur en laiffant jouir le locataire ou fermier eft bien cenfé avoir confenti qu'il jouît de l'héritage aux mêmes conditions que celles portées par le bail de fon auteur pendant le temps que dure une tacite reconduction ; mais je ne vois pas qu'il y ait néceffité d'inférer qu'il ait confenti qu'il en jouît pendant tout le temps qui refte à courir de ce bail : je ne vois pas non plus que le défaut de proteftation dans les quittances qu'il a données doive le faire décheoir du droit qu'il avoir d'expulfer le fermier : On n'eft pas cenfé avoir voulu renoncer à un droit faute d'avoir protefté qu'on entendoit le conferver. Il y a un Arrêt du 5 Mai 1714 , au 5me. Tom. du Journal pour cette opinion.

301. Le fucceffeur à titre fingulier, qui n'ayant pas été chargé par fon contrat d'acquifition de l'entretien du bail , en eft depuis convenu avec le fermier ; a-t-il les droits d'hypotheques fur les biens du fermier réfultans de ce bail ? Je ne le crois pas ; car cette convention eft

un nouveau bail qu'il a fait à ce fermier pour le temps qui reſtoit à courir de celui fait par ſon auteur ; ſon auteur ne lui ayant pas cédé ſes droits réſultans de ce bail, il me paroit qu'il ne peut prétendre les droits d'hypoteque qui en faiſoient partie.

302. Si un nouveau propriétaire qui a ſuccédé à titre ſingulier au locateur ; quoiqu'il tienne ſon droit du locateur, n'eſt pas obligé à l'entretien du bail, ni le fermier ou locataire envers lui ; à plus forte raiſon un propriétaire qui ne tient pas ſon droit du locateur, n'en doit pas être tenu, & le fermier ou locataire ne doit pas être obligé envers lui.

Suivant ce principe, ſi un propriétaire grevé de ſubſtitution a fait un bail à ferme ou à loyer d'un héritage , & que pendant le cours du bail il y ait ouverture à la ſubſtitution, le ſubſtitué nouveau propriétaire ne ſera point tenu de l'entretenir pour les années qui en reſtent à courir , & le fermier n'en ſera point tenu envers lui.

303. Suivant le même principe, le ſucceſſeur à un bénéfice n'eſt pas obligé à l'entretien des baux des biens du bénéfice faits par ſon prédéceſſeur, & le fermier n'en eſt pas tenu envers lui. Néanmoins lorſqu'il lui ſuccede à titre de réſignation en

fa faveur, la reconnoiffance qu'il doit au réfignant doit l'obliger à les entretenir, pour ne pas expofer le réfignant fon bienfaiteur au recours en garantie qu'auroient contre lui les fermiers, en cas d'inexécution de leurs baux.

Quoique cette raifon de reconnoiffance ne milite pas à l'égard des réfignataires par permutation, néanmoins l'opinion commune eft que ces réfignataires doivent entretenir les baux faits par leur réfignant. Voyez l'Auteur des Loix Eccléfiaftiques, *part.* 4. *ch.* 4. *n.* 2. & les Auteurs cités par Brodeau fur Louet, *L. S. ch.* 11. *n.* 3.

L'économe établi pour la perception des revenus des bénéfices confiftoriaux pendant leur vacance, ne peut pas non plus expulfer les fermiers. *Voyez* les Auteurs cités par Denifart.

304. Il fembleroit fuivre auffi de notre principe que le Seigneur qui a faifi féodalement le fief de fon vaffal, n'eft point tenu d'entretenir le bail fait par fon vaffal ; car ce Seigneur a le droit d'en percevoir les fruits, il en eft réputé comme propriétaire tant que la faifie dure, & il ne tient pas fon droit de fon vaffal : néanmoins les Coutumes de Paris & d'Orleans l'obligent à entretenir le bail, lorfqu'il eft fait fans fraude. La raifon eft

tirée de l'amitié & protection qu'un Seigneur doit à son vassal, qui l'obligent à avoir pour lui des égards, & à lui épargner les recours en garantie du fermier ou locataire, auquel donneroit lieu l'inexécution du bail.

Cette raison cesse lorsque c'est pour cause de désaveu ou de félonie que le Seigneur a confisqué le fief de son vassal ; ne lui devant en ce cas aucuns égards, il n'est pas obligé d'entretenir les baux qu'il a faits.

305. Suivant le même principe, lorsque des créanciers ont saisi réellement l'héritage de leur débiteur à s'en tenir à la rigueur de ce principe, le Commissaire établi à la saisie ne devroit pas être tenu d'entretenir le bail de l'héritage fait avant la saisie par le débiteur saisi : néanmoins lorsqu'il a été fait sans fraude, sans deniers d'entrée considérables, & que la ferme ou loyer est en argent, le fermier ou locataire est reçu à se conserver la jouissance de l'héritage, en demandant la conversion de son bail en bail judiciaire, au même prix & aux mêmes conditions, sauf qu'il devient par cette conversion sujet à la contrainte par corps. Voyez notre *Introduction au titre des Criées* de la Coutume d'Orleans, *n.* 52.

306. La femme après la dissolution du

mariage eſt tenue d'entretenir les baux à
ferme ou à loyer de ſes héritages propres faits par ſon mari. La Coutume de
Paris, *art.* 224. en a une diſpoſition; la
raiſon eſt que le mari n'eſt pas un ſimple
uſufruitier des biens de ſa femme, mais
il eſt le légitime adminiſtrateur de la perſonne & des biens de ſa femme, & c'eſt
en cette qualité qu'il eſt cenſé faire les
baux; d'où il ſuit que la femme eſt cenſée les faire elle même par le miniſtere
de ſon mari, *& ejus organo*, & qu'elle
eſt conſéquemment tenue de les entretenir de la même maniere qu'un mineur eſt
tenu d'entretenir ceux faits par ſon tuteur, comme étant cenſé les avoir faits
lui-même par ſon miniſtere. Voyez notre
Traité des obligations, *n.* 74.

307. Lorſqu'un homme a abandonné
la poſſeſſion de ſes biens à ſes créanciers,
& qu'après ſes dettes acquittées il rentre
en poſſeſſion, il doit entretenir les baux
faits par le ſequeſtre prépoſé par ſes
créanciers; car comme c'étoit pour lui
& en ſon lieu que ſes créanciers & le
ſequeſtre par eux prépoſé en jouiſſoient
& les adminiſtroient, il eſt cenſé avoir
fait lui-même ces baux par le miniſtere
de ce ſequeſtre. C'eſt l'avis de Deſpeiſ-
ſes, *T. du louage, ſect.* 5. *n.* 2. & des
Auteurs par lui cités.

✕✕✕✕✕✕✕ :✕: ✕✕✕✕✕✕✕

CINQUIEME PARTIE.

De la résolution du bail à loyer ou à ferme.

IL y a des résolutions des baux à loyer ou à ferme qui se font de plein droit ; il y en a qui ne se font pas de plein droit.

SECTION PREMIERE.

Des résolutions du bail à loyer ou à ferme qui se font de plein droit.

Le bail à ferme ou à loyer se résout de plein droit ou par l'expiration du temps pour lequel il a été fait , ou même en plusieurs cas avant l'expiration de ce temps.

ARTICLE PREMIER.

De la résolution du bail par l'expiration du temps pour lequel il est fait.

308. Le bail à ferme ou à loyer finit & se résout par l'expiration du temps pour lequel il est fait. Ce qui ne doit pas

s'entendre pour le temps paffé ; car l'expiration du temps du bail ne libere pas les parties des obligations qu'elles ont contractées par le bail, fi elles ne les ont pas encore acquittées ; mais pour le temps à venir, en ce fens que le locateur n'eft pas obligé d'accorder plus long-temps la jouiffance ou l'ufage de fa chofe au locataire, qui ne peut prétendre aucune préférence fur les autres perfonnes qui fe préfenteroient pour la prendre à loyer ; & que *vice versâ* le locataire ne peut être obligé à continuer le bail.

On trouve une exception à cette regle dans le Droit Romain à l'égard des fermiers des impôts, lefquels lorfqu'ils avoient beaucoup gagné pendant le bail qui étoit fini, pouvoient être contraints à le continuer, s'il ne fe préfentoit pas d'autres perfonnes qui vouluffent prendre la ferme aux mêmes conditions, *L.* 11. §. 5. *ff. de public.*

La Loi 4. *Cod. de locat. præd. civit.* contient une autre exception : elle accorde une préférence aux fermiers des terres appartenantes aux Villes après l'expiration du temps de leur bail, pour les avoir aux mêmes conditions.

Ces exceptions ne font pas admifes parmi nous.

Ce n'eft pas une exception à notre

regle, que lorſque le fermier ou locataire d'un héritage depuis l'expiration du bail a continué de jouir, ſans en être empêché par le locateur, le locateur eſt obligé de le laiſſer jouir pendant le temps de la réconduction, & *vice verſá* il eſt obligé de continuer le bail pendant ce temps ; car ces obligations reſpectives ne naiſſent pas du bail dont le temps eſt expiré, mais d'un nouveau bail tacite qu'on préſume être intervenu entre les parties, & qui s'appelle tacite réconduction, dont nous traiterons au Chapitre ſuivant.

ARTICLE II.

Des cas auxquels le bail ſe réſout de plein droit avant l'expiration du temps.

§. I.

Premier cas.

309. Le bail ſe ſe réſout avant l'expiration du temps ſans le conſentement des parties, par l'extinction de la choſe qui a été louée arrivée par cas fortuit, comme ſi la maiſon que je tenois à loyer a été incendiée par le feu du ciel.

Mais ſi c'étoit par la ſeule faute du locataire, il ne ſeroit pas libéré.

§. I I.

Second cas.

310. Le bail se résout aussi de plein droit avant l'expiration du temps, lorsque le fermier ou locataire a succédé au locateur, soit à la propriété, soit seulement à l'usufruit de l'héritage qu'il tenoit à ferme ou à loyer de lui ; car on ne peut être fermier de sa propre chose ni d'une chose dont on a l'usufruit, comme nous l'avons vu *suprà.*

C'est pourquoi si le locateur a légué à son fermier l'usufruit de l'héritage qu'il tenoit de lui à ferme, il est évident que ce fermier ne devra pas la ferme pour la recolte qu'il aura faite depuis sa demande en saisissement de legs, ni celles des années suivantes ; car ces recoltes lui appartiennent : il ne les a pas faites comme fermier, mais comme usufruitier.

311. Est-il fondé de prétendre en outre contre l'héritier du locateur la restitution des impenses qu'il a faites pour faire venir les fruits ? La Loi 34. §. 1. *ff. de usufr.* décide qu'il y est fondé : *Si colono tuo usumfructum fundi legaveris, usumfructum vindicabit, & cum herede tuo aget ex conducto, ut neque mercedes præstet, & impensas*

quas in culturam fecerat recipiat. La raison
eſt que n'ayant pas eu la recolte en vertu
du bail à ferme qui lui a été fait , il n'é-
toit pas tenu des impenſes qu'il a faites
pour parvenir à cette recolte ; en les faiſant *locatoris negotia gerebat exiſtimans
gerere ſuum* ; & il en doit par conſéquent
avoir la répétition. On oppoſera que les
impenſes qui ſe font pour faire venir les
fruits ſont une charge des fruits ; que devant les recueillir comme légataire de
l'uſufruit de l'héritage , il eſt tenu des
impenſes qu'il a faites pour les faire venir. La réponſe eſt que l'uſufruitier n'eſt
tenu de ces impenſes que depuis que ſon
uſufruit a commencé, *ex quo dies legati
uſusfructus ceſſit*, & non de celles faites
auparavant ; car on lui a légué l'uſufruit
& la joüiſſance de l'héritage en l'état que
s'eſt trouvé l'héritage, *cum dies legati ceſſit.*

§. I I I.

Troiſieme cas.

312. Lorſque le locateur a donné à bail un
héritage en une qualité qui ne lui donnoit
qu'un droit réſoluble de jouir , le bail ſe
réſout avant l'expiration du temps par
la réſolution de ſon droit ſurvenue ſans
ſon fait.

Par exemple, fi un ufufruitier, fi un bénéficier en fa qualité d'ufufruitier ou de bénéficier ; fi un propriétaire grévé de fubftitution, en fa qualité de grévé de fubftitution, ont fait un bail d'une maifon ou d'une métairie, & que cet ufufruitier ou bénéficier vienne à mourir pendant le cours du bail, ou que la fubftitution vienne à s'ouvrir, le bail fera réfolu de plein droit par la réfolution du droit du locateur. *L.* 9. §. 1. *ff. locat.*

Le locataire ayant connu la qualité du locateur, n'a contracté avec lui qu'en cette qualité, il fçavoit que l'ufufruitier n'avoit le droit de-jouir de l'héritage, ni par conféc ent d'en accorder la jouiffance à un autre que pendant fa vie; pareillement que le grévé n'avoit droit d'en jouir que jufqu'à l'ouverture de la fubftitution; il eft donc cenfé n'avoir entendu l'affermer que pendant ce temps. Il y a une raifon de plus à l'égard du bail fait par un ufufruitier en fa qualité d'ufufruitier, qui eft que c'eft fon droit d'ufufruitier qu'il eft cenfé louer, plutôt que l'héritage qui ne lui appartient pas ; c'eft pourquoi fon droit qui étoit le fujet du bail ne fubfiftant plus, le bail ne peut plus fubfifter, *non magis quam infulá exuftá teneiur locator. D. L.* 9. §.

313. Mais fi la réfolution du droit du lo-

cateur arrivoit par fon fait, comme il ne peut pas par fon fait rompre fes engagemens, il ne feroit pas libéré : c'est pourquoi quoique la mort du bénéficier opere la réfolution des baux qu'il a faits, la réfignation du bénéfice ne l'opere pas ; car le bénéficier n'a pas pu par fon fait, en réfignant fon bénéfice, rompre fes engagemens. Le réfignant demeure donc toujours obligé envers le locataire à le faire jouir du bail pour le temps qu'il en refte à expirer.

Sur la queftion, fi le réfignataire eft tenu de tenir le bail, voyez *fuprà n.* 303.

Pareillement lorfqu'un ufufruitier a fait un bail en qualité d'ufufruitier, fi ce n'eft pas par la mort, mais par fon fait que l'ufufruit a été éteint, *putà* par la remife qu'il en a faite au propriétaire, il demeure obligé à faire jouir le locataire ou fermier pendant tout le temps du bail. Le propriétaire, à qui l'ufufruit a été remis, doit l'entretenir, fi la remife lui a été faite à titre gratuit, parce qu'il doit reconnoiffance à l'ancien ufufruitier, qui a intérêt qu'il foit entretenu. Si la remife a été faite à titre onéreux, il n'y eft pas obligé.

314. Le propriétaire à qui l'ufufruit eft tourné, & le fucceffeur au bénéfice, quand même ils auroient les droits cé-

dés des héritiers de l'usufruitier ou du bénéficier, ne peuvent obliger le locataire ou fermier à entretenir le bail pour les années restantes du temps porté par le bail, de même que le locataire ne peut les y obliger ; c'est ce qui a été jugé par un Arrêt du 19 Juillet 1669, rapporté par Soefve, 11. 4. 38. & c'est une suite de notre principe, que le bail fait en leur qualité d'usufruitier ou de bénéficier est censé n'être fait que pour le temps que devoit durer leur droit ; car n'étant fait que pour ce temps, il ne leur reste plus après l'expiration de ce temps aucun droit qu'ils aient pu céder.

315. Quoique le bail soit résolu par la mort de l'usufruitier ou du bénéficier, néanmoins le fermier ou locataire doit jouir pendant l'année qui étoit commencée lors de cette mort, à la charge d'en payer la ferme ou le loyer sur le pied du bail; & par la même raison, il peut être contraint par le successeur de continuer l'exploitation pendant l'année commencée.

Si depuis l'expiration de l'année commencée, le locataire ou fermier a recommencé une nouvelle année de jouissance, sans en être empêché par le successeur au bénéfice ou à l'usufruit; cette nouvelle jouissance est censée être une tacite réconduction, qui ne doit durer que

que pendant le temps que durent les tacites réconductions, pour le prix & aux
conditions du dernier bail qui a été réfolu par la mort de l'ufufruitier ou bénéficier. *Voy.* au cinquiéme Tome du Journal un Arrêt du cinq Mai 1714.

316. Lorfque l'ufufruitier ou le bénéficier
ont fait le bail non en leur qualité d'u-
fufruitier ou de bénéficier, mais comme d'un héritage à eux appartenant ; &
pareillement lorfque le propriétaire grévé de fubftitution ne s'eft point annoncé
par le bail comme grévé de fubftitution,
le bail n'eft pas réfolu par leur mort,
ni par l'ouverture de la fubftitution ; &
quoique le fuccefteur au bénéfice ou le
propriétaire à qui l'ufufruit eft retourné,
ni les fubftitués, ne foient pas obligés
de l'entretenir, & qu'ils puiffent expulfer
le locataire ou fermier, parce qu'ils ne
fuccedent pas aux obligations de celui
qui lui a fait le bail ; les héritiers de celui
qui lui a fait le bail, qui fuccedent à fes
obligations, fuccedent à celle de faire
jouir le locataire ou fermier, & ils font
en conféquence tenus de fes dommages
& intérêts, s'il eft expulfé, *l.* 9. §. 1.
ff. locat.

Par la même raifon, *vice verſâ* le fermier ou locataire doit, nonobftant la
mort du bailleur, continuer d'être obligé

à l'entretien du bail ; & le fucceffeur au bénéfice, ou le propriétaire à qui l'ufu-fruit eft retourné ou le fubftitué, en fe faifant céder les droits du bail par les héritiers de l'ufufruitier ou du bénéficier, s'ils veulent bien les céder, peuvent obli-ger le fermier ou locataire à la continua-tion du bail.

. Ce que nous avons dit des baux faits par un ufufruitier, ne doit pas s'appli-quer à ceux qu'un mari a fait des héri-tages propres de fa femme. *Voyez* la rai-fon de différence *fuprà*, *n.* 304.

§. I V.

Si le Bail fe réfout par la mort de l'une des parties.

317. Le bail ne fe refout pas par la mort de l'une des parties, mais felon le principe commun à tous les contrats, les droits & les obligations qui réfultent du bail paffent en la perfonne de fes héritiers, ou de fa fucceffion vacante.

. Ce principe reçoit exception lorfque le locateur a fait le bail en la qualité qu'il avoit d'ufufruitier de la chofe ; car en ce cas, le bail fe réfout par la mort du lo-cateur, comme nous l'avons vu *fuprà*.

Il reçoit une feconde exception, dans

le cas auquel il n'eſt pas fait pour un temps déterminé, mais pour auſſi long-temps qu'il plaira au locateur : un tel bail finit par la mort du locateur. *Locatio precativè ita faɕta quoad is qui locaſſet vellet, morte ejus qui locavit tollitur.* L. 4. ff. locat. Par la même raiſon, ſi le bail étoit fait pour tant qu'il plairoit au conduɕteur d'en jouir ; on devroit dire qu'il finiroit par la mort du conduɕteur.

Mais en l'un & l'autre cas, je penſe que le conduɕteur ou ſes héritiers doivent achever l'année commencée.

SECTION II.

Des réſolutions des Baux à ferme ou à loyer qui ne ſe font pas de plein droit.

Il y a des réſolutions des baux à ferme ou à loyer qui ne ſe font pas de plein droit ; mais qui peuvent être demandées, ſoit par le locateur, ſoit par le locataire. Nous rapporterons dans un premier article les cauſes pour leſquelles cette réſolution peut être demandée, ſoit par le locateur, ſoit par le locataire. Nous traiterons dans un ſecond, du droit qu'a le propriétaire d'une maiſon de demander la réſolution du bail qu'il en a fait pour l'avenir, lorſqu'il veut l'occuper.

ARTICLE PREMIER.

Des causes pour lesquelles la résolution d'un bail à ferme ou à loyer peut être demandée.

§. I.

Des causes pour lesquelles elle peut être demandée par le locateur.

318. La premiere cause pour laquelle le locateur peut demander la résolution du bail, & expulser le locataire est, lorsque le locataire d'une maison n'a pas dans la maison des meubles en quantité suffisante pour répondre des loyers. Sur la quantité de meubles qu'il doit avoir, il faut suivre les usages des différents lieux: notre Coutume d'Orleans, *art.* 417. exige qu'il en ait dequoi répondre de deux termes à écheoir.

Ce seroit aussi une cause d'expulser le fermier d'une métairie, s'il n'avoit pas les meubles & bestiaux nécessaires pour la faire valoir; mais il n'est pas obligé d'avoir des meubles dequoi répondre de deux termes à écheoir; le Seigneur de métairie ayant sa sureté dans les fruits.

319. La Loi 3. *cod. loc.* connue sous le nom de Loi Æde, rapporte trois autres causes

pour lesquelles le locateur peut résoudre le bail, & faire déloger le locataire malgré lui avant l'expiration du temps ; *si propriis usibus Dominus necessariam esse probaverit, aut corrigere domum maluerit, aut si conductrix malè in re versetur.*

La premiere de ces trois causes méritant une explication étendue, nous en traiterons séparément dans l'article suivant : les deux dernieres causes n'ont pas besoin d'une grande explication.

320. Lorsque la maison qui a été louée menace ruine, le propriétaire qui a intérêt d'en prévenir la ruine pour conserver les matériaux, peut, pour la rebâtir, donner congé au locataire avant l'expiration du temps, quand même il seroit assez imprudent pour y vouloir demeurer.

Si le locataire disconvenoit de la nécessité de rebâtir la maison, le locateur devroit la constater par une visite. *Voyez* ce que nous en avons dit dans les Sections précédentes. Au reste, il ne peut être contraint de déloger, que lorsqu'il faut abattre toute la maison : s'il y en a quelque partie à laquelle on ne touche point, dans laquelle le locataire veuille rester, on ne peut l'en empêcher.

321. Le locataire peut-il s'opposer à la résolution du bail en offrant de sortir de la maison, à la charge d'y rentrer, lors-

qu'elle aura été reconstruite? Bruneman *ad d. l. cod. locat.* estime que ces offres du locataire doivent être admises : je pense que cette décision ne doit avoir lieu que lorsque le propriétaire entend rebâtir sa maison telle qu'elle étoit ; mais si étant obligé de la reconstruire, il veut bâtir une maison plus vaste ou plus belle, dont le loyer par conséquent devra être plus cher ; je pense que la résolution du bail pour l'avenir doit être en ce cas prononcée, sans qu'on doive en ce cas accorder au locataire la faculté de rentrer en la maison après qu'elle aura été reconstruite.

322. C'est pareillement une raison de donner congé au locataire avant l'expiration du bail, lorsqu'il ne jouit pas de la maison comme il doit en jouir ; s'il la dégrade & la détériore; s'il en fait un bordel: si d'une maison bourgeoise, il en fait un cabaret, un berlant, une forge, &c. bien loin que le locateur lui doive en ce cas des dommages & intérêts, c'est le locataire qui lui en doit.

323. L'une ou l'autre de ces deux causes donnent lieu à l'expulsion du locataire, quand même il y auroit une clause par le bail que le locateur ne pourroit l'expulser pour quelque cause que ce soit : il est évident que cette clause ne peut avoir

aucune application à la premiere de ces
deux caufes qui eft le cas auquel il eft
néceffaire de rebâtir la maifon qui menace ruine ; car cette néceffité de la rebâtir
pour en prévenir la ruine imminente, rend
le délogement du locataire néceffaire, &
la continuation de fa jouiffance impoffible ;
or le locateur ne peut par quelque claufe
que ce foit s'obliger à l'impoffible, *im-
poffibilium nulla obligatio eft*, *l.* 185. *ff. de
R. Jur.* Il ne peut donc en ce cas être obligé
par cette claufe à continuer de faire jouir
le locataire.

Cette claufe ne peut pas plus s'appliquer à l'autre caufe d'expulfion qui eft
le cas auquel le locataire méfufe de la
maifon qui lui a été louée ; car c'eft une
regle en fait de contrats fynallagmatiques,
que lorfqu'une des parties contrevient à
fes obligations, elle n'eft pas recevable
à demander que l'autre partie fatisfaffe
aux fiennes ; le locataire qui ne remplit pas
fes obligations en n'ufant pas comme il
le doit de la maifon qui lui a été louée,
ne doit pas en vertu de quelque claufe
que ce foit, demander que le locateur
lui continue la jouiffance dont il méfufe.

324. Le locataire qui eft expulfé en l'un
ou l'autre de ces deux cas, ne peut prétendre aucun dédommagement, quand

N iv

même il y auroit une claufe expreffe portée par le bail, que le locataire au cas qu'il fût contraint de déloger, feroit dédommagé de la fomme de tant : cette claufe de dédommagement ne pouvant avoir d'application qu'au cas auquel ce feroit par le fait du locateur, ou par quelque fait dont le locateur fût garant, que le locataire feroit obligé de déloger ; & non pas au cas auquel ce feroit une néceffité dont le locateur ne peut être garant, ni encore moins auquel ce feroit par fon propre fait que le locataire auroit été contraint de déloger.

Néanmoins s'il étoit dit expreffément que le locataire feroit dédommagé de la fomme de tant, dans le cas où il feroit néceffaire de rebâtir la maifon avant l'expiration du bail, la claufe n'ayant rien d'illicite devroit être exécutée.

§. II.

De quelques caufes pour lefquelles le locataire peut demander la réfolution du bail.

325. Le locataire peut demander la réfolution du bail, lorfque la maifon devient inhabitable faute de réparations, & que le locateur a été mis en demeure de les faire faire,

C'eſt auſſi une cauſe pour laquelle un locataire eſt fondé à demander la réſolution du bail, lorſqu'un voiſin, en élevant ſa maiſon, lui a ôté le jour dont il avoit beſoin ; *ſi vicino ædificante obſcurentur lumina cænaculi, quin liceat inquilino relinquere conductionem nulla dubitatio eſt. L. 25. §. 2. ff. locat.*

Quoique l'élevation de la maiſon l'ait privé d'une partie du jour qu'il avoit auparavant, s'il lui en reſte encore ſuffiſamment, il ne ſera pas fondé à demander la réſolution du bail : cela doit s'eſtimer *arbitrio boni viri* ; on doit avoir égard à la profeſſion qu'exerce le locataire ; s'il exerce un métier pour l'exercice duquel il faille beaucoup de jour, on doit plus facilement lui accorder la réſolution du bail.

§. III.

Du cas auquel la réſolution du bail peut être demandée par l'une ou par l'autre des parties.

326. C'eſt le cas de la clauſe qu'on inſere fort ſouvent dans les baux, par laquelle il eſt permis à chacune des parties de réſoudre le bail au bout d'un certain temps, en avertiſſant l'autre : par exemple, dans un bail fait pour neuf ans, on ſtipule

souvent qu'il fera permis à chacune des
parties de réfoudre le bail au bout de
trois ans, ou de fix ans, en avertiffant
l'autre fix mois auparavant.

Lorfque la claufe porte un temps certain dans lequel l'avertiffement doit fe
faire, il faut à cet égard fuivre la claufe à
la lettre; c'eft pourquoi dans l'efpece propofée, celui qui veut réfoudre le bail au
bout des trois ans, doit avertir l'autre partie avant Noel, ou du moins le jour de Noel
de la troifiéme année qui a commencé à
la Saint Jean ; il ne feroit plus à temps
après Noël, parce qu'il ne refte plus un
temps entier de fix mois avant l'expiration des trois ans.

Lorfque la claufe n'a pas exprimé le
temps dans lequel cet avertiffement doit
fe faire, il doit fe faire dans un temps
fuffifant pour que l'autre partie puiffe
trouver à louer fa maifon, fi c'eft le locataire qui veut réfoudre le bail ; ou fi c'eft
le locateur, dans un temps fuffifant pour
que l'autre partie puiffe trouver à fe pourvoir d'une autre maifon, lequel temps
doit être laiffé à l'arbitrage du Juge.

327. Cet avertiffement peut fe faire verbalement, lorfqu'on eft affuré de la partie
à qui il eft fait, & qu'elle n'en difconviendra
pas ; finon il faut faire une fignification par
un Huiffier : car fi l'avertiffement n'ayant

été fait que verbalement, la partie à qui il a été fait avoit la mauvaise foi d'en disconvenir, celle qui l'auroit fait ne seroit pas reçue à le prouver par témoins, si le loyer des années qui restent à expirer montoit à plus de cent livres; la preuve par témoins de toutes choses dont on a pu se procurer une preuve par écrit, lorsque l'objet excede cent livres, étant refusée par l'Ordonnance.

328. Celui qui a averti ne peut plus, après l'avertissement, changer de volonté malgré l'autre partie : s'étant dégagé par cet avertissement envers elle pour le restant du temps du bail, il est juste qu'il la dégage aussi envers lui.

Quoique cette clause soit ordinairement réciproque dans les baux; néanmoins si elle étoit accordée par le bail à l'une des parties, elle ne seroit pas accordée à l'autre ; & il n'y auroit que celle pour qui elle auroit été stipulée, qui pourroit en user.

ARTICLE II.

Du droit qu'a le propriétaire locateur, de résoudre le bail qu'il a fait de sa maison, lorsqu'il veut l'occuper lui - même.

Nous verrons sur ce droit des propriétaires établi par la fameuse Loi Æde

ci-deſſus rapportée, 1°. en quels cas il
a lieu ; 2°. quel locateur a ce droit ;
3°. ſous quels tempéramments ; 4° ſi un
propriétaire peut y renoncer ; 5°. pour
quels héritages il a lieu.

§. I.

En quel cas y a-t-il lieu au droit qu'accorde
la Loi au Propriétaire de réſoudre le bail
qu'il a fait de ſa maiſon pour la venir
occuper lui - même.

329. Selon les termes de cette Loi *Si ne-*
ceſſariam eſſe probaverit, le propriétaire ne
devroit pas être indiſtinctement admis à
déloger ſon locataire, mais ſeulement lorſqu'il paroîtroit que cette maiſon lui eſt
néceſſaire.

C'eſt pourquoi ſi un propriétaire qui
a loué ſa maiſon ſe trouvoit logé dans
une autre, ſoit à lui appartenante, ſoit
qu'il tînt à loyer & dont le bail ne fût
pas expiré ; à s'en tenir aux termes de la
Loi, il ne devroit pas être admis à déloger ſon locataire, à moins qu'il ne fût
ſurvenu un changement dans ſon état qui
lui rendît néceſſaire la maiſon qu'il a
louée ; celle qu'il occupe ſe trouvant au
moyen de ſon changement d'état trop
petite pour lui, ou trop éloignée du

quartier où est le siege de ses affaires.

Il paroit néanmoins que l'usage a prévalu d'admettre indistinctement le Seigneur d'hôtel à donner congé à son locataire avant l'expiration du bail, toutes les fois qu'il veut l'occuper en personne.

On exige seulement de lui qu'il affirme par serment, s'il en est requis, que le congé qu'il donne est dans la vue de venir occuper lui-même sa maison, & qu'il y vienne effectivement : il suffit même qu'il en veuille occuper une partie ; mais en ce cas le locataire doit avoir le choix de rester dans la partie que le propriétaire lui laisse, pour une partie du loyer proportionnée à cette partie ; ou de faire résoudre le bail pour le total de la maison. Il faut que la partie de la maison que le propriétaire veut venir occuper soit une partie considérable de la maison ; le congé paroîtroit frauduleux, s'il ne vouloit en occuper qu'une très-petite partie.

§. II.

Quel locateur a le droit accordé par la Loi Æde.

330. Il n'y a que le propriétaire qui puisse user de ce droit ; quoiqu'un principal locataire use vis-à-vis des sous-locataires

qui tiennent de lui , de tous les autres
droits d'un propriétaire bailleur , néanmoins il ne peut user de celui-ci qui n'est
accordé qu'au propriétaire, *nisi Dominus.*

Celui qui n'est propriétaire qu'en partie ne peut l'exercer. *Arrêts du 27 Août*
1616 , & du 22 Août 1628 , rapportés
par Brodeau sur la lettre L, *art. 4. n. 4.* Mais
il le peut lorsqu'il a pour cet effet le consentement de ses copropriétaires. *Arrêt*
du 17 Mai 1629 , ibid.

Lorsque le propriétaire n'a que la nue
propriété de la maison , je pense qu'il
ne peut exercer ce droit qu'avec le consentement de l'usufruitier , à qui le droit de
jouir de la maison appartient tant que
l'usufruit dure.

331. C'est une question, si un usufruitier
peut user de ce droit? Pour la négative, on
allegué que la Loi dit ; *Si DOMINUS ;*
que ce droit que la Loi accorde aux propriétaires *est jus singulare* qui n'est pas
susceptible d'extension. Pour l'affirmative,
on dit que , quoique l'usufruitier ne soit
pas proprement *Dominus,* il a quant au
droit de jouir, tout le droit du propriétaire ; il est à cet égard *loco Domini.* On
trouve sur cette question dans Brillon,
un Arrêt qui l'a jugée contre l'usufruitier ;
c'étoit dans l'espece de l'Arrêt un acquéreur par bail à vie.

332. Le Titulaire d'un bénéfice peut user de ce droit pour une maison dépendante de son bénéfice ;· car quoiqu'il ne soit pas proprement propriétaire, néanmoins il le représente parfaitement.

Je penserois aussi qu'un Chanoine peut l'exercer pour sa maison canoniale, quoiqu'il ne la tienne qu'à loyer du Chapitre, pour sa vie canoniale, l'esprit de l'Eglise étant que les Chanoines occupent leurs maisons, & qu'ils soient dans leur Cloître retirés du commerce des gens du monde, pour vacquer à la priere & à l'étude.

333. Le mari peut aussi exercer le droit de la Loi *Æde* pour une maison du propre de sa femme : il a même été jugé par Arrêt du 8 Janvier 1636, rapporté par Brodeau sur Louet sur la lettre L, *art.* 4. *n.* 4. qu'une mere, tutrice légitime d'une fille demeurant avec elle, pouvoit exercer ce droit.

334. De ce que le privilege de la Loi *Æde* n'est accordé qu'au propriétaire, il n'en faut pas conclure que le locateur soit fondé à demander à celui qui veut user de ce privilege, qu'il justifie de son droit de propriété; il suffit qu'il soit possesseur de la maison, comme s'en portant pour le propriétaire, pour qu'il soit présumé l'être jusqu'à ce qu'il soit évincé par le véritable propriétaire.

§. III.

Des Tempéramens sous lesquels le Proprié-
taire peut user de la Loi Æde.

PREMIER TEMPERAMENT.

335. Le propriétaire qui veut venir occuper lui-même la maison qu'il a louée,
ne peut donner congé à son locataire que
pour le prochain terme.

Nous avions autrefois à Orleans deux
termes de délogemens pour les maisons,
la S. Jean & Noël : il n'y a plus que
le terme de S. Jean qui soit usité ; c'est
pourquoi à Orleans le propriétaire ne
peut donner congé à son locataire que
pour le terme de S. Jean.

SECOND TEMPERAMENT.

336. Le propriétaire qui veut venir occuper la maison avant l'expiration du temps
du bail , doit ordinairement en avertir le
locataire dans un temps suffisant avant le
prochain terme , pour que le locataire
puisse trouver à se pourvoir d'une autre
maison.

On doit à cet égard suivre les usages
des différents lieux.

A Orleans, plusieurs prétendent que le propriétaire doit avertir le locataire trois mois avant le terme, faute de quoi le congé qu'il donne au locataire ne doit être déclaré valable que pour l'année suivante. La Jurisprudence n'en est pas bien constante ; il seroit fort équitable de l'admettre, lorsque le propriétaire qui a tardé à avertir le locataire a pu l'avertir plutôt.

Mais lorsque c'est par un accident imprévu & nouvellement survenu qu'il se trouve avoir besoin de la maison qu'il a louée, il est recevable à signifier le congé à son locataire, quoique peu de jours avant la S. Jean.

Il faut aussi avoir égard à la qualité du locataire ; s'il est d'un état à ne pas trouver facilement une maison convenable à son état, le propriétaire ne peut le déloger qu'il ne lui ait laissé un temps assez considérable pour pouvoir se pourvoir ailleurs. Si c'est un bourgeois à qui il soit indifférent où il demeure, il n'a pas besoin d'un long temps.

TROISIEME TEMPERAMENT.

337. C'étoit autrefois l'usage du Châtelet de Paris, que le propriétaire de la maison qui délogeoit son locataire en vertu

de la Loi *Æde* avant l'expiration du temps
du bail, fût tenu de lui faire pour dédommagement la remife d'une demi année du
loyer; c'eft ce qui paroit par un Arrêt
de 1648, confirmatif d'une Sentence du
Châtelet de Paris qui eft rapportée par
Soefve, *Cent.* II. *ch.* 71. Il paroit qu'on s'eft
départi à Paris de cet ufage, & que l'ufage
y .eft aujourd'hui de ne plus adjuger au
locataire en ce cas aucun dédommagement.

A Orleans l'ufage d'accorder le dédommagement d'une demi année eft conftam-
ment fuivi, lorfqu'on fait déloger le locataire, qui étoit déja entré en jouiffance ; mais comme c'eft principalement
pour les frais du délogement que ce dédommagement eft accordé, fi le propriétaire fignifie le réfiliment du bail au
locataire avant qu'il foit entré en jouiffance, on ne lui adjuge ordinairement
aucun dédommagement.

338. Lorfque l'état du locataire demande
un dédommagement plus fort que celui
d'une demi année de loyer, comme fi
c'eft un Aubergifte qui eft obligé de faire
des provifions qui lui demeurent inutiles,
lorfqu'on lui fait quitter fon auberge ; fi
c'eft un Teinturier qui eft obligé de placer à grands frais des chaudieres ; dans
ces cas & autres femblables on renvoie

pardevant des experts pour fixer le dédommagement.

Quelquefois les parties reglent elles-
mêmes par le bail le dédommagement qui
fera dû au locataire, fi le propriétaire le
fait déloger pour venir occuper fa maifon ; elles peuvent le régler à telle fomme que bon leur femble.

§. I V.

Si le Propriétaire peut renoncer à la Loi æde.

339. Le propriétaire peut renoncer entierement par le bail au droit que la Loi
lui donne d'occuper fa maifon , fi elle
lui étoit néceffaire pendant le cours du
bail, & cette convention eft valable ; car
on peut par des conventions déroger aux
Loix , lorfqu'elles n'ont pour objet qu'une
utilité particuliere. C'eft fur ce principe
qu'Ulpien dit, *pacifci contra edictum Ædi-*
lium omni modo licet , L. 31. *ff. de pact.*|

Il n'y a que le propriétaire ou fon
fondé de procuration fpéciale qui puiffe
faire cette renonciation. Celui à qui j'aurois donné procuration de louer ma maifon pour tel prix & à telles conditions
qu'il jugeroit à propos, n'a pas pouvoir
de confentir pour moi cette renonciation. La procuration ne doit s'entendre

que des *conditions* qui font ordinaires dans les baux.

340. La claufe par laquelle le locateur promet ne point contrevenir aux obligations du bail , & y affecte fpécialement la maifon, n'emporte pas de renonciation au droit accordé par la Loi *Æde* aux propriétaires de maifons ; car un propriétaire en ufant de ce droit ne contrevient point aux obligations du bail , qui eft toujours cenfé renfermer tacitement la faculté de pouvoir occuper lui-même fa maifon, lorfqu'elle lui feroit néceffaire. Arrêt du 9. Avril cité par Brodeau fur Louet, Lettre *L. chap.* 4. *n.* 10.

Par la même raifon , l'acquéreur qui achete du locateur la maifon , à la charge de l'entretien du bail , n'eft pas cenfé renoncer au droit de la Loi *Ædé* , à moins que le bail de l'entretien duquel il eft chargé , ne contînt la claufe de renonciation à cette Loi.

341. Il nous refte à obferver que ce droit n'a lieu que pour des maifons deftinées principalement pour habiter , foit qu'elles foient fituées dans les Villes , foit même qu'elles foient fituées à la campagne, mais il n'a pas lieu à l'égard des métairies ; car les métairies ne font pas comprifes fous le nom d'*ædes* dont la Loi parle ; & ce droit établi pour les maifons

étant un droit exorbitant du droit commun, ne doit pas être étendu; c'est pourquoi un propriétaire qui a donné à ferme sa métairie, fût-il lui-même laboureur de profession, ne peut pas donner congé avant l'expiration du bail à son fermier, sous prétexte qu'il en a besoin, & qu'il veut l'exploiter lui-même.

Quoiqu'il y ait quelque petit morceau de terre labourable qui dépende d'une maison, si ce morceau de terre est un objet peu considérable en comparaison de la maison, cela ne fera pas passer la maison pour une métairie, & n'empêchera pas que la maison ne doive être considérée comme une maison destinée à habiter, sur laquelle le propriétaire locateur peut exercer le privilege de la Loi *Æde.*

****

SIXIEME PARTIE.

De la tacite récondućtion ; de quelques autres
especes particulieres de Contrats de louage
de chofes ; des promeſſes de louer, & des
arrhes.

SECTION PREMIERE.

De la tacite récondućtion.

NOUS verrons fur la tacite récondućtion, 1°. ce que c'eſt ; fur quelle
raifon elle eſt fondée, & en quels cas
elle a lieu ; 2°. pour quel temps ; 3°.
quelles font les obligations & quels font
les droits qui en réfultent ; 4°. fi le droit
de tacite récondućtion s'étend à d'autres
contrats qu'aux baux à ferme ou à loyer
d'héritages.

ARTICLE PREMIER.

Ce que c'eſt que la tacite récondućtion, &
en quels cas elle a lieu.

342. La récondućtion eſt un contrat de
louage d'une chofe qu'on préfume être
tacitement intervenu entre le locateur &
le condućteur, lorfqu'après l'expiration
du temps d'un précédent bail, le conduc-

teur a continué de jouir de la chofe, &
le locateur l'a fouffert.

Cette réconduction n'eft donc point
le précédent bail qui continue, mais un
nouveau bail formé par une nouvelle
convention tacite des parties, lequel fuccede au précédent.

C'eft ce qui réfulte de la Loi 14. *ff.*
locat. *Qui ad certum tempus condu-*
xit finito quoque tempore colonus eft, in-
telligitur enim Dominus, quum patitur
colonum in fundo effe, ex integro locare,
L. 14. ff. *locat.*

343. La tacite réconduction eft fondée
fur une préfomption de Droit, établie par
cette Loi que l'ufage a adopté même dans
les Provinces de Droit Coutumier, quoique les Loix Coutumieres de ces Provinces ne s'en foient pas expliquées : il y en
a néanmoins quelques-unes qui s'en font
expliquées, comme Orleans, *art.* 420.
Rheims, 388. &c.

Cette préfomption n'eft pas une préfomption *juris & de jure*, mais c'eft feulement une préfomption de Droit, *præ-*
fumptio juris.

344. Du principe que nous venons d'é-
tablir, que cette réconduction fe forme
par le confentement préfumé du locateur,
qui en fouffrant fon fermier continuer l'exploitation de fa métairie, eft cenfé vou-

loir la lui louer aux mêmes conditions ;
& par celui du fermier, qui en continuant
cette exploitation, est présumé vouloir
la tenir de nouveau aux mêmes conditions, dérivent les conséquences suivantes. 1°. Il s'ensuit que si dès avant
l'expiration du bail le locateur eût donné la demande contre son fermier ou locataire pour l'expulser, & que le procès
se trouvât pendant au temps de l'expiration du bail, il n'y auroit pas lieu à la
tacite réconduction, quoique le locataire
ou fermier fût resté quelque peu de temps
en jouissance depuis l'expiration du bail;
car on ne peut pas présumer dans le locateur la volonté de lui renouveller un bail,
dans un temps où il plaide pour l'expulser.

345. Il s'ensuit, 2°. à plus forte raison que
si au temps de l'expiration du bail, l'une
des parties n'étoit pas capable de consentement, il n'y auroit pas lieu à la réconduction; *si interim Dominus furere cœperit,
vel decesserit, fieri non posse Marcellus ait
ut locatio redintegretur.* D. L. 14.

Ce que la Loi dit, *si furere cœperit*,
doit s'entendre du cas auquel le locateur
se trouveroit, lors de l'expiration du bail
qu'il a fait, privé de l'usage de la raison,
sans qu'il lui eût été pourvu de curateur:
il est évident qu'en ce cas il ne pourroit
pas y avoir lieu à la présomption d'une
tacite

tacite réconduction ; mais si lors de l'expiration du bail, le locateur avoit un curateur qui eût souffert le fermier ou locataire continuer de jouir, il y auroit lieu à la présomption d'une tacite réconduction.

346. Il suit aussi, 3°. du même principe, qu'il n'y a pas lieu à la tacite réconduction dans les baux judiciaires ; car on ne peut pas dire que le Commissaire, à qui seul il appartient de faire les baux judiciaires, ait loué tacitement de nouveau l'héritage saisi au fermier judiciaire, ce Commissaire ne pouvant faire qu'en Justice les baux des héritages saisis.

347. Si le locateur étoit une personne à qui on eût donné un conseil, dont elle fût tenue de prendre l'avis par écrit pour tous les actes qu'elle passeroit, il ne pourroit y avoir lieu à la tacite réconduction qui ne peut être intervenue, puisque cette personne n'est pas capable de renouveller le bail sans un avis par écrit de son conseil.

348. Ce que la loi dit, *si decesserit*, s'entend en ce sens, si lors de l'expiration du bail il n'y avoit ni héritier ni curateur à la succession du locateur ; car s'il y en avoit un, cet héritier succédant à la qualité de locateur & à la propriété de l'héritage, est lui-même censé renouveller tacite-

O

ment le bail, en permettant que le fermier continue l'exploitation.

Si lors de l'expiration du bail, il y
avoit un héritier, mais qui n'eût pas encore pris qualité, y auroit-il lieu à la
tacite réconduction ? Je penſe qu'il pourroit y avoir lieu ; car un héritier, lorſqu'il
s'eſt porté héritier, eſt facilement préſumé avoir eu la volonté de l'être dès avant
qu'il l'ait déclarée, & avoir en ſa qualité
d'héritier conſenti à la réconduction,
lorſque le fermier ou le locataire ont
commencé à jouir de nouveau. *Menoch,*
praſ. III. 85. 26.

349. Le Droit Romain préſume la tacite
reconduction, lorſque depuis l'expiration
du bail le fermier ou locataire eſt demeuré dans l'héritage, ſans fixer ni déterminer le temps pendant lequel il doit
y demeurer.

Pour qu'il y ait lieu à cette préſomption, il faut qu'il y ſoit reſté un temps
ſuffiſant, pour que le locateur ait pû en
avoir avis, & le ſommer d'en ſortir s'il
ne vouloit pas lui continuer un nouveau
bail ; & ce temps s'eſtime ſuivant les
Coutumes ou l'uſage des lieux.

Notre Coutume d'Orleans décide,
article 420. qu'il y a lieu à la tacite reconduction, lorſque le locataire d'une
maiſon y eſt demeuré huit jours depuis

l'expiration du bail, fans que le locateur lui ait dénoncé d'en déloger.

Il faut pour cela que le locataire n'ait pas commencé à déloger dans la huitaine ; car le fait du délogement refifte à la préfomption de la volonté de la reconduction.

350. Si le locateur n'avoit pas à la vérité dénoncé au locataire de fortir dans la huitaine depuis l'expiration du bail ; mais qu'il eût dans ce temps, ou même dès avant l'expiration du bail, fait un bail à un autre dont l'antériorité de la date fût conftante, le locateur feroit-il en ce cas admis après la huitaine à faire for ir l'ancien locataire, pour faire place à celui à qui il a fait le nouveau bail ? Pour l'affirmative, on dira que le nouveau bail qu'il a fait au nouveau locataire, empêche de pouvoir préfumer que le locateur ait voulu renouveller un bail à l'ancien, & confentir à une tacite reconduction ; & que n'y en ayant point, l'ancien locataire ne peut fe défendre de quitter l'occupation de la maifon dont le bail eft expiré. Nonobftant ces raifons, j'eftime que quoiqu'on ne puiffe pas dire qu'il y ait une tacite reconduction, le bail que le locateur a fait au nouveau locataire réfiftant à cette préfomption, néanmoin on doit décider que le locateur doit laif

fer jouir l'ancien locataire, comme fi il
y avoit effectivement une tacite reconduction ; parce qu'en ne l'avertiffant pas
dans la huitaine de fortir, il l'a induit en
erreur, lui a donné lieu de croire qu'il
y avoit reconduction, & lui a fait man-
quer les occafions qu'il auroit pû avoir
de fe pourvoir d'une autre maifon.

351. La Coutume de Rheims, *art.* 390.
fe contente d'un temps encore plus court
que celui fixé par notre Coutume d'Orléans. Pour préfumer la reconduction,
il fuffit, fuivant cette Coutume, que le
conducteur ait continué de jouir de la
maifon paffé le jour de S. Pierre, qui eft
cinq jours après celui de S. Jean, auquel
les louages de maifons commencent.

352. A l'égard des héritages de campagne, il y a lieu à la tacite reconduction,
lorfque depuis l'expiration du bail pour
les bâtimens, le fermier a continué d'y
demeurer ; comme auffi lorfqu'après l'expiration de la dernière année, il a commencé les façons & labours de l'année
fuivante. Mais comme il pourroit arriver
qu'il les fît à l'infçu du locateur, le locateur peut empêcher la tacite reconduction, en faifant défenfes au fermier de
continuer, dans un temps fuffifant pour
qu'il ait pû avoir avis de la continuation
d'exploitation du fermier, & pour lui faire

ces défenfes : ce temps doit être laiffé à l’arbitrage du Juge dans les Coutumes qui ne l’ont pas fixé. Celles de l’Ifle & de la Salle de l’Ifle, donnent au propriétaire jufqu’à la Chandeleur, pour fommer le fermier, qui a depuis l’expiration du bail labouré & enfemencé les terres, de ceffer l’exploitation, à la charge de lui offrir le rembourfement des labours & femen-ces.

353. Quelques Coutumes font réfulter une tacite reconduction, non-feulement de la continuation de jouiffance de la maifon ou autre héritage depuis l’expiration du bail, mais de cela feul qu’aucune des parties n’a dénoncé à l’autre, avant l’ex-piration du bail, qu’elle n’entendoit plus continuer la location ou conduction : c’eft la difpofition de la Coutume du Bour-bonois, *chap.* 13. *art.* 124.

Entre ces Coûtumes, il y en a qui fixent un temps dans lequel cette dénon-ciation doit être faite : S. Flour veut que ce foit fix mois avant l’expiration du bail ; Auxerre fe contente que ce foit quinze jours auparavant : il y en a d’autres qui ne fixent aucun temps, comme Bourbonois en l’article ci - deffus cité : dans celles-ci la dénonciation peut fe faire le dernier jour du terme.

354. Il n’y a pas de tacite reconduction,

lorſque les parties ſont expreſſément convenues par le bail qu'il n'y en auroit pas :
par exemple, ſi par le bail à ferme d'une
métairie , il étoit dit qu'il *finiroit à tel*
temps, ſans que le ſermier pût préten-
dre qu'il y eût réconduction , quand mê-
me depuis ledit temps il auroit continué d'ex-
ploiter la métairie ; rien n'empêche qu'une
telle clauſe ſoit valable & doive être exécutée : c'eſt pourquoi ſi après l'expiration
d'un bail ſait avec cette clauſe , le fermier
a labouré & enſemencé les terres de la
métairie , le propriétaire ne laiſſera pas
de pouvoir l'expulſer , à la charge de lui
payer le prix de ſes labours & ſemences.

355. Obſervez néanmoins que cette clauſe n'a d'autre objet que d'empêcher les
ſurpriſes , & qu'elle n'exclut que les tacites reconductions , qui réſulteroient
d'une continuation d'exploitation à laquelle le propriétaire n'auroit pas fait
attention ; mais elle n'exclut pas la tacite
reconduction , lorſque la volonté de la
tacite reconduction paroît d'ailleurs ; car
les parties qui ne vouloient pas au temps
du bail qu'il y eut de reconduction , n'ont
ni pû ni voulu par cette clauſe s'interdire la liberté de changer de volonté : le propriétaire doit ſur-tout être
non-recevable à prétendre ſous le prétexte de cette clauſe, expulſer le fermier,

lorfqu'il a laiffé paffer tout le temps des rifques fur les fruits, & qu'il a attendu à la veille d'une récolte abondante à vouloir expulfer le fermier.

356. Obfervez que cette claufe n'eft cenfée mife qu'en faveur du bailleur, & qu'il n'y a que lui qui puiffe l'oppofer ; car il eft évident que le fermier, qui après l'expiration du bail continue la culture de la terre, ne peut nier qu'en faifant cela, il a la volonté de continuer d'en être le fermier.

357. Lorfque cette claufe fe trouve dans un bail à loyer d'une maifon de ville, comme lorfqu'il eft dit *fans qu'il puiffe y avoir lieu à aucune reconduction dans le cas auquel le locataire continueroit d'occuper la maifon depuis l'expiration du bail*; je penfe que la claufe eft cenfée mife tant pour l'une que pour l'autre des parties, & que le fens de cette claufe eft non d'exclure abfolument toute reconduction, mais d'exclure celle qui pourroit être prétendue jufqu'au terme fuivant, & de la reftraindre au temps que le locataire a continué d'occuper la maifon, & que le bailleur la fouffert.

ARTICLE II.

Pour quel temps a lieu la tacite recon-
duction,

358. Suivant le Droit Romain, la tacite reconduction des biens de campagne, n'avoit lieu que pour l'année qui fuivoit immédiatement la derniere du bail qui étoit expiré, c'eft-à-dire, qu'elle donnoit au fermier le droit de percevoir les fruits de cette année, pour le même prix pour lequel il avoit perçu ceux de chacune des années du bail expiré.

A l'égard des maifons de ville, la tacite reconduction n'avoit lieu que pour autant de temps que le locataire avoit occupé la maifon du confentemenr du locateur, *in urbanis prædiis contra ut prout quifque habitaverit ita & obligetur.* L. 13. §. 11. *locat.*

359. Il en eft autrement dans notre Droit. Lorfque le locataire d'une maifon eft demeuré en jouiffance, la tacite reconduction a lieu pour une année entiere dans les lieux où les baux des maifons n'ont coutume de fe louer que pour une ou plufieurs années.

C'eft en conféquence de ce principe, que fuivant l'article 420. de notre Coutume d'Orleans, le locataire qui a continué de jouir de la maison qu'il tenoit, huit jours après le jour de S. Jean-Baptiste auquel son bail étoit expiré, peut être contraint de tenir ce bail jusqu'au jour de S. Jean de l'année suivante, & que le locateur pareillement ne peut l'en faire sortir plutôt.

La raison est que l'usage étant de faire les baux des maisons pour une ou plusieurs années, les parties sont censées avoir fait suivant cet usage, une reconduction pour une année ; & elles sont d'autant plus obligées de l'entretenir, que si le locataire étoit reçu à se déporter de la reconduction, & à remettre la maison au locateur avant la fin de l'année, il feroit un tort évident au locateur, qui ne pourroit pas facilement trouver à louer sa maison en sur-terme & avant la S. Jean, l'usage étant de ne faire les baux des maisons que pour en commencer la jouissance au jour de S. Jean ; & pareillement le locateur feroit préjudice au locataire s'il l'obligeoit de déloger avant la S. Jean, parce que le locataire ne trouveroit pas facilement à se pourvoir d'une autre maison avant ce terme.

Dans les lieux où l'usage est de faire les baux à loyer pour six mois, & dans ceux où l'usage est de les faire pour trois mois comme à Paris, le temps de la tacite reconduction est de six mois seulement, ou de trois mois, suivant les différens usages des lieux.

360. A l'égard de la tacite reconduction des héritages de campagne, il faut distinguer : lorsque c'est un héritage dont la jouissance est distribuée en plusieurs portions qu'on appelle *soles* ou saisons, le temps de la tacite reconduction est d'autant d'années qu'il y a de saisons.

Par exemple, en Beauce, en Picardie, en Flandre, où les terres sont distribuées en trois portions ou saisons, qui sont tour à tour chacune ensemencées, une année en bled, la seconde en mars, & qui se reposent la troisieme année, la tacite reconduction est de trois ans ; car comme ces saisons ou portions de terres sont ordinairement inégales, soit par la qualité soit par la quantité de terres, & que néanmoins le prix de la ferme qui se paye par chaque année est le même, il est nécessaire pour l'égalité, que le fermier qui jouit par tacite reconduction, jouisse des trois saisons : les Coutumes de l'Isle & de la Salle de l'Isle en ont une disposition ; c'étoit l'avis de Bartole : cela se pratique aussi en Allemagne & en Espagne, suivant que nous l'apprenons de Brunneman, *ad L.* 16. *cod. de locat.* & de Molina par lui cité.

Ajoutez que cette tacite reconduction n'est autre chose qu'un nouveau bail, qu'on présume être tacitement intervenu entre les parties ; par lequel les parties ne se sont pas expliquées sur le temps de sa durée. Or, suivant les principes établis *suprà, n.* 28. un bail de terres partagées en deux ou trois saisons, par lequel les parties ne se sont pas expliquées sur le temps de sa durée, est censé fait pour autant d'années qu'il y a de saisons.

Dans notre Val-de-Loire, où les terres se partagent en deux saisons, dont l'une tour à tour est ensemencée & l'autre se repose, le temps de la reconduction est de deux ans.

La tacite reconduction des vignes, des prés & des autres terres qui ne se partagent point en saisons, a lieu pour un an.

361. Lorsqu'une métairie, dont les terres sont partagées en deux saisons, a été donnée à ferme pour le temps d'un an seulement, & qu'après l'expiration de ce bail, le fermier qui n'avoit la jouissance que d'une saison, commence à labourer & ensemencer les terres de l'autre saison, qui étoient en saison de repos lors du temps de son bail, y aura-t-il lieu à la tacite reconduction, sur-tout si les saisons sont inégales, soit pour la qualité soit pour la quantité des terres de chaque saison ?

Il n'y aura pas lieu à la vérité à l'espèce de tacite reconduction dont nous traitons, qui a lieu lorsque le fermier après l'expiration de son bail, recommence la jouissance des terres qui lui avoient été affermées par le précédent bail qui est expiré; car dans la présente espèce, on ne lui avoit affermé par le bail qui est expiré, que les terres d'une saison; mais ce n'est pas des terres de cette saison, c'est de celles de la saison de l'année suivante, dont il a commencé de jouir : S'il n'y a pas lieu dans cette espece, à l'espece de tacite reconduction dont nous traitons, on ne peut disconvenir que le commencement d'exploitation du laboureur au vû & sçu du propriétaire, & la souffrance du propriétaire, ne fassent présumer un bail tacitement intervenu entre les parties. La question est, si ce bail tacite sera de deux ans, ou seulement d'un an; ceux qui soutiennent qu'il doit être de deux ans, se fondent sur le principe proposé ci-dessus que la durée des baux de terres partagées en deux ou trois saisons est d'autant d'années qu'il y a de saisons : pour l'opinion contraire, on dit que ce principe a lieu dans la la Thefe générale: mais que dans l'espece particuliere, ce bail tacite succédant au précédent bail qui n'avoit été fait que pour un an par les mêmes parties ; la présomption est qu'elles l'ont voulu faire pour le même temps pour lequel elles avoient fait le premier A l'égard du prix de ce nouveau bail , il ne fera pas comme dans les tacites reconductions ordinaires , le même que celui du précédent bail ; mais il devra être reglé par arbitres ; car le prix du précédent bail n'étant le prix que d'une faifon qui peut être beaucoup plus ou beaucoup moins précieufe que la jouiffance de l'autre faifon, il ne feroit pas jufte que le prix de cette faifon fût le prix de l'autre.

362. Lorfque le temps de la tacite reconduction n'eft que d'un an , & que le locataire ou fermier , depuis l'expiration du bail par écrit , a joui pendant plufieurs années : il faut fuppofer autant de conventions de reconduction , autant de baux par reconduction , qu'il y a d'années ; fi c'eft une métairie dont la reconduction eft de trois ans , il y aura eu autant de reconductions qu'il y aura de jouiffances triennaires.

§. I I I.

Quelles font les obligations & quels font les droits qui réfultent de la tacite reconduction.

363. La reconduction eft cenfée faite pour le même prix que celui du précédent

bail, & aux mêmes conditions : les en-gagements respectifs du locateur & du conducteur sont les mêmes qu'ils étoient dans le précédent bail.

364. Si le fermier par le bail s'étoit soumis à la contrainte par corps pour les obli-gations du bail, est-il censé s'y être pa-reillement soumis par la reconduction pour les obligations de la reconduction? Je ne le croirois pas : la contrainte par corps est quelque chose de trop dur, pour qu'une personne puisse être reputée s'y être soumise, à moins qu'elle ne s'y soit soumise expressément.

Si la reconduction s'étoit faite, non avec le fermier, mais avec l'héritier de ce fermier, il seroit en ce cas hors de doute qu'il n'y auroit pas lieu à la con-trainte par corps ; car la soumission à la contrainte par corps est personnelle à la personne qui s'y est soumise : & on ne peut pas dire que l'héritier du fermier mort durant le cours du bail, s'y soit soumis pour les obligations de la reconduction, puisqu'il n'y étoit pas soumis pour celles du bail.

365. Si par le bail qui est expiré, il y avoit un pot de vin, on doit pareille-ment supposer dans la tacite reconduc-tion la convention d'un semblable pot de vin proportionné à la durée de la re-conduction.

Par exemple, si le bail d'une maison qui est expiré étoit de six ans, & que le preneur eût payé un pot de vin de soixante livres, on doit dans la tacite reconduction d'une année qui est la sixiéme partie du tems du bail expiré, supposer la convention d'un pot de vin de la somme de dix livres, qui est la sixiéme portion de celui stipulé par le bail qui est expiré; & le bailleur peut incontinent exiger ce pot de vin du preneur.

366. Le locateur a-t-il les mêmes hypotheques pour les loyers & fermes de la reconduction, qu'il avoit pour celles du précédent bail ?

La Loi 13. §. 11. *ff. locat.* décide que oui, pourvû que ce ne fût pas un autre que le conducteur qui eût donné ces gages & hypotheques; car la reconduction étant une nouvelle convention qui ne se passe qu'entre le locateur & le conducteur, elle ne peut, sans un nouveau consentement du tiers, obliger aux fermes & loyers de la reconduction, les gages que ce tiers n'a entendu obliger qu'à ceux du premier bail : *Qui impleto tempore remansit in conductione, non solùm reconduxisse videtur, sed etiam pignora videntur durare obligata; sed hoc ita verum est, si non alius pro eo in priore conductione res obligaverat; hujus enim novus consensus erit neccessarius, d. l. 13. §. 11.*

Par la même raison, quand même les chofes hypothequées au premier bail, feroient des chofes que le conducteur y auroit lui-même hypothequées, & qui lui appartenoient alors; fi depuis, elles ont ceffé de lui appartenir, elles ne feront pas hypothequées aux obligations de la tacite reconduction, le conducteur ne pouvant pas y hypothequer des chofes qui ne lui appartiennent plus.

Par la même raison, il eft décidé en la Loi 7. *cod. d. tit.* que les fidejuffeurs qui ont cautionné le fermier ou locataire pour le bail ne font point obligés à la reconduction, cette reconduction étant un nouveau bail auquel ils ne font point obligés.

367. Dans notre Droit François, l'hypotheque que le précédent bail paffé par-devant Notaires, a donné au locateur fur les biens de fon locataire ou fermier, n'a lieu que pour les obligations de ce bail, & non pour celles de la reconduction; car la reconduction n'eft point une fuite de ce bail pour lequel il a acquis une hypotheque : c'eft un nouveau bail, lequel n'étant que tacite, ne peut pas produire d'hypotheque; parce que fuivant notre Droit François, l'hypotheque ne peut être produite que par les actes pardevant Notaires, par les Senten-

ces, ou par la Loi ; la convention feule n'eft pas capable de la produire. Si par la Loi 13. ci-deffus citée, les biens du débiteur hypothequés au bail demeurent hypothequés à la reconvention; c'eft que, par le Droit Romain, la feule convention fuffifoit pour produire l'hypotheque : or les parties étant préfumées être tacitement convenues pour la reconvention de ce dont elles étoient convenues pour le bail, elles font cenfées convenues de ces hypotheques, ce qui, par le Droit Romain, fuffifoit pour produire l'hypotheque : Dans notre Droit François, envain les parties feroient-elles cenfées être convenues pour la reconduction de tout ce dont elles étoient convenues par le bail ; puifque la convention de l'hypotheque ne fuffit pas pour la produire, & qu'elle ne peut l'être que par le titre authentique. *Arrêt de 1606. rapporté par Brodeau fur l'art. 161. de Paris, n. 19.*

Par la même raifon, le droit d'exécution qui réfultoit de l'acte paffé devant Notaires par lequel le bail a été fait, n'a pas lieu pour la reconduction. : car, comme l'obferve Dumoulin en fon apoftille fur l'art. 124. de Bourbonnois, *per tacitam reconductionem cenfetur renovari locutio, non inftrumentum locationis ; & ideò non poterit fieri executio in vim inftrumenti,*

niſi in eo eſſet clauſula promiſſionis ſolvendi,
quamdiù poſt tempus finitum conductor ma-
neret.

368. Lorſqu'après pluſieurs années de
tacite reconduction qui ont ſuivi un bail
pardevant Notaires, l'héritage ſe trouve
détérioré, le propriétaire a-t-il hypotheque pour ces détériorations ?

Il ne l'a que pour celles faites durant le
temps du premier bail ; & il doit être
chargé de la preuve qu'elles ſont de ce
temps : car c'eſt à lui à fonder ſa demande
pour le droit d'hypotheque qu'il prétend
contre les autres créanciers.

369. Lorſque par un même acte un héritage a été vendu, & baillé à ferme ou
loyer par l'acheteur au vendeur pour un
certain temps, ſi après l'expiration de
ce temps il y a une tacite réconduction,
il faut bien diſtinguer à l'égard des clauſes contenues dans cet acte, celles qui
appartiennent au contrat de vente, & celles qui appartiennent au contrat de bail
à ferme ou loyer ; il n'y a que celles-ci
qui ſoient cenſées répétées dans la tacite
réconduction, & non celles qui appartiennent au contrat de vente de l'héritage, plutôt qu'au bail dudit héritage.

Par exemple, ſi je vous ai vendu une
métairie de Beauce, & que par le même
contrat, vous me l'ayez donnée à ferme

pour neuf ans, pendant lequel temps j'aurois la faculté de remerer l'héritage, &
qu'après le temps de ce bail expiré, il y
ait eu une tacite réconduction ; la convention de remeré ne fera pas cenfée
répétée dans la réconduction ; car quoique dans l'acte elle foit énoncée dans la
même phrafe qui contient le bail que
vous m'avez fait de l'héritage, néanmoins
cette convention de remeré n'appartient
pas au bail à ferme que vous m'avez fait
de l'héritage, mais plutôt au contrat de
vente que je vous en ai fait ; c'eft une des
conditions fous lefquelles je vous l'ai vendu ; c'eft pourquoi fans attendre l'expi-
ation du temps de trois ans que doit durer la réconduction, je peux vous affigner
en déchéance du remeré faute par vous
de l'exercer, la claufe de remeré n'étant
oint cenfée répétée dans la réconduction.

Il faut dire la même chofe d'une fimple promeffe de vendre : par exemple,
fi vous m'avez fait un bail à loyer ou à
ferme d'un héritage, & que par le bail
il foit dit, que fi l'héritage me convient
vous vous engagez de me le vendre à la
premiere réquifition que je vous en ferai
pendant le temps du bail, vous êtes libéré de cette obligation à la fin du bail,
s'il eft expiré fans que je vous aie fait
ucune réquifition de me le vendre ; &

quoiqu'il y ait eu une tacite réconduction, cette promesse n'est pas censée répétée dans la réconduction; car c'est une
convention, qui quoique contenue par
le même acte que le bail, n'est pas censée
faire partie des clauses de ce bail, à moins
qu'il ne parût par les circonstances qu'elle
en faisoit effectivement partie, & que le
locataire n'a consenti au bail qu'à cette
condition. *Menoch. Præsumpt.* III. 85.

§. IV.

*Si la tacite réconduction a lieu à l'égard
d'autres Contrats que les Baux à loyer
ou à ferme des héritages.*

370. La tacite réconduction n'a lieu qu'à
l'égard des baux à loyer ou à ferme:
elle n'a pas lieu à l'égard des baux à longues années; c'est pourquoi si l'emphytéote ou preneur a continué de jouir de
l'héritage après l'expiration du bail, il
doit être condamné à la restitution des
fruits de l'héritage dont il a injustement
continué la jouissance, & il ne sera pas
reçu à offrir la rente telle qu'elle est portée par le bail.

371. Les Loix qui ont établi la tacite réconduction étant dans l'espece des baux à
ferme ou loyer d'héritages, on a mis en
question si elle avoit lieu dans les louages
des meubles. La Glose sur la Loi 13. §.

fn. ff. locat. cond. tient la négative, & dit que le locataire qui fe fert defdits meubles après le temps du bail expiré , commet un vol ; à moins qu'il n'eût un jufte fujet de croire que le propriétaire confent qu'il s'en ferve. Barthole décide au contraire avec plus de raifon qu'il y a lieu à la tacite réconduction des meubles , lorfque ces meubles font des chofes que le locateur eft dans l'ufage de louer : par exemple , fi un Tapiffier m'a loué des meubles pour un certain prix & pour un certain temps , pour meubler ma chambre ; ou fi un loueur de chevaux m'a loué un cheval pour un certain temps ; il y a lieu à la tacite réconduction , fi après le temps du louage expiré , je garde le cheval & les meubles fans que le locateur les redemande.

Pour quelque temps que le bail des meubles ait été fait, la tacite réconduction n'a lieu que pour le temps pendant lequel le locataire les a gardés, du confentement du locateur : c'eft pourquoi fi un Tapiffier m'a loué des meubles à raifon de vingt-quatre piftoles par an, & que depuis l'expiration du bail je les aie gardés pendant quinze jours , fi au bout des quinze jours je n'en ai plus befoin, cu que j'en trouve à meilleur marché , je peux les lui rendre, en lui offrant une

piftole pour le loyer des quinze jours ;
qui eft le temps qu'a duré la tacite réconduction, ce prix étant dans la proportion
de celui du bail qui eft expiré , & le locateur ne peut m'obliger de les garder
plus long-temps : *vice versâ* , fi le locateur qui m'a laiffé jouir des meubles depuis l'expiration du bail par tacite réconduction pendant ledit temps de quinze
jours , ne fe contente plus du prix pour
lequel il les a loués par le précédent bail ;
il peut me les redemander ; il n'eft pas
obligé de m'en laiffer jouir plus long-
temps.

En cela la tacite réconduction des
meubles diffère de celle des maifons ; la
raifon de différence eft , qu'il y a certains temps auxquels il eft d'ufage que
commence le temps des baux des maifons , & qu'il eft difficile de trouver à
les louer en fur-terme ; au lieu que le
louage des meubles commence en tout
temps.

372. Il paroit qu'il doit auffi avoir lieu à la
tacite réconduction des fervices des ferviteurs & des fervantes , & des ouvriers.

Pour le temps que doit durer cette
tacite réconduction de fervices , il faut
diftinguer entre les ferviteurs dont il eft
d'ufage que le temps du louage commence & finiffe à certains jours de l'année ;

pendant lequel temps il n'eſt pas permis ni au maître, ni au ſerviteur de ſe dé-partir du contrat, & entre ceux qui ſe louent en quelque temps que ce ſoit.

A l'égard des premiers, tels que ſont les ſerviteurs & les ſervantes deſtinés aux ouvrages de la campagne, je penſe que loiſqu'ils ont continué de ſervir quelque temps depuis le terme auquel expire le temps de leur louage, le temps de la tacite réconduction doit durer juſ-qu'au terme ſuivant. Par exemple, ſi le remps du louage d'un ſerviteur de Vigne-ron eſt expiré au jour de Touſſaint 1760, qui eſt le jour auquel il eſt d'uſage que commence & qu'expire le temps du loua-ge de cette eſpece de ſerviteurs, & que ce ſerviteur, depuis ce jour auquel expi-roit ſon ſervice, ait continué ſon ſervi-ce, il y aura lieu à une tacite réconduc-tion, dont le temps devra durer juſqu'à la Touſſaint 1761, ſans qu'il ſoit permis au ſerviteur de quitter, ni à ſon maître de le renvoyer ſans juſte cauſe avant ce temps expiré.

A l'égard des autres ſerviteurs & ſer-vantes qui ſe louent en quelque temps que ce ſoit, tels que ſont ceux des Villes & les ouvriers, la tacite réconduction de leurs ſervices ne doit avoir lieu que pour le temps qu'ils ont continué de ſervir,

& doit cesser lorsque leur maître jugera à propos de les renvoyer, ou lorsqu'ils voudront eux - mêmes quitter. Voyez néanmoins ce qui a été dit *suprà*, *n.* 176.

373. Enfin il y a des droits incorporels qui sont aussi susceptibles de la tacite réconduction : par exemple, si un décimateur ou un Seigneur d'un droit de champart ont affermé à quelqu'un un droit de dîme ou de champart, & qu'après le temps du bail expiré, le fermier ait encore l'année suivante levé la dîme & le champart que les redevables lui ont payé, sans faire attention que le bail étoit expiré, & sans qu'il en ait été empêché par le Seigneur de ce droit de dîme & de champart : telle perception de la dîme ou du champart avec la tolérance du Seigneur à qui le droit appartient renferme une tacite réconduction de ce droit.

374. Lorsque la dîme & le champart est à prendre sur les terres labourables d'un certain territoire qui sont partagés en trois soles ou saisons comme en Beauce, il y a lieu de penser que la tacite réconduction doit avoir lieu pour trois ans. Les raisons que nous avons rapportées *suprà*, *n.* 360. pour la tacite réconduction des terres, militent pour la tacite réconduction de ces droits sur ces terres.

375. Lorsqu'après

375. Lorsqu'après l'expiration du temps d'un bail que j'ai fait à quelqu'un d'un Office de Greffier ou de Notaire, cet Officier continue d'exercer l'Office, il y a aussi lieu à une tacite réconduction pour le temps que je le souffre.

ARTICLE II.

Des Baux judiciaires.

376. Les baux judiciaires sont les baux par lesquels la jouissance d'un héritage ou d'un droit incorporel est adjugée par le Juge à titre de ferme ou de loyer pour un certain temps au plus offrant & dernier enchérisseur.

On fait des baux judiciaires des biens du fisc, de ceux des Corps & Communautés, de ceux des mineurs, ou dans lesquels les mineurs ont quelque portion, &c.

Quoique les baux judiciaires soient les plus réguliers, néanmoins les tuteurs & autres administrateurs en font souvent de gré à gré, & ils doivent passer lorsqu'il n'y paroît pas de fraude, & que la vilité du prix du loyer ou de la ferme ne les rend pas suspects.

377. Les baux judiciaires qui font le plus d'usage sont ceux des biens saisis réelle-

P

ment, qui fe font fur la pourfuite du Commiffaire aux faifies réelles dont nous avons traité en notre Introduction, au *Tit. 21. de la Coutume d'Orleans*, §. 8.

Les biens faifis réellement étant mis fous la main de la Juftice, le Commiffaire aux faifies celles, qui eft un Officier prépofé par la Juftice pour la régie des biens qui font fous fa main, doit jufqu'à l'adjudication du décret en avoir l'adminiftration & en percevoir les revenus, pour les diftribuer en acquit du débiteur partie faifie, aux créanciers faififfans & oppofans, fuivant l'ordre de leurs hypoteques.

Cette adminiftration des héritages faifis réellement qu'a le Commiffaire, l'oblige à en pourfuivre le bail à loyer ou à ferme, qu'il doit après des publications faire adjuger par le Juge à l'audience au plus offrant & dernier enchériffeur.

Ce bail qui eft ainfi adjugé eft un vrai bail à loyer ou à ferme, fait pour le prix pour lequel il eft adjugé, pour le temps & aux conditions portées par l'affiche; dans lequel bail, le Commiffaire, en fa qualité de Commiffaire, eft le locateur, & l'adjudicataire eft le locataire ou fermier. Il eft appellé *bail judiciaire*, parce qu'il eft confirmé par l'autorité du Juge & par la Sentence d'adjudication.

378. Si lors de la saisie réelle, l'héritage se trouvoit loué ou affermé à prix d'argent, sans fraude & sans deniers d'entrée considérables, le fermier ou locataire pourroit avant l'adjudication intervenir & demander que le bail conventionnel qui lui a été fait par la partie saisie, fût converti en bail judiciaire : la Sentence qui prononce cette conversion renferme pareillement un bail judiciaire qui est fait par le Commissaire à ce fermier ou locataire.

379. Les baux judiciaires font des vrais contrats de louages qui ne diffèrent des baux à fermes ou à loyer ordinaires qu'en ce que les obligations qui naissent de ceux-ci ne sont formées que par le consentement des parties contractantes, au lieu que dans les baux judiciaires, les obligations que contracte l'adjudicataire, outre qu'elles sont formées par le consentement des parties contractantes sont confirmées & corroborées par l'autorité de la Justice & de la Sentence d'adjudication.

De-là naît cette différence : dans les baux ordinaires l'inexécution des obligations du locataire ou fermier n'étant qu'un violement de la foi qu'il a enga-

gée par le contrat, eſt une dette purement
civile qui n'eſt pas ſujette à la contrainte
par corps, ſi ce n'eſt que le fermier s'y
fût expreſſément ſoumis ; ce qui ne peut,
ſuivant l'Ordonnance de 1667, ſe ſtipuler que dans les baux des biens de campagne : au lieu que dans les baux judiciaires, l'inexécution des obligations de l'adjudicataire étant non-ſeulement un violement de la foi qu'il a engagée, mais un
violement de l'autorité de la Juſtice qui
a confirmé ſes obligations, il eſt ſujet à
la contrainte par corps, ſans aucune diſtinction entre les baux des maiſons de
Ville & ceux des biens de campagne, &
quoique cela ne ſoit pas exprimé ni par
l'affiche, ni par la Sentence d'adjudication.

380. C'eſt en conſéquence de cela que
ceux qui par leur qualité ne ſont pas ſujets
à la contrainte par corps, tels que ſont
les Eccléſiaſtiques, les femmes & les ſep-
tuagénaires, ne doivent pas être admis à
ſe rendre adjudicataires des baux judiciaires.

A plus forte raiſon, les mineurs n'y
ſont pas admis, ſuivant le Réglement du
22 Juillet 1690, parce qu'ils ſont reſtitua-
bles contre leurs obligations.

381. Par une autre raiſon, l'Ordonnance
de Blois, art. 132, défend aux Juges &

Avocats de se rendre adjudicataires des baux judiciaires dans leurs Jurisdictions, de peur que leur crédit n'écarte les encherisseurs.

C'est par une semblable raison & dans la crainte de maneuvres, que le Réglement de 1722 défend aux Commissaires & à leurs Commis, aux Procureurs & à leurs Clercs, & aux Huissiers de se rendre adjudicataires des baux judiciaires dans les Jurisdictions où ils sont établis, à moins qu'ils ne fussent opposans en leur nom, pour créances antérieures à l'enregistrement de la saisie réelle, ou qui leur soient échues depuis par succession ou par donation.

382. Le même Réglement défend d'adjuger les baux judiciaires aux parties saisies, ou à personnes par elles interposées, de peur que la jouissance en laquelle elles resteroient des biens saisis ne les portât à arrêter par des incidens & des chicanes le cours de la saisie, & à en retarder la conclusion.

383. L'autorité de la Justice qui confirme les obligations de l'adjudicataire dans les baux judiciaires, l'oblige aussi, pour en assurer l'exécution, à donner bonne & suffisante caution. Faute de la donner, le bail doit être recrié à sa folle enchere.

384. Les baux judiciaires étant faits par le

Commiſſaire, en ſa qualité de Commiſſaire établi à la ſaiſie réelle de l'héritage,
ſi avant l'expiration du temps pour lequel le bail a été fait, la ſaiſie réelle finit,
ſoit par la main-levée qui en ſeroit donnée, ſoit par l'adjudication ; la qualité
de Commiſſaire à la ſaiſie réelle de l'héritage, en laquelle il en a fait le bail étant
par-là finie, le bail judiciaire ſe réſout
pour l'avenir, ſans que le fermier puiſſe
prétendre aucuns dommages & intérêts :
de même qu'un bail fait par un uſufruitier, en ſa qualité d'uſufruitier, ſe réſout par l'extinction du droit d'uſufruit,
ſuprà, *n.* 312.

C'eſt la diſpoſition du Réglement de
1664, auquel néanmoins l'uſage a apporté cette limitation, que le cas de cette réſolution arrivant, le fermier judiciaire doit jouir durant l'année commencée.

385. Par la même raiſon, ſi avant l'expiration du temps du bail judiciaire, quelque partie des héritages compris en la
ſaiſie réelle & au bail judiciaire eſt diſ-
traite de la ſaiſie ſur une oppoſition à fin
de diſtraire, la ſaiſie réelle, & la qualité de Commiſſaire établi à la ſaiſie, en
laquelle le bail a été fait, venant à ſe réſoudre pour cette partie qui a été diſ-
traite de la ſaiſie, c'eſt une conſéquence
que le bail judiciaire ſe réſout pareille-

ment pour l'avenir pour cette partie ; en conféquence on doit faire au fermier judiciaire, par ventilation fur le prix total de la ferme judiciaire, une diminution pour le temps qu'il ceffera de jouir de la partie qui a été diftraite de la faifie & du bail.

386. Si pendant le cours du bail judiciaire le Commiffaire qui l'a fait vient à mourir ou à réfigner fon office, le bail continue de fubfifter, & les obligations du fermier judiciaire continuent envers le fucceffeur à l'office, en la perfonne de qui paffent la qualité de Commiffaire, en laquelle le bail a été fait, & tous les droits attachés à cette qualité.

Voyez fur les baux judiciaires notre Introduction au *Tit.* 21. *de la Coutume d'Orleans,* §. 8.

SECTION III.

De la licitation à loyer ou à ferme.

387. La licitation à loyer ou à ferme eft une efpece de bail à ferme ou à loyer d'un héritage ou d'une autre chofe que des copropriétaires de ladite chofe font pour le temps porté par l'acte de licitation, chacun pour la portion qu'il y a, à celui d'entr'eux qui en offre le plus de ferme ou de loyer.

Cette licitation à loyer eſt bien diffé-rente de la licitation qui eſt faite de la choſe même pour le fond & la proprié-té; celle-ci faiſant ceſſer l'indivis, eſt regardée comme un acte qui tient lieu de partage, & non comme un contrat de vente : l'adjudicataire n'eſt pas cenſé rien acheter ni rien tenir de ſes colicitans, *Traité du Contrat de vente*, *part.* 7. *art.* 7. au contraire, la licitation à loyer ne fai-ſant pas ceſſer l'indivis & la communauté pour le fond entre les copropriétaires, n'eſt & ne peut paſſer pour autre choſe que pour un véritable bail à loyer que les co-propriétaires font chacun de leur portion à celui d'entr'eux qui s'en rend adjudicataire.

Une ſeconde différence eſt que la lici-tation d'un héritage pour le fond ne peut être demandée par un mineur, ni par ſon tuteur pour lui. La raiſon eſt, que cette demande ſeroit une diſpoſition volontai-re que ce mineur ou ſon tuteur feroit du droit indivis qu'il a à cet héritage : or les Loix défendent aux mineurs & à leurs tu-teurs d'aliéner ou de diſpoſer pour le fond par des actes volontaires de leurs hérita-ges & droits immobiliers : au contraire, la licitation à loyers peut être demandée par un tuteur de mineurs & par un mi-neur émancipé, parce que cette licitation ne touche pas au fond.

388. Quoique la licitation à loyers ſoit

un vrai bail à loyer que les licitans font
à celui d'entr'eux qui est adjudicataire,
& que cet adjudicataire contracte envers
ses colicitans qui font les locateurs, toutes les obligations d'un locataire qui naîf-
fent d'un bail à loyer, il y a néanmoins
une différence à l'égard de celles que les
licitans contractent par la licitation envers l'adjudicataire, & celles que contractent les locateurs par les baux ordinaires : cette différence est que dans les
baux ordinaires, le locateur est tenu des
dommages & intérêts du locataire ou fermier qui est empêché de jouir ou troublé dans fa jouissance, non-seulement
lorsque c'est par le fait du locateur, mais
pareillement lorsque c'est par le fait d'un
tiers ; pourvu que l'empêchement ou le
trouble eût une cause existante dès le
temps du bail, c'est-à-dire, pourvu
que dès le temps du bail le demandeur
eût eu déja le droit ou le germe du droit
en vertu duquel il a donné la demande,
quoique ce droit lors du bail ne fût encore qu'un droit informe, & n'ait été
ouvert que depuis : au contraire dans les
licitations à loyer ou à ferme, le trouble
ou l'empêchement que l'adjudicataire
souffre dans fa jouissance, lorsqu'il ne
provient pas du fait personnel de ses colicitans, ne donne lieu qu'à une remise

de la ferme ou loyer pour le défaut de jouissance, & non à aucuns dommages & intérêts.

On peut apporter pour raison de cette différence une raison semblable à celle que Dumoulin rapporte en son Traité, *de eo quod interest*, n. 145. entre le contrat de vente & les partages; sçavoir, que dans les baux ordinaires, comme c'est le locateur qui induit en erreur le locataire, en lui donnant à loyer ou à ferme comme à lui appartenant un héritage qui ne lui appartient pas, le locataire peut se plaindre que le locateur le lui ait donné à ferme ou à loyer : il n'en est pas de même des licitations à loyer ou à ferme; celui qui s'est rendu adjudicataire ayant lui-même licité à loyer ou à ferme, conjointement avec ses colicitans, s'il a été induit en erreur, ce n'est pas plus par ses colicitans que par lui-même qu'il y a été induit ; s'ils ont licité un héritage qui ne leur appartenoit pas, ce n'est pas plus la faute de ses colicitans que la sienne; & pour me servir des termes de Dumoulin, *neuter magis asserit, neuter magis decipit quam alter; imo dicitur res evinci facto vel culpâ communi, & nec ulla debet esse inter eos obligatio in id quod interest.*

389. Cette licitation à loyer ou à ferme

de la jouiſſance de l'héritage n'empêche pas avant l'expiration du temps pour lequel elle a été faite de le liciter au fond. Mais celui des propriétaires qui ſe rendra adjudicataire du fond, doit laiſſer celui qui s'eſt rendu adjudicataire de la jouiſ-ſance par la licitation à loyer, jouir pendant ce qui reſte du temps porté par cette licitation ; car cet adjudicataire du fond doit être cenſé locateur du total de l'héritage, la part indéterminée qu'il avoit lors de la licitation à loyer, & qu'il a louée par cette licitation, s'étant déter-minée au total de l'héritage par la lici-tation du fond.

SECTION IV.

Des promeſſes de donner & de prendre à loyer, & des arrhes.

390. Nous avons vu dans notre Traité du Contrat de Vente, *part. 6. ch. 1.* qu'il y avoit des promeſſes de vendre & des pro-meſſes d'acheter qui ne font pas le contrat de vente ; il peut y avoir pareillement des promeſſes de louer, & des promeſſes de prendre à loyer qui ne ſoient pas en-core un contrat de louage ; preſque tout ce que nous avons dit audit Chapitre des promeſſes de vendre & d'acheter, ſoit

fur l'attention qu'on doit avoir pour juger fi un difcours renferme véritablement une véritable promeffe de vendre ou d'acheter, foit fur les différences entre ces promeffes, & le contrat de vente, foit fur les différentes manieres dont elles peuvent fe faire, foit fur les effets qu'elles doivent avoir, peut recevoir application aux promeffes de louer & de prendre à loyer; nous y renvoyons.

391. Il intervient auffi quelquefois des arrhes dans le contrat de louage de même que dans le contrat de vente, foit avant, foit depuis la conclufion du marché : tout ce que nous en avons dit dans notre Traité du Contrat de vente, *Part.* 6. *ch.* 1. *art.* 3. reçoit pareillement ici application.

C'eft une queftion particuliere au contrat de louage; fi ayant reçu des arrhes pour fureté du bail, ou de la promeffe que je vous ai faite de vous paffer bail de ma maifon, je fuis tenu de vous les rendre au double, lorfque je refufe de le paffer pour aller occuper la maifon moi-même ? Pour l'affirmative, on dira qu'il eft de la nature du contrat d'arrhes d'obliger la partie qui les a reçues à les rendre au double, lorfqu'elle refufe d'exécuter le contrat, pour l'exécution duquel elles ont été données ; d'où on conclut que dans cette espece, étant refusant d'exécuter le bail, je ne peux éviter la restitution des arrhes au double. On peut répondre pour la négative, que le bail que le propriétaire fait de la maison, comprend toujours tacitement la faculté de résoudre le bail, lorsqu'il voudra occuper la maison lui-même; la promesse d'en faire bail doit pareillement être censée renfermer tacitement cette condition : de-là il suit qu'en venant occuper la maison moi-même, je ne contreviens point à la promesse que je vous ai faite de vous passer bail; n'étant donc point en contravention à ma promesse, je ne dois point être sujet à la peine de restitution du double de vos arrhes, je suis seulement tenu de vous les rendre, comme dans le cas auquel la convention n'est pas exécutée sans le fait ni la faute ni de l'une ni de l'autre des parties.

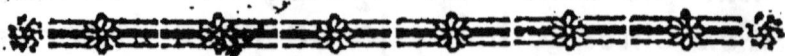

SEPTIÉME PARTIE.

Du Louage d'Ouvrage.

392. LE contrat de louage d'ouvrage est un contrat par lequel l'une des parties contractantes donne un certain ouvrage à faire à l'autre qui s'oblige envers elle de le faire pour le prix convenu entre elles, que celle qui lui a donné l'ouvrage à faire, s'oblige de son côté de lui payer.

La partie qui donne à l'autre l'ouvrage à faire s'appelle le locateur : *Locator operis faciendi* ; celle qui se charge de le faire s'appelle le conducteur, *conductor operis*.

Nous verrons dans un premier Chapitre quelle est la nature de ce contrat, & quelles sont les trois choses nécessaires pour le former. Nous traiterons dans le second Chapitre des obligations du locateur, de celles du conducteur & des actions qui en naissent. Nous verrons dans un troisiéme Chapitre, aux risques de qui est l'ouvrage avant qu'il ait été reçu ou même paracnevé. Nous traiterons dans le quatriéme Chapitre de la résolution de ce contrat.

CHAPITRE PREMIER.

De la nature du Contrat de Louage d'ouvrage
& des trois chofes néceffaires pour le former.

ARTICLE PREMIER.

De la nature du Contrat de Louage d'ouvrage.

393. LE Contrat de louage d'ouvrage differe principalemenr du Contrat de louage de chofe, en ce que c'eft l'ufage d'une chofe accordé pour un certain prix au conducteur qui fait la matiere de celui-ci ; & c'eft un ouvrage donné à faire qui fait la matiere de celui-là. Dans l'un, *res utenda datur*; dans l'autre, *res facienda datur*; dans le louage de chofes, c'eft le conducteur qui s'oblige de payer le prix du louage au locateur. *Contra*, dans le louage d'ouvrage, c'eft le locateur qui s'oblige de payer le prix du louage au conducteur.

Au furplus, ces contrats conviennent en bien des chofes. Le louage d'ouvrage eft de même que le louage de chofe un contrat du droit des gens, c'eft-à-dire, qui n'eft affujetti à aucune forme par le

Droit civil, & qui se régit par les seules regles du Droit naturel.

Il est de même un contrat *consensuel* qui se forme par le seul consentement des parties.

Il est de même un contrat *synallagmatique* qui forme des obligations réciproques.

Il est pareillement un contrat *commutatif*; chacune des parties entend recevoir autant qu'elle donne; le locateur reçoit l'ouvrage, & donne autant qu'il reçoit en donnant au conducteur le prix comme l'équivalent de l'ouvrage.

394. Ce contrat a aussi beaucoup d'analogie avec le contrat de vente; Justinien en ses *Institutes au Tit. de loc. cond.* dit qu'on doute à l'égard de certains contrats, s'ils sont contrats de vente ou contrats de louage, & il donne cette regle pour les discerner: lorsque c'est l'ouvrier qui fournit la matiere, c'est un contrat de vente : au contraire, lorsque c'est moi qui fournis à l'ouvrier la matiere de l'ouvrage que je lui fais faire, le contrat est un contrat de louage : par exemple, si j'ai fait marché avec un Orfévre pour qu'il me fasse une paire de flambeaux d'argent, & qu'il fournisse la matiere ; c'est un contrat de vente que cet Orfevre me fait de la paire de flambeaux qu'il se charge de faire ;

mais si je lui ai fourni un lingot d'argent, pour qu'il m'en fît une paire de flambeaux, c'est un contrat de louage.

Observez que pour qu'un contrat soit un contrat de louage, il suffit que je fournisse à l'ouvrier la principale matière qui doit entrer dans la composition de l'ouvrage ; quoique l'ouvrier fournisse le surplus, le contrat n'en est pas moins un contrat de louage.

On peut apporter plusieurs exemples de ce principe ; lorsque j'envoye chez mon Tailleur de l'étoffe pour me faire un habit ; quoique le Tailleur, outre sa façon, fournisse les boutons, le fil, même les doublures & les galons, notre marché n'en sera pas moins un contrat de louage, parce que l'étoffe que je fournis est ce qu'il y a de principal dans un habit.

Pareillement, le marché que j'ai fait avec un Entrepreneur pour qu'il me construise une maison, ne laisse pas d'être un contrat de louage, quoique par notre marché il doive fournir les matériaux ; parce que le terrein que je fournis pour y construire la maison, est ce qu'il y a de principal dans une maison, *cum ædificium solo cedat.*

ARTICLE II.

Des trois choses requises pour former le Contrat de louage d'ouvrage.

Nous avons vu *suprà*, *Part.* 1. qu'il y avoit trois choses qui étoient de la substance du contrat de louage de choses sans lesquelles on ne pouvoit former ni même concevoir ce contrat : il y a pareillement trois choses nécessaires pour former le contrat de louage d'ouvrage ; sçavoir, 1°. un ouvrage à faire ; 2°. un prix ; 3°. le consentement des parties contractantes.

§. I.

De l'Ouvrage.

395. Il est évident qu'il ne peut y avoir de louage sans un ouvrage que le locateur donne à faire au conducteur qui se charge de le faire.

Il faut que ce soit un ouvrage *à faire.* Il est évident qu'un ouvrage qui est déja fait, ne peut être la matiere de ce contrat.

Il faut que cet ouvrage soit possible; car ce qui n'est pas possible ne peut être la matiere d'aucune obligation, ni par conséquent d'aucun contrat. *Impossibilium nulla obligatio eſt. L.* 185. *ff. de R. Jur.*

Par exemple, ſi j'ai fait marché avec quelqu'un, pour qu'il tranſportât d'un lieu en un autre un bâtiment ſans le démolir, ce marché eſt un marché de fou qui eſt nul, & ne produit de part ni d'autre aucune obligation; cet ouvrage étant quelque choſe d'impoſſible.

Mais pourvû que l'ouvrage que j'ai donné à faire fût quelque choſe de poſſible, quoiqu'il fût impoſſible à celui qui a entrepris de le faire, le contrat de louage eſt valable, & oblige celui qui a entrepris de le faire aux dommages & intérêts du locateur réſultants de l'inexécution du contrat : c'eſt la faute de l'Entrepreneur de n'avoir pas conſulté ſes forces, & d'avoir entrepris un ouvrage qui les ſurpaſſoit : le locateur n'étoit pas obligé de connoître les forces de l'Entrepreneur ; il ſuffit que l'ouvrage fût poſſible en ſoi, pour qu'il fût en droit de compter ſur la promeſſe que lui a faite l'Entrepreneur de le faire. Cela eſt conforme aux principes établis en notre Traité des Obligations, *n.* 136.

396. Il faut encore que l'ouvrage ne ſoit pas contraire aux loix : par exemple, ſi dans une ville où il y auroit une loi de Police qui défendroit d'exhauſſer les maiſons au-delà d'une certaine hauteur, j'ai

fait marché avec un Maçon pour l'exhauſſer au-delà de la hauteur preſcrite par
la Loi ; ce marché eſt nul, & ne produit
de part ni d'autre aucune obligation.

Néanmoins s'il étoit juſtifié que l'une
des parties ſçavoit la Loi, & que l'autre l'ignoroit ; celle des parties qui ſçavoit la Loi ſeroit tenue *actioné de dolo*
des dommages & intérêts réſultants do
l'erreur en laquelle elle auroit induit l'autre partie.

Enfin, il faut que l'ouvrage ne ſoit
pas contraire aux bonnes mœurs ; par
exemple, ſi j'avois fait marché avec un
Peintre pour faire un Tableau ſatyrique
qui offençât l'honneur de quelqu'un, le
contrat ſeroit nul, & ne produiroit de
part ni d'autre aucune obligation ; & ſi
le Peintre, après l'avoir fini, m'en demandoit le prix, le Juge devroit mettre
les parties hors de cour ſur la demande,
& ordonner que le Tableau ſeroit brûlé.

§. I I.

Du Prix.

397. Il eſt de la ſubſtance du contrat de
louage qu'il y ait un prix que celui qui
donne l'ouvrage à faire s'oblige de payer
à celui qui s'eſt chargé de le faire ; au-

trement , ce ne feroit pas un contrat de louage , mais un mandat , comme nous l'avons vu ci-deffus : il n'eft pas néanmoins néceffaire que les parties s'en foient expliquées expreffément par le contrat , il fuffit qu'elles en foient tacitement convenues. Par exemple , lorfque j'envoie de l'étoffe chez un Tailleur pour me faire un habit , & qu'il la reçoit & fe charge de le faire , le contrat eft parfait , quoique nous ne nous foyons pas expliqués fur le prix que je m'oblige de lui payer pour fa façon : nous fommes en ce cas cenfés être tacitement convenus du prix qu'il eft d'ufage de payer dans le lieu pour les façons d'habit.

Si l'ouvrage n'a pas un prix courant & ordinaire comme eft la façon d'un habit, *putà* fi je fuis convenu avec un Entrepreneur de me bâtir une maifon fuivant un certain devis, nous fommes cenfés tacitement convenus du prix que l'ouvrage fera eftimé lorfqu'il fera fait.

398. Ce prix qui eft de l'effence du contrat, doit être un prix qui ne foit pas feulement énoncé *dicis caufâ*, mais que le locateur fe foit véritablement obligé de payer à celui à qui il a donné l'ouvrage à faire ; c'eft ce qui réfulte de la définition que nous avons donnée de ce contrat : c'eft pourquoi, fi le contrat énon-

çoit un prix, & qu'il fût dit par ce même contrat que le conducteur en a bien voulu faire remife au locateur : ce contrat ne feroit pas un contrat de louage, mais un mandat.

399. Il faut auffi que ce prix foit d'une certaine confidération, eu égard à la valeur de l'ouvrage, & qu'il puiffe être confidéré comme le prix auquel les parties contractantes ont eftimé l'ouvrage entre elles ; autrement ce n'eft pas un contrat de louage, mais un mandat : par exemple, fi je vous ai donné à faire un ouvrage de valeur de deux ou trois cents livres, & que vous vous foyez chargé de le faire pour le prix d'un écu feulement que je donnerois pour vous à la bourfe des pauvres de notre Paroiffe, il eft évident que ce contrat n'eft pas un contrat de louage, mais un mandat.

Il n'eft pas néanmoins néceffaire que le prix convenu entre les parties foit précifément le jufte prix de l'ouvrage ; quoiqu'il foit au-deffus ou au-deffous du jufte prix, le contrat ne laiffe pas d'être valable ; il y a feulement iniquité dans le prix, qui oblige dans le for de la confcience ou le locateur à fuppléer ce qui manque au jufte prix, ou le conducteur à reftituer ce qu'il y a d'exceffif.

400. Le prix du contrat de louage d'ou-

vrage doit confifter dans une certaine fomme d'argent ; fi je donne un ouvrage à faire à quelqu'un qui fe charge de le faire, à la charge que je lui donnerai une certaine chofe, autre que de l'argent, ou à la charge que je ferai de mon côté quelque chofe pour lui ; ces contrats ne font pas des contrats de louage, mais des contrats innommés, *facio ut des*, *facio ut facias*.

401. Il n'eft pas néceffaire que la fomme d'argent dans laquelle doit confifter le prix, foit déterminée dès les temps du contrat ; il fuffit qu'elle doive le devenir par l'eftimation qui en fera faite.

Lorfque par le contrat nous fommes convenus d'une certaine perfonne pour eftimer l'ouvrage que je vous donnois à faire, & que cette perfonne eft morte avant que d'avoir fait cette eftimation, ou n'a pas voulu la faire ; fi l'ouvrage n'eft pas commencé, on peut dire que le contrat eft nul, comme l'ayant fait dépendre de l'eftimation de cette perfonne, & que l'une des parties ne peut être obligée par l'autre à convenir d'autres eftimateurs, ayant pu n'avoir confiance qu'en la perfonne convenue : on peut tirer pour cette décifion argument de la Loi *fin. Cod. de contr. empt.* & de ce que nous avons dit en notre Traité du contrat de vente, *n.* 24. mais fi je vous ai fouffert commencer l'ouvrage, on doit dire que nous nous fommes défiftés de cette condition , & que le marché doit avoir lieu pour le prix qui fera réglé par des experts, dont nous ferons obligés de convenir, à défaut de l'eftimation de la perfonne convenue.

§. III.

Du confentement des parties contractantes.

402. Dans le contrat de louage d'ouvrage, comme dans tous les autres contrats, le confentement des parties contractantes doit intervenir fur les chofes qui font la fubftance du contrat ; il doit donc intervenir fur l'ouvrage qui doit faire la matiere du contrat, & fur la qualité de cet ouvrage , fur le prix ; enfin fur le genre du contrat qu'elles entendent faire entre elles : ç'eft pourquoi fi n'ayant pas bien compris quel étoit l'ouvrage & la qualité de l'ouvrage que vous me donniez à faire, j'ai entendu me charger d'un autre ouvrage , ou d'un ouvrage d'une autre qualité que celui que vous avez voulu me donner à faire; ou fi j'ai entendu m'en charger pour un prix plus fort que celui que vous avez voulu me donner ;

donner ; ou fi vous croyez contracter avec moi un contrat de mandat, & que je me chargerois grafuitement de l'ouvrage que vous me donniez à faire ; que j'entendiffe au contraire faire avec vous un contrat de louage, & être payé du prix de cet ouvrage ; dans tous ces cas, il n'y a point de contrat, faute de confentement.

Au refte, le confentement peut intervenir dans ce contrat, de même que dans le louage des chofes, auffi - bien entre abfens qu'entre préfens, par lettres ou bien par entremetteurs.

CHAPITRE II.

Des différentes obligations, tant du Locateur que du Conducteur.

SECTION PREMIERE.

Des obligations du Locateur.

404. CES obligations, de même que dans les autres contrats, naiffent ou de la nature du contrat, ou de la bonne foi, ou des claufes particulieres du contrat.

Q

ARTICLE PREMIER.

Des obligations du Locateur qui naissent de la nature du Contrat de louage.

Les obligations du locateur qui naissent de la nature du contrat de louage, sont celles, 1°. de payer le prix du marché ; 2°. de payer celui des augmentations ; 3°. de faire ce qui dépend de lui pour mettre le conducteur en pouvoir d'exécuter le marché.

§. I.

De l'obligation de payer le prix du marché.

405. La principale obligation du locateur qui nait du contrat de louage consiste à payer au conducteur la somme convenue pour le prix de l'ouvrage.

De cette obligation naît l'action personnelle *ex conducto* qu'a le conducteur contre le locateur pour être payé du prix de l'ouvrage.

Cette action, comme toutes les actions qui naissent des contrats, est une action personnelle. Elle est divisible.

Elle passe aux héritiers du conducteur & contre les héritiers du locateur pour la part pour laquelle ils sont héritiers.

406. Le conducteur n'est ordinairement reçu à cette action, s'il n'y a conven-

tion contraire, ou expreffe ou préfumée, qu'après qu'il a fait l'ouvrage & qu'il l'a fait recevoir, ou qu'il a mis le locateur en demeure de le recevoir : car dans les contrats fynallagmatiques, s'il n'y a convention au contraire, l'un des contractans qui ne s'eft pas encore acquitté, ou qui n'eft pas prêt de s'acquitter de l'obligation qu'il a contractée, n'eft pas reçu à demander que l'autre s'acquite de la fienne : par exemple, un vendeur n'eft pas reçu à demander à l'acheteur le payement du prix, fi de fon côté il ne lui a pas encore délivré, ou s'il n'eft pas prêt de lui délivrer en même temps la chofe vendue : par la même raifon le conducteur ne doit pas être reçu à demander que le locateur s'acquitte envers lui de l'obligation de payer le prix, s'il ne s'eft acquitté lui-même de celle qu'il a contracté de faire l'ouvrage.

§. II.
Du prix des augmentations.

407. Outre le prix porté par le marché, le locateur doit payer auffi celui des augmentations d'ouvrages qu'il a été néceffaire de faire, & qui n'ayant pas été prévues lors du marché, n'en font pas partie. Par exemple, fi dans quelque endroit du lieu où devoient fe faire les fondemens d'un bâtiment que l'Entrepreneur s'eft chargé de conftruire, & qu'on

croyoit un terrein folide, il s'eft trouvé d'anciennes fouilles qui ont donné lieu à une augmentation d'ouvrage, le locateur doit payer le prix de cette augmentation.

Lorfque le locateur foutient que les augmentations qui ont été faites n'étoient pas néceffaires, & qu'elles n'ont pas dû être faites; ou lorfque les parties ne font pas d'accord fur le prix, le Juge renvoie devant des experts pour déclarer fi elles étoient néceffaires, & pour en régler le prix.

Si les augmentations, quoique néceffaires pour la conftruction de l'ouvrage, étoient affez confidérables, pour qu'elles euffent pu porter le locateur à abandonner l'ouvrage, s'il en eût eu connoiffance; l'ouvrier doit, avant que de les faire, confulter le locateur, & le locateur peut en refufer le payement, fi elles ont été faites à fon infçu.

408. Si les augmentations n'étoient pas à la vérité néceffaires, mais que le conducteur foutienne qu'elles ont été faites de l'ordre, ou du moins du confentement du locateur intervenu depuis le marché, la preuve par témoins en peut être admife, pourvu que la fomme demandée pour ces augmentations n'excede pas la fomme de cent livres: on ne peut pour l'empêcher oppofer que lorfqu'il y a un marché par écrit, l'Ordonnance défend la preuve

par témoins contre & outre ce qui y eſt contenu ; car l'Ordonnance par cette diſpoſition défend bien la preuve par témoins des conventions qu'on prétendroit faire partie du marché, lorſqu'elles ne ſont pas exprimées dans l'acte qui en a été fait ; mais elle ne défend pas la preuve des nouvelles conventions qu'on prétend être intervenues depuis le marché, & contenir des augmentations de ce marché.

409. Lorſqu'une femme à Pontichery a fait marché avec le Patron d'un navire pour la paſſer en France où le navire retournoit, & qu'elle eſt accouchée dans le navire ; le Patron peut - il demander une augmentation de prix pour le paſſage de l'enfant, ſur-tout ſi le Patron ne la ſçavoit pas groſſe ? Ulpien en la Loi 19. §. 7. ff. locat. décide pour la négative : La raiſon eſt que l'enfant tient peu de place dans le navire, & ne dépenſe rien des vivres deſtinés pour les paſſagers, *probandum pro infante nihil deberi cum nec vectura ejus magna ſit, neque his omnibus utatur quæ ad navigantium uſum parantur.*

Il y auroit encore moins de difficulté ſi le Patron avoit eu connoiſſance de la groſſeſſe de cette femme lors du marché.

§. III.

De l'obligation du Locateur de faire ce qui dépend de lui pour mettre le Conducteur en pouvoir d'exécuter le marché.

410. L'autre obligation du locateur qui a donné un ouvrage à faire, est de faire ce qui dépend de lui pour mettre le conducteur en pouvoir de faire cet ouvrage.

Par exemple, 1°. si vous avez fait marché avec un Charpentier pour vous faire un auvent de boutique qui a saillie sur la rue, cet ouvrage ne pouvant être fait sans une permission des Trésoriers de France, vous êtes obligé de lui remettre à vos frais cette permission, pour qu'il puisse faire cet ouvrage.

2°. Si vous avez fait marché avec un Entrepreneur pour vous construire un bâtiment dans un certain lieu, vous devez fournir passage à lui & à ses ouvriers, pour aller & venir au lieu où doivent se faire les bâtimens, & pour y conduire les matériaux nécessaires pour la construction.

3°. Vous devez y faire mener à temps les matériaux que vous vous êtes obligé par le marché de fournir & de faire conduire à vos frais.

Faute par le locateur de fatisfaire à cette obligation, fi le conducteur en a fouffert, il peut, *actione ex conducto*, faire condamner le locateur en fes dommages & intérêts, & même faire ordonner la réfolution du marché, faute par le locateur de fatisfaire dans le temps qui lui fera limité par le Juge.

ARTICLE II.

Des obligations du Locateur qui naiffent de la bonne foi, ou des claufes particulieres du contrat.

§. I.

De celles qui naiffent de la bonne foi.

411. La bonne foi oblige le locateur de ne rien cacher ou diffimuler au conducteur de l'étendue de l'ouvrage qu'il lui donne à faire, pour en avoir meilleur marché ; s'il le fait, il eft obligé, au moins dans le for de la confcience, à lui payer ce qu'il auroit exigé de plus, s'il en eût connu toute l'étendue : il peut même y être obligé dans le for extérieur, lorfque le conducteur peut juftifier la fraude du locateur.

412. La bonne foi oblige auffi le locateur

Q iv

mais seulement dans le for de la conscience, à ne pas profiter de l'erreur du conducteur, qui n'ayant pas bien supputé à quoi l'ouvrage qu'il entreprenoit l'engageoit, s'est contenté d'un prix trop modique.

Il y a iniquité dans le prix, non-seulement lorsque le prix porté par le marché est tel que l'Entrepreneur ne puisse pas le faire sans y mettre du sien, mais aussi lorsque l'Entrepreneur ne tire pas du prix porté au marché, un profit convenable qui soit un juste équivalent de son travail.

413. Le locateur qui a connoissance de l'iniquité du prix, pendant que la chose est encore entiere, c'est-à-dire, avant que l'ouvrage soit commencé, est obligé dans le for de la conscience ou de suppléer ce qui manque au juste prix, ou au moins de donner connoissance au conducteur de la lésion qu'il souffre par le marché, & de lui en proposer la résolution.

Si l'Entrepreneur avoit fait quelques dépenses pour l'exécution du marché, pendant que le locateur, qui avoit connoissance de l'iniquité du prix, étoit en retard de l'en avertir, il ne suffiroit pas en ce cas au locateur, pour accomplir toute justice, d'offrir à l'Entrepreneur la

réſolution du marché ; il doit l'indemniſer de ſes dépenſes.

414. Lorſque le locateur n'a eu connoiſſance de l'iniquité du prix qu'après l'ouvrage parfait ou bien avancé, il y a en
ce cas une diſtinction à faire ; ſi l'ouvrage étoit un ouvrage néceſſaire qu'il ne
pût ſe diſpenſer de faire faire, le locateur
eſt obligé à ſuppléer ce qui manque au
juſte prix.

Il en eſt de même, quoique l'ouvrage ne fût pas néceſſaire, ſi le locateur
étoit dans cette diſpoſition de volonté
de le faire, même pour la ſomme à laquelle monte le juſte prix, s'il n'eût pas
pu le faire faire à moindre prix.

Mais ſi le locateur n'eût pas voulu
faire faire l'ouvrage, s'il eût cru qu'il eût
dû couter plus que le prix porté au marché, de l'iniquité duquel il n'a eu connoiſſance que depuis l'ouvrage fini ou
bien avancé ; il n'eſt pas en ce cas, même
dans le for de la conſcience, obligé de
ſuppléer ce qui manque au juſte prix : car
il ne doit pas ſouffrir de l'erreur dans laquelle eſt tombé l'entrepreneur pour faire plus de dépenſe qu'il n'a voulu faire ;
cette erreur qui vient de la faute de l'entrepreneur doit plutôt nuire à l'entrepreneur qui a fait la faute, qu'au locateur.
Tout ce à quoi le locateur pourroit être

Q v

obligé en ce cas dans le for de la conscience, ce seroit de permettre à l'ouvrier d'emporter son ouvrage, s'il étoit de nature à pouvoir s'emporter sans causer de dommage.

§. I I.

Des obligations du Locateur qui naissent des clauses particulieres du contrat.

415. Lorsque le locateur s'est obligé à quelque chose envers le conducteur par quelque clause particuliere du contrat, il doit exécuter ce qui est porté par cette clause.

Le conducteur a contre lui pour l'y obliger l'action *ex conducto ;* car les clauses sont censées faire partie du contrat de louage intervenu entre les parties, soit qu'elles aient été apposées au contrat, soit qu'elles ne soient intervenues que depuis, & *ex intervallo ;* nous ne suivons pas à cet égard les distinctions du Droit Romain rapportées *in Pand. Justin. tit. de pact. n. 34. & seq.*

Le conducteur peut par cette action demander les dommages & intérêts résultans de l'inexécution de l'obligation du locateur, & même quelquefois, suivant les circonstances, conclure à la résolution du contrat.

416. On peut imaginer une infinité d'exemples de clauses particulieres qui interviennent dans le contrat de louage d'ouvrages.

Par exemple, une personne fait marché avec des Maçons Limousins de lui construire un bâtiment sur son héritage : ces Maçons n'ayant pas de crédit sur le lieu, où ils ne sont pas connus, & n'ayant pas d'argent, le locateur convient de répondre pour eux au Boulanger du lieu du pain qu'il leur fournira ; si le locateur, après en être convenu, refusoit de répondre pour eux, il n'est pas douteux que ces Maçons auxquels le Boulanger refuseroit de faire crédit faute de caution, auroient contre le locateur l'action *ex conducto*, pour qu'il fût condamné à exécuter la convention ; & que faute par lui de le faire, le marché fût déclaré résolu, & le locateur condamné aux dommages & intérêts résultants de son inexécution.

Si le Boulanger vouloit bien leur faire crédit sans la caution du locateur, les Maçons n'ayant pas en ce cas d'intérêt à l'exécution de la convention, n'auroient pas d'action contre le locateur.

417. C'est une clause qu'on met quelquefois dans les marchés d'ouvrage à la

Q vj

journée, que le locateur, après la perfection de l'ouvrage, donnera au conducteur, outre le prix des journées, une
certaine somme de gratification, *s'il est
content de l'ouvrage* : ces termes, *si je suis
content de l'ouvrage*, ne doivent pas être
entendus en ce sens que le locateur puisse
être admis indistinctement à dire qu'il n'est
pas content de l'ouvrage pour se dispen-
ser de payer la gratification promise, ce
qui rendroit cette clause nulle & illu-
soire ; il faut qu'il justifie par la visite
qui sera faite de l'ouvrage que l'ouvrage
a quelque défaut considérable qui lui
donne sujet d'en être mécontent ; cette
condition dans un marché, *si je suis content*, est analogue à celle - ci *si probaverit
heres*, sous laquelle un testateur auroit
chargé son héritier d'un legs ; or la Loi
75. *ff. de leg.* 1°. décide que par ces termes *legatum quasi viro bono ei commissum
est, non in meram heredis voluntatem col-
latum.*

S E C T I O N I I.

Des obligations du Conducteur.

418. Les obligations du conducteur, de
même que celles du locateur, naissent
ou de la nature du contrat, ou de la

bonne foi , ou des claufes particulieres
du contrat.

ARTICLE PREMIER.

Des obligations du Conducteur qui naiſſent de la nature du Contrat.

419. Les obligations du conducteur qui
naiſſent de la nature du contrat de louage
d'ouvrage ſont 1°. celles de faire l'ouvrage qu'il s'eſt chargé de faire ; 2°. de
le faire à temps ; 3°. de le bien faire ;
4°. de bien employer les choſes qui lui
ont été fournies par le locateur pour la
confection de l'ouvrage , & d'apporter le
ſoin convenable à leur conſervation.

§. I.

De l'obligation de faire l'ouvrage.

420. La principale obligation que contracte le conducteur eſt celle de faire
l'ouvrage qu'il s'eſt chargé de faire.

Il n'eſt pas ordinairement tenu de
faire par lui-même cet ouvrage, il peut
le faire faire à ſa décharge par un autre
à qui il ſoûbaillera cet ouvrage à faire.

S'il trouve à le ſoûbailler à un prix
moindre , il en profitera , & le locateur

n'en fera pas moins tenu de lui payer le prix entier convenu par le premier marché ; *vice versâ* s'il l'a foûbaillé pour un prix plus fort, c'eſt une perte qu'il souffrira, le locateur n'étant obligé de lui payer que le prix convenu par le premier marché fait entr'eux.

421. Le principe que le conducteur peut faire faire l'ouvrage par un autre, reçoit exception à l'égard des ouvrages de génie dans lesquels on confidere le talent perſonnel de celui à qui on le donne à faire : comme lorſque j'ai fait marché avec un Peintre pour peindre un plafond, il ne lui eſt pas permis de le faire faire par un autre fans mon conſentement.

422. De cette obligation que le conducteur contracte de faire l'ouvrage dont il s'eſt chargé, naît l'action *ex conducto*, qu'a le locateur contre lui pour le faire condamner à le faire, dans un temps qui lui fera fixé par le Juge, finon en fes dommages & intérêts réfultants de l'inexécution de l'obligation.

On fait affez fouvent ordonner que faute par le conducteur de faire commencer dans un tel temps l'ouvrage, & de le parachever dans un tel temps, le locateur fera autorifé à faire marché avec un autre pour faire l'ouvrage, ou ce qui en refle, en appellant le conducteur au marché, & on condamne le premier conducteur à payer par forme de dommages & intérêts ce qu'il en coutera de plus par le second marché, que le prix convenu par le premier.

423. Cette action qu'a le locateur contre le conducteur pour lui faire faire l'ouvrage dont il s'eft chargé, eft une action indivisible ; la conftruction d'un ouvrage étant quelque chofe d'indivisible, fuivant les principes établis en notre Traité des obligations.

C'eft pourquoi fi le conducteur qui a contracté cette obligation laiffe plufieurs héritiers, chacun des héritiers peut être affigné à faire tout l'ouvrage ; mais il peut demander délai pour mettre fes cohéritiers en caufe, & étant tous en caufe, faute par eux de remplir leur obligation, chacun d'eux ne fera condamné que pour fa part aux dommages & intérêts réfultans de l'inexécution de l'obligation primitive : cela eft conforme aux principes que nous avons établis en notre Traité des obligations, *n.* 324. & 333.

§. I I.

De l'obligation de faire l'ouvrage à temps.

424. Il ne fuffit pas au conducteur de faire l'ouvrage dont il eft chargé pour remplir entierement fon obligation ; il

doit le faire & l'achever dans le temps porté par le marché ; s'il ne l'a pas achevé dans ce temps, il eſt tenu des dommages & intérêts que le locateur a souffert du retard.

Par exemple, ſi j'ai fait marché avec un entrepreneur de me conſtruire une maiſon, & de la rendre parfaite & en état d'être habitée à la S. Jean 1763, cet entrepreneur qui n'a pas achevé ma maiſon dans ledit temps, quoiqu'il l'ait achevée depuis, eſt tenu de m'indemniſer du loyer que j'aurois pu avoir de cette maiſon, & que je n'ai pu louer, parce qu'elle n'a pas été achevée au temps convenu ; & ſi je l'avois louée pour le terme de S. Jean, dans la confiance qu'elle feroit alors achevée, & que n'ayant pu remplir mon obligatio , j'aie été condamné en des dommages & intérêts envers le locataire, l'entrepreneur, par le retard duquel je n'ai pu la remplir, eſt en outre tenu de m'en acquitter.

Quoique le temps dans lequel l'ouvrage doit être fait ne ſoit pas exprimé par le contrat, il y eſt quelquefois ſous-entendu par les circonſtances : par exemple, ſi aux approches du temps de la Foire, un Marchand a fait marché avec un oûvrier pour raccommoder une loge ou eſtal qu'il a dans la place de la Foire, quoique le temps dans lequel cet ouvrage doit être fait ne soit pas exprimé par le marché, il est évident que les parties ont entendu qu'il seroit fait avant la Foire, pour que la loge ou estal fût en état de servir lorsque la Foire commenceroit ; c'est pourquoi l'ouvrier, faute d'avoir fait l'ouvrage dans ce temps, doit être tenu des dommages & intérêts que le locateur a soufferts.

§. I I I.

De l'obligation de faire bien l'ouvrage.

425. Il y a lieu à l'action *ex locato* contre le conducteur non-seulement lorsqu'il n'a pas fait l'ouvrage qu'il s'est chargé de faire, mais aussi lorsque l'ouvrage est défectueux & mauvais ; soit que le vice vienne des mauvais matériaux que l'entrepreneur a employé, soit qu'il vienne de la façon & de l'impéritie de l'entrepreneur ou des ouvriers qu'il a employés ; car quiconque se charge d'un ouvrage, s'oblige de le faire bien & selon les regles de l'art, *spondet peritiam artis* ; & c'est de sa part une faute de se charger d'une chose qui surpasse ses forces, & d'employer de mauvais ouvriers ; c'est le cas de cette regle de droit, *imperitia*

culpæ annumeratur , **L. 132.** *ff. de R. J.*

426. Lorſque le conducteur ne convient pas des défectuoſités de ſon ouvrage dont le locateur ſe plaint , & ſoutient
au contraire qu'il eſt recevable, le Juge
en ordonne la viſite ; & s'il eſt trouvé
défectueux , il condamne l'entrepreneur
à en reparer les défectuoſités ; & faute
par lui de le faire dans un certain temps
qu'il lui preſcrit , il autoriſe le locateur
à le faire faire par qui bon lui ſemblera,
aux dépens de cet entrepreneur.

L'entrepreneur eſt en outre tenu des
dommages que le vice de ſon ouvrage
a cauſé au locateur : par exemple, ſi j'ai
fait marché avec un ouvrier pour me
conſtruire ou pour me réparer une maiſon , & que par le vice de la conſtruc-
tion ou des matériaux qu'il a employés,
la maiſon ſe ſoit écroulée , il ſera tenu
de la perte que j'ai ſoufferte des meubles qui ont été rompus par la chute de
la maiſon, & qu'on n'a pu ſauver.

Il faut néanmoins à cet égard ſuivre
les tempéramens que nous avons apporté en notre Traité des obligations ,
n. 165.

§. IV.

De l'obligation du Conducteur par rapport aux choses que le Locateur lui a fournies pour l'ouvrage qu'il lui a donné à faire.

427. La principale obligation que contracte le conducteur par rapport aux choses que le locateur lui fournit pour l'ouvrage qu'il lui donne à faire, est de les bien employer.

S'il ne les a pas bien employées, & que par son impéritie il les ait gâtées & mises hors d'état de pouvoir servir à l'ouvrage, il doit ou en fournir à ses dépens d'autres de pareille qualité, ou en payer la valeur au locateur, à la charge par le locateur de laisser à ce conducteur celles qu'il a gâtées, pour en faire ce que bon lui semblera.

Par exemple, si j'ai fait marché avec un Entrepreneur pour me construire une maison, avec les matériaux que je lui fournirai, & qu'il ait mal taillé les bois qui devoient servir pour l'escalier, de maniere qu'ils n'y puissent plus servir, il est obligé de les prendre pour son compte, & de m'en fournir d'autres de pareille qualité, ou de m'en payer la valeur.

Pareillement fi j'ai donné de l'étoffe à un Tailleur pour me faire un habit, & qu'il m'en ait fait un qui ne foit pas recevable, il eft obligé de garder l'habit pour fon compte, & de me payer le prix de l'étoffe.

428. Le conducteur, de même que dans le cas du paragraphe précédent, eft à cet égard tenu non-feulement de fa propre faute, mais de celle des fous-conducteurs, à qui l'ouvrage auroit été foubaillé à faire, foit pour le tout, foit pour partie, & de celle des ouvriers que lui ou les fous-conductueurs auroient employés.

Si ce n'eft pas par la faute ou impéritie du conducteur; ni par celle des perfonnes dont il eft refponfable que les chofes qui lui ont été fournies ont été gâtées en les employant, mais que cela foit arrivé par un vice de cette chofe qui n'a pas été prévu, le conducteur ne fera pas tenu de cette perte, à moins que par une claufe particuliere du marché, il ne fe fût expreffément chargé du rifque de ce cas fortuit. C'eft ce qui eft décidé en la Loi 13. §. 5. ff. locat. Si gemma includenda aut infculpenda data fit, eaque fracta fit ; fi quidem vitio materiæ factum fit, non erit ex locato actio ; fi imperitiâ facientis, erit ; & il ajoute, nifi

*periculum in se artifex receperat , tunc enim,
etsi vitio materiæ id evenit , tenebitur,*

429. Le conducteur contracte encore une
autre obligation à l'égard des choses que
le locateur lui fournit pour l'ouvrage
qu'il lui donne à faire ; c'est d'apporter
à leur conservation le soin d'un diligent
pere de famille depuis qu'elles lui ont
été remises.

Par exemple , si j'ai donné à un Tailleur
des galons pour un habit que je lui
avois donné à faire , & qu'on les lui ait
dérobé, il en est responsable ; car c'est sa
faute de les avoir laissé dérober , & de
ne les avoir pas mis en lieu sûr , & sous
la clef.

Le locateur a contre le conducteur
en ce cas l'action *ex locato* pour le faire
condamner à lui rendre le prix de sa chose
faute de pouvoir la représenter , si mieux
il n'aime en fournir une autre de pareille
qualité.

Ce prix se regle sur ce qu'elle paroît
avoir coûté au locateur par la quittance
que lui en a donné le Marchand , à moins
que le prix de ces choses ne fût augmenté
depuis ; car le conducteur doit rendre la
valeur présente.

430. Le locateur qui est remboursé par
le conducteur doit subroger le conducteur
en tous ses droits & actions, pour la ré-

pétition de la chose, tant contre le voleur que contre tous ceux en la possession desquels la chose se trouveroit : le conducteur peut même, selon nos usages, les exercer, quoiqu'il n'ait pas été expressément subrogé ; il est censé l'être tacitement par la quittance du prix que le locateur lui a donné.

431. Si depuis que le conducteur a été condamné de payer le prix de la chose qui lui a été dérobée, cette chose se retrouvoit, je pense qu'il doit être reçu à la représenter, n'ayant été condamné à payer le prix, que faute de représenter la chose.

Je pense néanmoins qu'il faut pour cela que les choses soient entieres ; car si dans l'espece ci-dessus proposée, le locateur envers qui le Tailleur a été condamné de payer le prix des galons dérobés, en avoit acheté d'autres, le Tailleur ne pourroit plus être absous de la condamnation d'en payer le prix, en représentant les galons qu'il auroit recouvrés : les choses en ce cas ne sont plus entieres, & le locateur n'a plus besoin de ceux qui lui sont représentés ; il est fondé à les refuser, & à les laisser au Tailleur pour son compte.

A plus forte raison, si après que le conducteur a payé au locateur le prix

de la chofe dérobée, le conducteur re-
couvre la chofe, il ne doit pas être admis, en offrant de la repréfenter, à répéter le prix qu'il a payé, lorfque les
chofes ne font plus entieres, & que le
locateur l'a dépenfé.

ARTICLE II.

*Des obligations du Conducteur qui naiffent
de la bonne foi & des claufes appofées au
Contrat.*

432. La bonne foi qui doit regner dans le
contrat de louage, de même que dans
les autres contrats, oblige le conducteur
à n'ufer d'aucun menfonge, ni d'aucun
autre artifice, pour faire paroître l'ouvrage qu'on lui donne à faire plus confidérable qu'il n'eft en effet, afin d'en
tirer un plus grand prix.

Ce n'eft pas tout : la bonne foi l'oblige
à ne pas demander un prix qui foit
au-delà du jufte prix ; & il eft obligé
dans le for de la confcience à reftituer
au locateur qui ignoroit le jufte prix,
ce qu'il en a reçu de plus : cela eft fondé
dans la nature des contrats commutatifs
où chacune des parties doit recevoir le
jufte équivalent de ce qu'elle donne.

433. Enfin le conducteur eft tenu de rem-

plir toutes les obligations qui naiſſent des clauſes particulieres appoſées au contrat de louage.

Par exemple, ſi le conducteur qui a entrepris de conſtruire un bâtiment, a par une clauſe particuliere du contrat, garanti le locateur qu'il n'y auroit de dix ans aucunes réparations à y faire, & s'eſt obligé à faire toutes celles qui ſurviendroient, pour un écu par chaque année, le conducteur eſt obligé de remplir cette obligation ; & ſi dans le temps des dix années, il ſurvient quelque réparation, le locateur peut *actione ex locato* l'obliger à les faire pour le prix convenu d'un écu.

Au reſte cette convention ne s'étend pas à celles auxquelles un tremblement de terre ou un violent ouragan auroient donné lieu, ces cas étant cenſés n'avoir pas été prévûs.

CHAPITRE III.

Aux riſques de qui eſt l'ouvrage avant qu'il ſoit reçu ou même parachevé.

L'Ouvrage qui fait l'objet du contrat de louage, même avant qu'il ſoit reçu, & même avant qu'il ſoit fini, eſt aux riſques du locateur, en ce ſens,

que

que s'il périt par une force majeure, la perte en doit tomber entierement fur le locateur, & non fur le conducteur qui doit être payé, non du total du prix fi l'ouvrage eft péri avant qu'il ait été parachevé, mais du prix de ce qui en avoit été fait.

C'eft ce qui eft décidé en la loi 59. *ff. locat.* où il eft dit : *Marcius domum faciendam à Flacco conduxerat ; deinde operis parte effectá terræ motu concuffum erat ædificium ; Maffurius Sabinus fi vi naturali, veluti terræ motu hoc acciderit, Flacci effe periculum.*

La raifon eft, que le contrat de louage d'ouvrage étant un contrat commutatif, de la claffe des contrats, *do ut facias*, *L. 5. §. 2. ff. præfcr. verb.* dans lequel le conducteur donne au locateur fon travail, pour la fomme d'argent convenue pour le prix ; il eft jufte que quoiqu'il ait été empêché par une force majeure de parachever fon travail, il reçoive néanmoins une partie du prix, à proportion de la partie de ce travail qu'il a fait pour le compte du locateur.

Ajoutez, qu'à mefure que le conducteur travaille fur une chofe principale, fur laquelle le locateur lui a donné un ouvrage à faire ; tout ce qui réfulte du travail de l'ouvrier, même les matériaux

R

qu'il fournit accédent à la chofe principale fur laquelle il travaille, & en deviennent un acceffoire.

Par exemple, lorfque j'ai fait marché
avec un architecte pour qu'il me conf-
truife, fur mon terrein, un bâtiment dont
il me fournira les matériaux, à mefure
que le bâtiment s'éléve, il devient un acceffoire de mon terrein fur lequel il eft
conftruit, fuivant la régle de Droit *Ædificium folo cedit* : tout ce qui réfulte du travail de l'Architecte, les matériaux qu'il
a fournis, & le commencement de forme
qui leur eft donné, m'eft acquis *jure ac-
ceffionis*; c'eft pourquoi Ulpien en la Loi
39. *ff. de rei vend.* dit, *redemptores qui
fuis cæmentis ædificant ftatim cæmentum
faciunt eorum in quorum folo ædificant* :
ce commencement de bâtiment à mefure
qu'il s'éleve doit donc être aux rifques
du locateur, fur le terrein duquel il eft
conftruit; & s'il vient à périr par quelque force majeure, comme par un tremblement de terre, c'eft lui qui en doit
porter la perte, fuivant la regle *res perit
Domino*.

Il en feroit autrement fi j'avois eu
convention avec un Architecte qu'il me
bâtiroit une maifon fur fon propre terrein, fuivant un dévis, dont il me met-
troit en poffeffion pour un certain prix

lorſqu'elle ſeroit bâtie : l'Architecte dans cette eſpece bâtiſſant la maiſon ſur ſon propre terrein , cette convention n'eſt pas un contrat de louage , mais un contrat de vente que cet Architecte me fait de la maiſon lorſqu'elle ſera bâtie ; il n'y a pas encore de choſe vendue , c'eſt *venditio rei futuræ* ; c'eſt pourquoi il n'y a encore rien qui puiſſe être aux riſques de l'acheteur , juſqu'à ce qu'il y ait une maiſon parachevée : tant qu'elle ne l'eſt pas , le bâtiment à meſure qu'il s'éleve , eſt aux riſques de l'Architecte , à qui il appartient comme faiſant partie de ſon terrein ; & s'il vient à périr par un tremblement de terre , ou par quelqu'autre accident , c'eſt pour le compte de l'Architecte qu'il périt.

433. Le principe que l'ouvrage eſt aux riſques du locateur , même avant qu'il ait été reçu , & même avant qu'il ait été parachevé, n'a lieu que lorſque c'eſt par un accident & une force majeure que l'ouvrage commencé a péri , ſoit en total , ſoit en partie. *L. 36. L. 59. ff. locat. cond.*

434. Même en ce cas la perte ne tomberoit pas ſur le locateur , ſi l'ouvrage qui eſt péri , quoique par une force majeure , étoit un ouvrage défectueux & non recevable ; c'eſt ce qu'enſeigne Ja-

volenus en la Loi 37. *ff. locat. cond. Si priusquam locatori opus probaretur vi aliquâ consumptum est, detrimentum ad locatorem pertinet si tale opus fuit ut probari deberet.*

Mais en ce cas, c'est au locateur qui refuse de payer le prix à justifier que l'ouvrage qui est péri par un ouragan, un tremblement de terre ou autre force majeure, étoit un ouvrage défectueux & non recevable.

Si le locateur prouve que l'héritage étoit totalement défectueux, & tel qu'il eût fallu le détruire entierement, dans le cas auquel l'accident ne seroit pas arrivé ; l'Architecte ne peut rien demander du prix de l'ouvrage.

S'il prouvoit seulement que l'ouvrage avoit certaines défectuosités qui pouvoient se réparer sans détruire l'ouvrage, le locateur doit payer le prix sous la déduction de ce qu'il en eût couté pour réparer lesdites défectuosités.

435. Lorsqu'il n'est ni avoué entre les parties, ni justifié qu'il soit arrivé quelque accident ou force majeure qui ait pu donner lieu à la ruine de l'ouvrage, l'ouvrage qui vient à périr en tout ou partie avant qu'il ait été parachevé, & même après qu'il a été parachevé, mais avant qu'il ait été reçu, est présumé être péri par le défaut de l'ouvrage, & par

conféquent par la faute de l'ouvrier, qui, en conféquence ne fera pas reçu à demander le prix de cet ouvrage qui eſt péri. C'eſt en ce fens qu'il faut entendre ce que dit Florentinus en la Loi 36. *ff. locat. Opus quod averſione locatum eſt, donec adprobetur, conductoris periculum eſt.*

436. Cette Loi obſerve une différence remarquable entre un marché d'ouvrage fait *averſione*, c'eſt-à-dire, par lequel l'Entrepreneur ſe charge de faire tout l'ouvrage & le rendre parfait ; & un marché fait à la toiſe, par lequel on convient ſeulement avec l'ouvrier qu'il travaillera à l'ouvrage à raiſon de tant par chaque toiſe qu'il en aura fait. Lorſque le marché eſt fait *averſione*, l'Entrepreneur ne peut faire recevoir l'ouvrage qu'il ne ſoit entierement parachevé ; & juſqu'à ce temps il eſt à ſes riſques. Au contraire lorſque le marché eſt fait à la toiſe, l'Entrepreneur n'eſt pas obligé d'attendre que l'ouvrage ſoit entierement parachevé. A meſure qu'il avance, il peut demander que ce qu'il a fait ſoit toiſé, & que le locateur le reçoive, s'il ne s'y trouve rien de défectueux ; & lorſque ce qu'il a fait aura été toiſé & reçu, il ceſſera pour cette partie d'être à ſes riſques.

Opus quod averſione locatum eſt donec

R iij

adprobetur conductoris periculum est : quod verò ita conductum sit, ut in pedes mensuras-ve præstetur , eatenùs conductoris periculo est , quatenùs admensum non sit. D. L.

Après que l'ouvrage a été parachevé, ou après qu'il aura été toisé , lorsqu'il a été fait à la toise , le locateur doit le re-cevoir , c'est-à-dire , l'approuver , s'il n'y trouve pas de défaut ; s'il y en trou-ve , & qu'en conséquence il refuse de le recevoir , le Juge en doit ordonner la visite par experts , dont les parties doi-vent convenir comme nous l'avons vu *suprà , c. 2. sect. 2. art. 1. §. 3.*

437. L'ouvrage est censé tacitement re-çu lorsque le locateur a laissé passer un temps un peu considérable sans s'en plain-dre , sur-tout s'il en a payé le prix sans protestation.

CHAPITRE IV.

De la résolution du Contrat de louage d'ouvrage.

438. LE contrat de louage d'ouvrage peut , de même que les autres contrats , se résoudre par le consentement des parties ; quelquefois par la volonté

d'une feule partie, quelquefois par la mort de l'une des parties, quelquefois par une force majeure qui en empêche l'exécution.

§. I.

De la réfolution du Contrat de louage par le confentement des parties.

439. Cette réfolution, lorfqu'elle intervient avant que l'ouvrage ait été commencé, ne donne lieu à aucuns dommages & intérêts, à moins qu'il n'en ait été convenu autrement entre les parties par l'acte de réfolution du contrat.

Le contrat de louage d'ouvrage peut fe réfoudre par le confentement mutuel des parties, même depuis que l'ouvrage a été commencé ; mais le locateur en ce cas doit payer au conducteur ou entrepreneur le prix de ce qui a été fait, à moins qu'il n'y ait convention contraire.

§. I I.

Si le Contrat de louage d'ouvrage peut fe réfoudre par la volonté de l'une des parties.

440. Il faut examiner la queftion à l'égard du locateur & à l'égard du conducteur.

A l'égard du locateur, s'il ne juge plus à propos de faire faire l'ouvrage

qu'il a donné à faire, il peut réfoudre le marché en avertiffant le conducteur & en l'indemnifant.

, Par exemple, fi j'ai fait marché avec
un entrepreneur pour la conftruction
d'un bâtiment, & que depuis le marché
conclu & arrêté entre nous, je lui dé-
clare que je ne veux plus bât·, & que
je demande en conféquence la réfolution
du marché, l'entrepreneur ne peut pas
s'oppofer abfolument à la réfolution du
marché, & prétendre que je doive lui
payer le prix entier du marché, aux offres qu'il fait de remplir de fa part fon
obligation, & de conftruire le bâtiment
porté au dévis ; car il a pu me furvenir
depuis la conclufion dé notre marché de.
bonnes raifons pour ne pas bâtir, dont je
ne fuis pas obligé de rendre compte ; il
a pu me furvenir des pertes dans mes
biens qui me mettent hors d'état de faire
la dépenfe que je m'étois propofée. Mais
fi je dois être reçu à demander la réfolution du marché, ce ne peut être qu'à
la charge de dédommager l'entrepreneur,
s'il fouffre quelque dommage de fon inexécution. *Putà* fi avant que je lui euffe
déclaré mon changement de volonté, il
avoit déja fait emplette de quelques matériaux qu'il fera obligé de revendre à
perte, s'il avoit déja loué des ouvriers

qui lui deviennent inutiles ; on doit auſſi comprendre dans les dommages & intérêts de l'entrepreneur , le profit qu'il auroit pu faire ſur d'autres marchés que celui dont on demande la réſolution lui a fait refuſer.

441. Le locateur peut demander la réſolution du contrat , quand même l'ouvrage auroit déja été commencé ; & du jour qu'il a ſignifié à l'entrepreneur qu'il n'entendoit plus que l'ouvrage fût continué , l'entrepreneur doit le diſcontinuer. Le locateur eſt ſeulement tenu en ce cas de lui payer le prix de ce qu'il a fait par eſtimation & ventilation , enſemble ſes dommages & intérêts , s'il en ſouffre de l'inexécution du marché , comme il a été dit ci-deſſus.

442. Si le locateur avoit payé entierement le prix du marché , pourroit-il demander la réſolution du marché , & répéter le prix qu'il a payé ſous la déduction des dommages & intérêts que l'entrepreneur a ſouffert de l'inexécution du marché & du prix de ce qui a été fait ſi l'ouvrage avoit été déja commencé ? La raiſon de douter eſt que la ſomme qui a été payée à l'entrepreneur lui étoit dûe , lorſqu'elle lui a été payée , puiſque le locateur s'étoit obligé par le contrat intervenu entr'eux de la lui payer

pour le prix de l'ouvrage : or il ne peut y
avoir lieu à la répétition d'une fomme
qui a été payée , que lorfqu'elle n'étoit
pas dûe. La réponfe eft que cette fomme n'étoit dûe à l'entrepreneur qu'autant qu'il feroit & paracheveroit l'ouvrage dont elle étoit le prix : le locateur étant
toujours le maître , comme nous venons
de le voir , d'empêcher la confeétion ou
la continuation de l'ouvrage , en offrant
les dommages & intérêts que l'entrepreneur fouffre de l'inexécution du marché;
l'ouvrage ne devant plus fe faire ; la
fomme qui a été payée pour le prix de
cet ouvrage fe trouve n'avoir pas été
dûe , & il y a lieu à la répétition de cette
fomme par l'aétion qu'on appelle en Droit
condiétio fine causâ, qui a lieu non-feulement lorfqu'une fomme a été promife
ou payée fans caufe ; mais lorfque la
caufe pour laquelle elle a été promife ou
payée n'a pas eu lieu , *five ab initio fine
caufa promiffum eft, five fuit caufa promit-
tendi , qua finita eft, vel fecuta non eft, dicendum eft condiétioni locum fore*, L. 1.
§. 2. ff. *de condiét. fine causâ.*

Obfervez que non-feulement on doit
permettre à l'entrepreneur de déduire
& retenir fur cette fomme celle à laquelle on évaluera les dommages & intérêts qu'il a fouffert de l'inexécution du

marché ; mais s'il allegue qu'il n'a plus l'argent qu'il a reçu, & qu'il l'a dépenſé, on doit lui accorder des termes de paye-ment pour la reſtitution de ce qu'il doit rendre, de maniere qu'il ne ſoit point incommodé de cette reſtitution.

443. A l'égard du conducteur, lorſque le marché a été conclu, il ne peut plus ſe diſpenſer de l'exécuter ; s'il eſt en demeu-re de l'exécuter, le locateur peut le faire condamner à faire l'ouvrage qu'il s'eſt char-gé de faire, & faire ordonner que faute par lui de le commencer dans un temps qui lui ſera preſcrit par le Juge, le locateur ſera autoriſé à faire marché avec un au-tre ouvrier pour faire l'ouvrage aux riſ-ques & aux dépens de ce conducteur, en appellant le conducteur au marché.

§. I I I.

Si le Contrat de louage d'ouvrage ſe réſout par la mort du Locateur.

444. La mort du locateur ne réſout pas le contrat de louage d'ouvrage ; ſon héri-tier lui ſuccede aux droits & actions qui réſultent de ce contrat, & il peut, de même que l'auroit pu le défunt, faire condamner le conducteur à l'exécuter, s'il étoit en retard de le faire.

Mais si l'héritier ne juge pas à propos que le marché soit exécuté, il peut en résoudre le marché comme l'auroit pu faire le défunt locateur, en avertissant le conducteur & en l'indemnisant. Voyez ce que nous avons dit au paragraphe précédent.

445. Tant qu'il ne fait pas cette déclaration, le marché subsiste, & le conducteur est en conséquence fondé à l'exécuter : en cela le louage diffère du mandat qui se résout de plein droit par la mort du mandant.

446. Lorsque le locateur laisse plusieurs héritiers, ils doivent convenir entre eux si on exécutera le marché ou non ; si avant que d'en être convenus, l'un d'eux dénonçoit au conducteur qu'il n'entend pas qu'on fasse l'ouvrage, ou s'il étoit commencé, qu'il n'entend pas qu'on le continue ; le conducteur devroit l'assigner pour faire ordonner qu'il seroit tenu de se regler avec ses cohéritiers dans un temps qui seroit imparti par le Juge, & que faute de se regler, ledit temps passé, le conducteur seroit autorisé à commencer ou à continuer l'ouvrage, sous la réserve des dommages & intérêts dudit conducteur, si aucuns il a souffert de l'inexécution ou du retard apporté par ladite dénonciation à l'exécution du marché.

Si ses héritiers sont de différents avis les uns voulant l'exécution du marché, les autres ne la voulant pas, ils doivent faire décider la question par le Juge, qui la décidera par le *quid utilius*, & nommera pour cet effet des arbitres, lesquels sur l'examen qu'ils feront du marché & des fonds de la succession, déclareront quel est le parti qu'ils estiment être le plus avantageux.

447. Lorsque l'ouvrage qui fait l'objet du marché est à faire sur un héritage propre d'une certaine ligne, & que le locateur est mort laissant un héritier aux propres de cette ligne, & un autre héritier à ses meubles & acquêts, lequel de ces deux héritiers succédera-t-il aux droits résultans du contrat de louage, & à l'action qu'avoit le locateur pour faire condamner le conducteur à le faire ? Il semble que l'héritier aux propres n'y puisse succéder ; car l'obligation du conducteur d'où naissent le droit & l'action que le locateur défunt avoit contre lui, étant une obligation qui consiste à faire quelque chose, & qui faute par le débiteur de l'avoir fait, se résout en dommages & intérêts qui consistent dans la somme d'argent à laquelle ils seront liquidés ; cette obligation est une obligation mobiliaire, & par conséquent le

droit & l'action qui ont résulté de cette obligation du conducteur au profit du locateur, envers qui elle a été contractée, sont droits mobiliers qui paroissent faire partie de la succession mobiliaire du locateur, à laquelle cet héritier aux propres n'est pas appellé.

D'un autre côté, inutilement l'héritier aux meubles & acquêts succederoit-il aux droits & actions résultans de ce contrat de louage, puisque l'ouvrage qui en fait l'objet étant un ouvrage à faire sur un héritage auquel il ne succede point, il ne peut avoir aucun intérêt qu'il soit fait ; & par conséquent inutilement succederoit il à l'action du locateur pour obliger le conducteur à le faire. C'est pourquoi je pense que l'héritier aux propres qui succede à l'héritage où l'ouvrage doit se faire, doit aussi succéder à l'action qu'avoit le locateur défunt contre le conducteur pour l'obliger à le faire ; car quoique cette action en elle-même soit une action mobiliaire, & qui ne fait pas proprement partie de l'héritage, à la succession duquel cet héritier est appellé, néanmoins c'est une action par rapport à cet héritage, & qui en ce sens peut être considérée comme en étant une appartenance ou dépendance ; & il y a lieu de soutenir que la Loi qui appelle les lignagers à la fucceffion des héritages propres du défunt, les appelle auffi à la fucceffion de tous les droits & actions que le défunt avoit par rapport auxdits héritages, comme à une dépendance de cette fucceffion, fur-tout lorfqu'il n'y a que ceux qui fuccédent à l'héritage qui y puiffent utilement fuccéder. C'eft ce qui paroîtra par l'exemple des droits réfultans des baux à ferme ou à loyer. Lorfque quelqu'un a fait un bail à ferme ou à loyer de fon héritage propre d'une certaine ligne , & qu'il laiffe un héritier aux propres qui fuccede à cet héritage , & un autre héritier aux meubles & acquêts ; quoique l'action qu'avoit le défunt contre le locataire ou fermier foit une action mobiliaire , néanmoins il n'eft pas douteux dans l'ufage que l'héritier aux propres qui fuccede à cet héritage , quoiqu'il ne foit pas en même temps héritier au mobilier, fuccede à cette action , & qu'il peut en vertu de cette action obliger le locataire ou fermier à entretenir le bail pendant tout le temps pour lequel il a été fait ; & la raifon en eft que ce'te action eft une action que le défunt avoit par rapport à cet héritage , qui en eft comme une efpece de dépendance, & qui ne peut être utile qu'à celui qui fuccede à cet héritage : or il y a entiere parité de raifon pour décider la

même chofe dans notre efpece à l'égard
de l'action qui réfulte d'un contrat de
louage d'ouvrage.

Je fçai qu'il y a des Jurifconfultes François qui prétendent fe tirer d'une autre
maniere de cette difficulté, en difant que
l'héritier au mobilier fuccede véritablement aux droits & actions que le défunt
avoit contre l'entrepreneur, réfultans du
marché pour l'ouvrage à faire fur fon héritage propre, ces droits étant des droits
mobiliers ; mais que l'héritier au mobilier
qui y fuccede eft tenu *judicio familiæ ercifcundæ* les céder à l'héritier aux propres
à qui feul ils peuvent être utiles : cela ne
me paroit pas fatisfaifant ; car ces héritiers fuccédant à différents biens & n'ayant
rien entre eux de commun, il n'y a aucun
partage à faire entre eux ; il n'y a à faire
entre eux qu'un fimple acte de contribution pour la part dont chacun eft tenu du
paffif de la fucceffion : n'y ayant aucun
partage à faire entre eux, ni par conféquent de *judicium familiæ ercifcundæ* ;
comment peut-'on dire que l'héritier au
mobilier eft tenu de céder les droits & actions réfultans du marché à l'héritier aux
propres ? D'ailleurs fi c'étoit l'héritier au
mobilier qui y fuccédât véritablement,
pourquoi n'en pourroit-il pas difpofer
comme bon lui fembleroit, & en faire

remife au débiteur ? *Quo jure* l'héritier aux propres qui n'en feroit pas l'héritier , auroit - il néanmoins le droit de lui demander qu'il lui fît une ceffion de ces droits ? Il me femble qu'il eft bien plus fimple, fans avoir recours à cette ceffion, de dire comme nous le difons que la loi qui défere à l'héritier aux propres la fucceffion aux propres du défunt, lui défere auffi les actions que le défunt avoit pour les ouvrages à faire fur ce propre, comme ne pouvant être utiles qu'à lui, & comme étant en conféquence une efpece de dépendance de la fucceffion aux propres qu'elle lui défere.

448. A l'égard de l'obligation que le locateur défunt a contractée envers le conducteur pour un ouvrage à faire fur un de fes héritages propres ; cette obligation eft une dette de fa fucceffion, dont tous fes héritiers , ceux au mobilier , auffi - bien que ceux aux propres , font tenus chacun pour leur part héréditaire.

Il faut néanmoins diftinguer plufieurs cas. Le premier cas eft lorfque le locateur eft mort après l'ouvrage achevé : il n'eft pas douteux en ce cas que ce qui étoit dû par le locateur lors de fa mort pour le prix dudit ouvrage eft dû par tous fes héritiers; que l'héritier aux acquêts , quoiqu'il ne profite en rien de cet ouvrage , en eft tenu

pour sa part héréditaire , & que l'héritier
aux propres , quoiqu'il en profite seul ,
n'est tenu de cette dette que pour sa part,
de même que lorsqu'un héritier aux acquêts succede à un héritage acquis par le
défunt qui en devoit le prix, l'héritier aux
propres qui ne profite en rien de l'acqui-
sition ne laisse pas de devoir sa part du
prix : la raison est que (comme nous l'a-
vons établi au long en notre Introduction
sur le titre des successions de la Coutume
d'Orleans , *n.* 116. & suivans) dans la
distribution des dettes du défunt entre ses
héritiers, on ne considere ni l'origine ni
la cause de la dette ; & que chacun des
héritiers étant pour sa part successeur à la
personne civile du défunt, doit succéder
pour sa part à ses obligations.

449.Le second cas est celui auquel l'ouvrage n'a été commencé que depuis la
mort du locateur ; en ce cas le prix du
marché de cet ouvrage qui étoit dû lors
de la mort du défunt doit être payé en entier par le seul héritier qui a succédé à
l'héritage sur lequel l'ouvrage devoit être
fait ; car cet héritier a succédé à cet héritage tel qu'il s'est trouvé lors de l'ouverture de la succession : l'ouvrage qui a
été fait sur cet héritage , & qu'on n'a
commencé que depuis l'ouverture de la
succession , est une augmentation qu'il a

fait faire fur fon héritage en vertu du droit réfultant du marché fait par le défunt, auquel il a feul fuccédé & dont il profite feul ; puifque c'eft lui qui a fait faire l'ouvrage, c'eft à lui feul à le payer ; il ne peut y faire contribuer l'héritier aux meubles & acquêts, fous le prétexte que cet héritier fuccede pour fa part héréditaire aux obligations que le défunt avoit contractée par ce marché ; car il n'en peut être tenu que comme le défunt l'étoit : or le défunt pouvoit fe décharger de l'obligation de payer le prix de l'ouvrage, en ne le faifant pas faire ; & il n'eût été tenu en ce cas que des dommages & intérêts qu'auroit pu fouffrir le conducteur de l'inexécution du marché. Par la même raifon, l'héritier aux meubles n'ayant pas fait faire l'ouvrage, cet ouvrage étant cenfé fait de l'ordre du feul héritier aux propres, qui a feul fuccédé au droit de le faire faire, l'héritier aux acquêts n'y doit contribuer en rien.

450. Obfervez que fi le défunt de fon vant en avoit payé & avancé le prix au conducteur, l'héritier aux propres en profiteroit, & l'héritier aux acquêts n'auroit pas droit de répéter contre lui la fomme payée par le défunt pour cet ouvrage; car le défunt en la payant n'a pas pu acquérir aucun droit contre lui-même, &

il n'en est passé par conséquent aucun dans sa succession mobiliaire à son héritier aux acquêts,

451. Le troisième cas, est celui auquel l'ouvrage se seroit trouvé commencé lors de l'ouverture de la succession du loca-teur, & se seroit continué & parachevé depuis : il faut par les mêmes raisons dé-cider que l'héritier aux meubles & acquêts ne doit contribuer avec l'héritier aux pro-pres qu'au prix de ce qu'il y avoit d'ou-vrage de fait, lors de l'ouverture de la succession ; & que le prix de tout ce qui s'est fait depuis, doit être payé par l'hé-ritier seul qui succede à l'héritage.

Si le défunt avoit payé une partie du prix de son vivant ; ce qu'il a payé devroit s'imputer d'abord, sur le prix de l'ouvrage qui a été fait de son vivant.

452. Le quatrième cas, est celui auquel le marché n'a pas été exécuté ; l'héritier aux propres qui a succedé à l'héritage sur lequel l'ouvrage devoit être fait, n'ayant pas voulu qu'on le fît, ou n'ayant pas voulu qu'on le continuât, s'il avoit déja été commencé du vivant du loca-teur ; on demande en ce cas si l'héritier aux propres est fondé à demander que l'autre héritier contribue aux dommages & intérêts dûs au conducteur pour l'ine-xécution du marché ? Pour l'affirmative

on dira, que c'est le marché que le défunt a fait avec le conducteur qui donne lieu à ces dommages & intérêts ; la dette de ces dommages & intérêts résulte d'une obligation que le défunt a contracté par ce marché : or les obligations que le défunt a contracté par le marché, doivent de même que toutes ses autres obligations passer à tous ses héritiers.

L'héritier aux meubles & acquêts peut répondre à ce raisonnement ; on convient que les obligations qui naissent immédiatement du marché passent à tous les héritiers du locateur, telle qu'est l'obligation de payer le prix des ouvrages portés audit marché, qui auroient été faits en tout ou en partie du vivant du locateur ; l'héritier aux meubles, quoiqu'il ne profite pas desdits ouvrages, & que l'héritier aux propres en profite seul, doit contribuer à cette dette, parce qu'elle naît du marché immédiatement & comme de sa cause prochaine. Il n'en est pas de même des dommages & intérêts dûs dans le cas proposé pour l'inexécution du marché ; la dette de ces dommages & intérêts a bien son origine dans le marché intervenu entre le défunt & le conducteur ; elle naît en quelque façon de ce marché, ais elle n'en naît que comme d'une cause éloignée ; la cause prochaine d'où elle

naît eſt l'empêchement que l'héritier aux
propres apporte à l'exécution du marché ;
comme c'eſt lui ſeul que ce marché concerne , & que c'eſt lui ſeul qui ſuccede
aux droits actifs réſultants de ce marché ;
c'eſt lui ſeul qui peut ou en conſen-
tir ou en empêcher l'exécution : cet empêchement étant le fait de lui ſeul , la
dette des dommages & intérêts qui naît
de l'inexécution du marché , naît du fait
de lui ſeul , & doit être portée par lui
ſeul ; ou du moins ſi l'héritier aux meubles & acquêts en eſt tenu pour ſa part :
je penſe qu'il en doit être indemniſé par
l'héritier aux propres qui par ſon fait &
ſon refus d'exécuter le marché , a donné
lieu à ces dommages & intérêts.

§. I V.

Si le Contrat de louage d'ouvrage ſe réſout par la mort du Conducteur.

453. On doit ſur cette queſtion diſtinguer
deux eſpeces de cas : la premiere eſpece
de cas eſt lorſque l'ouvrage qui fait l'objet du marché , eſt un ouvrage que le
conducteur pouvoit faire par autres , auſſi
bien que par lui-même ; comme lorſque j'ai
fait marché avec un Vigneron pour cultiver ma vigne pendant une ou pluſieurs

ânnées, ou lorſque j'ai fait marché avec
un Architecte pour qu'il me bâtît une maiſon, ou lorſque j'ai fait marché avec un
Menuiſier pour qu'il me faſſe un bureau
dont je fournirois la matiere; dans tous
ces cas & dans tous les autres cas de cette
eſpece, la mort du conducteur ne réſout
pas le contrat ; ſes héritiers ſont obligés
à faire faire l'ouvrage que le conducteur
s'étoit obligé de faire, de la même maniere
que le conducteur y étoit obligé lui même ;
s'ils ne le font pas faire, l'obligation de
faire un ouvrage étant une obligation indiviſible, le demandeur peut demander
contre chacun d'eux qu'il faſſe faire l'ouvrage pour le total ; mais cet héritier aſſigné doit avoir délai pour mettre ſes cohéritiers en cauſe , & y étant mis, faute par
eux d'exécuter le marché , il ne peut
faire condamner chacun d'eux en ſes dommages & intérêts que pour la part pour
laquelle il eſt héritier : c'eſt ce que nous
avons établi en notre Traité des Obligations, *ch.* 4. *ſect.* 2. *art.* 3. §. 3.

454. Quoique les héritiers du conducteur
ſuccedent à l'obligation qu'il a contractée
de faire l'ouvrage ; néanmoins, faute par
eux de le faire faire, on peut quelquefois
ne les pas condamner auſſi rigoureuſe-
ment que l'auroit été le conducteur , qui
pouvant faire l'ouvrage qu'il s'eſt obligé
de faire, ſeroit en demeure de le faire.

par mauvaife foi & dans la vue de gagner davantage fur d'autres ouvrages que d'autres lui auroient donné à faire.

Le Juge doit même être facile à les abfoudre de leur obligation, lorfque les chofes font entieres, & que l'ouvrage n'ayant pas encore été commencé, le locateur eft à portée de trouver à le faire faire par d'autres aux mêmes conditions.

455. La feconde efpece de cas eft lorfque l'ouvrage qui fait l'objet du marché eft un ouvrage à l'égard duquel on a confidéré l'induftrie & les talens perfonnels de l'Artifte avec qui le marché a été fait, & qui ne devoit être fait que par lui : il n'eft pas douteux en ce cas que la mort du conducteur arrivée avant qu'il ait été en demeure de remplir fon obligation, réfout le marché ; l'obligation du conducteur étant en ce cas l'obligation d'un fait perfonnel à ce conducteur, elle eft éteinte par fa mort, puifque ce qui en faifoit l'objet, a par fa mort ceffé de fubfifter.

Il en feroit autrement fi le conducteur avoit été en demeure de faire l'ouvrage ; car en ce cas, fes héritiers qui n'ont pas fuccedé à l'obligation primitive, qui par fa nature *non eft ad heredem tranfitoria*, fuccedent à l'obligation fecondaire des dommages & intérêts que le

conducteur,

conducteur a contractée par sa demeure, celle-ci étant *ad heredes transitoria.*

456. La mort du conducteur qui éteint l'obligation du conducteur éteint - elle aussi celle du locateur ? Il n'est pas douteux qu'elle l'éteint, lorsqu'elle arrive avant que l'ouvrage ait été commencé.

Quid, si le conducteur est mort après avoir commencé l'ouvrage, le locateur sera-t-il obligé de payer aux héritiers du conducteur le prix de ce qu'on estimera que vaut ce qui a été fait ?

Le locateur pour s'en défendre emploie cet argument : l'ouvrage qui a fait l'objet du contrat étant quelque chose d'indivisible , l'obligation de faire cet ouvrage est une obligation indivisible , qui n'est pas susceptible de parties. Le conducteur ne peut donc *per rerum naturam*, tant qu'il n'a pas fait l'ouvrage en tier, être censé s'être acquitté aucunement & pour partie de son obligation , puisqu'elle n'est pas susceptible de parties; d'où on conclut que ni lui ni ses héritiers ne peuvent exiger aucune partie du prix, du locateur qui n'est tenu de son obligation qu'autant que le conducteur remplit la sienne.

Ce raisonnement est plus subtil qu'équitable. Pour y répondre, observez que lorsque je donne à un ouvrier un ouvrage

S

à faire, ce contrat renferme deux louages, le louage de l'ouvrage qu'on donne à faire à l'ouvrier, qui eſt le principal objet du contrat, & le louage que l'ouvrier conducteur de l'ouvrage que je lui donne à faire, me fait de ſon côté de ſon travail pour la confection de l'ouvrage : c'eſt ce qui réſulte de la Loi 22. §. 2. ff. *locat. quum loco inſulam faciendam, artifex conductor operis faciendi, locat operam ſuam.*

L'ouvrage qu'il a entrepris eſt à la vérité quelque choſe d'indiviſible ; mais ſon travail qu'il m'a loué pour faire cet ouvrage eſt quelque choſe de diviſible : ayant commencé l'ouvrage qu'il n'a pu ſans ſa faute parachever, ayant été prévenu par la mort, il m'a fourni une partie de ſon travail ; il doit donc recevoir le prix de cette partie.

§. V.

De la réſolution du Contrat de louage d'ouvrage, lorſqu'une force majeure en empêche l'exécution.

457. Il eſt évident que le contrat de louage d'un ouvrage ſe réſout, lorſqu'il ſurvient une force majeure qui en empêche l'exécution, & que l'entrepreneur

ne peut en ce cas prétendre aucuns dommages & intérêts.

Par exemple, fi j'ai fait marché avec un entrepreneur de me conftruire au printemps prochain un édifice fur un certain terrein, & que peu après j'aie été contraint par des Lettres patentes de vendre ce terrein, pour fervir d'emplacement à une place publique, il eft évident que le marché ne pouvant plus en ce cas s'exécuter, il fe réfout & eft annullé. L'entrepreneur ne peut en ce cas prétendre aucuns dommages & intérêts contre le locateur, puifque ce n'eft pas par fon fait que le marché ne s'exécute pas, mais par une force majeure dont il ne peut être refponfable : mais au moins fi l'entrepreneur avoit fait quelque dépenfe pour l'approche des matériaux ne feroit-il pas fondé à demander au locateur qu'il l'en indemnifât ? Je le penfe ; car ayant fait ces frais pour l'affaire du locateur & de fon ordre, *& tanquam ejus negotium gerens*, il paroit jufte qu'il en foit rembourfé.

****

APPENDICE
AU TRAITÉ
DU CONTRAT DE LOUAGE.

De quelques especes de Contrats reſſemblants au Contrat de Louage.

ARTICLE PREMIER.

Premiere Eſpece.

458. C'EST un Contrat de la claſſe des Contrats *do ut des*, lorſque l'une des parties contractantes s'oblige de donner à l'autre l'uſage d'une certaine choſe, pour l'uſage d'une autre choſe que l'autre partie s'oblige réciproquement envers elle de lui accorder.

Cette eſpece de contrat intervient aſſez ſouvent entre des gens de campagne : par exemple, deux pauvres Laboureurs voiſins qui n'ont chacun qu'un cheval, ne pouvant labourer leur champ avec un ſeul cheval, conviennent entr'eux que tour à tour, l'un d'eux accordera à l'autre pendant un jour, ou pendant un certain nombre de jours, l'uſage de ſon cheval, à la charge que l'autre lui accordera enfuite pendant un pareil nombre de jours l'ufage du fien.

Nous verrons 1°. à quelle efpece de Contrat ce Contrat doit fe rapporter ; 2°. quelles chofes conftituent fon effence ; 3°. nous traiterons du temps pour lequel chacune des parties accorde l'ufage de fa chofe à l'autre ; 4°. des obligations que ce Contrat renferme, & des actions qui en naiffent ; 5°. des droits que chacune des parties a par rapport à la chofe dont elle a accordé la jouiffance à l'autre, & par rapport à celle dont la jouiffance lui a été accordée ; 6°. des manieres dont fe réfout ce Contrat ; 7°. de l'efpece de tacite réconduction qui a lieu lorfque les parties continuent de jouir réciproquement, après l'expiration du temps pour lequel elles s'étoient accordé la jouiffance.

§. I.

A quelle efpece de Contrat, ce Contrat doit-il fe rapporter.

459. Ce contrat n'eft pas un contrat de focieté ; car, comme nous le verrons dans notre Traité du contrat de focieté, il eft de l'effence de ce contrat que chacune des parties mette ou s'oblige de mettre

en commun quelque chofe, ou l'ufage de quelque chofe, & qu'elles fe propofent de faire un profit en commun : mais dans l'efpece de contrat qui intervient entre ces deux Laboureurs ; chacune dès parties ne met ni ne s'oblige de mettre en commun aucune chofe ni l'ufage d'aucune chofe ; chacune des parties ne fe fait accorder l'ufage de la chofe de l'autre, que pour s'en fervir pour fes affaires particulieres, & non pour aucune affaire commune, les parties ne fe propofent point de faire aucun profit en commun.

Ce contrat n'eft pas non plus un contrat de *prêt à ufage* ; car le contrat de prêt à ufage eft du nombre des contrats bienfaifants, & il eft de fon effence que l'ufage que l'une des parties accorde de fa chofe à l'autre lui foit accordé gratuitement. Au contraire, ce contrat eft du nombre des contrats commutatifs: chacune des parties entend recevoir autant qu'elle donne ; l'ufage de fa chofe que chacune des parties accorde à l'autre, n'eft pas accordé gratuitement ; chacune des parties n'accorde l'ufage de fa chofe à l'autre, qu'à la charge que l'autre lui accordera réciproquement l'ufage de la fienne.

460. Ce contrat, quoique reffemblant

beaucoup plus au contrat de louage qu'à ceux dont nous venons de parler, n'est pas non plus un vrai contrat de louage : car il est de l'essence du contrat de louage qu'il y ait un loyer qui consiste en une ou plusieurs sommes d'argent que celui des contractants à qui l'autre accorde l'usage ou la jouissance d'une certaine chose, s'oblige de lui payer comme le prix de cette jouissance : cela ne se trouve pas dans ce contrat ; aucune des parties ne s'oblige de payer à l'autre aucune somme d'argent pour le loyer de l'usage de la chose qu'il lui accorde ; c'est l'usage de la sienne qu'il lui accorde réciproquement qui tient lieu de ce loyer.

D'ailleurs dans le contrat de louage, on distingue entre les choses qui en font l'objet, laquelle est la chose louée, & laquelle est le loyer ; la chose louée est celle dont l'une des parties accorde l'usage ou la jouissance à l'autre : le loyer est la somme d'argent que l'autre partie s'oblige de payer. On distingue aussi entre les contractans lequel est le locateur, lequel est le conducteur : au contraire, dans ce contrat on ne peut distinguer entre les choses qui en font l'objet, laquelle est la chose louée, & laquelle est le loyer. Chacune des choses dont chacun des contractans s'oblige réciproquement d'ac-

corder l'ufage à l'autre, eft tout à la fois
& la chofe louée, & le loyer de l'autre.
Pareillement, on ne peut diftinguer entre les contractants lequel eft le locateur
& lequel eft le conducteur ; chacun eft
tout à la fois en quelque façon & le locateur de la chofe dont il, accorde l'ufage
à l'autre, & le conducteur de celle dont
l'autre réciproquement lui accorde l'u-
fage.

Suivant les principes du Droit Romain, il y avoit une autre grande différence, en ce que ce contrat, de même
que les autres contrats innommés ne devenoit contrat que lorfque la convention
avoit été mife en exécution de la part
de l'une des parties, comme nous l'avons
vu en notre Traité du contrat de vente,
n. 621. au fujet du contrat d'échange ;
mais ces principes n'ont pas été reçus
dans notre Droit, & ce contrat de même
que le contrat de louage proprement
dit, reçoit fa perfection par le feul confentement des parties.

461. Si ce contrat n'eft pas le véritable
contrat de louage, à caufe des différences
ci-deffus obfervées, au moins il eft très-
reffemblant au contrat de louage ; il fe régit par les mêmes principes ; il produit les
mêmes obligations. Les actions qui en
naiffent font appellées *actio utilis ex loca-*

ʇo, & *actio utilis ex conducto*, parce qu'elles naiſſent d'obligations ſemblables à celles du véritable contrat de louage. C'eſt pourquoi on peut dire qu'il renferme un double contrat de louage improprement dit, par lequel chacun des contractans loue à l'autre ſa choſe, pour avoir l'uſage de la choſe de l'autre, lequel uſage lui tient lieu de loyer de la ſienne.

Sa reſſemblance avec le contrat de louage paroîtra de plus en plus par le détail de comparaiſon dans lequel nous entrerons par la ſuite.

§. II.

Des choſes qui ſont de l'eſſence de ce contrat.

462. Nous avons vû que trois choſes étoient de l'eſſence du véritable contrat de louage; une choſe dont l'une des parties s'oblige d'accorder la jouiſſance ou l'uſage à l'autre; un loyer convenu que l'autre s'oblige de payer pour le prix de cet uſage ou jouiſſance, & enfin le conſentement des parties. Pareillement trois choſes ſont de l'eſſence du contrat dont nous traitons : Une choſe dont je m'oblige de vous accorder la jouiſſance ou l'uſage; une autre choſe dont vous vous obligez réciproquement de m'accorder la jouiſſance ou

l'usage, pour me tenir lieu du loyer de la mienne ; comme l'usage ou la jouissance que je vous accorde de la mienne, vous tient lieu du loyer de la votre ; & enfin le consentement des parties. C'est pourquoi si les parties ont fait ce contrat dans l'ignorance que l'une des deux choses qui en devoient faire la matiere, & dont l'une des parties accordoit l'usage à l'autre n'existoit plus, le contrat est nul, & ne produit ni de part ni d'autre aucune obligation.

463. Toutes les choses, tant mobiliaires qu'immobiliaires, qui font susceptibles du contrat de louage, le font aussi de ce contrat : je peux vous donner la jouissance d'une certaine maison pour un certain temps, pour la jouissance que vous me donnerez de votre côté pendant ledit temps ou pendant un temps différent, d'une autre chose ; *putà*, d'une autre maison, d'une certaine métairie, d'un pré, d'un troupeau, ou de quelqu'autre chose. Par exemple, je peux donner à bail à un Tapissier une maison ou un magasin pour un certain temps, à la charge que pendant ce temps ou pendant un temps différent, il me fournira de meubles pour garnir la maison que j'occupe.

Vice-versâ, les choses qui ne font pas susceptibles du contrat de louage, ne le font pas de ce contrat ; & fi l'une des deux chofes qui en doivent faire la matiere, n'eft pas fufceptible du contrat de louage, le contrat eft nul. Par exemple, fi Pierre eft convenu avec Paul de prêter à Paul deux muids de bled jufqu'à la récolte, à la charge que Paul de fon côté accorderoit à Pierre pendant certain temps l'ufage de fon cheval, le contrat eft nul & ufuraire, parce que le bled eft une chofe qui fe confomme par l'ufage, & qui n'eft pas fufceptible du contrat de louage.

Pareillement, fi dans l'ignorance où nous étions qu'une chofe qui étoit par devers vous m'appartenoit en pleine proprieté, nous fommes convenus que vous m'en accorderez l'ufage, à la charge que je vous accorderois réciproquement l'ufage d'une autre chofe, le contrat eft nul, & ne produit ni de part ni d'autre aucune obligation. *Cùm rei fuæ conductio effe non poffit.*

Tout ce que nous avons dit dans notre Traité du Contrat de louage, *Part. 1. ch. 2. art. 2.* fur les chofes qui font fufceptibles ou non du contrat de louage, reçoit application au contrat dont nous traitons.

464. Ce contrat étant une efpece de double contrat de louage, de même qu'il eft de l'effence du contrat de louage qu'il

y ait un loyer ; il est de même de l'essence
de ce contrat qu'il y ait quelque chose qui
tienne lieu de loyer ; c'est pourquoi il
faut que l'intention de chacune des parties en accordant à l'autre l'usage d'une
certaine chose , soit de le lui accorder
pour lui tenir lieu du loyer de celle dont
l'autre partie lui accorde réciproquement
l'usage. Il faut que l'usage de chacune des
choses soit à peu près l'équivalent , &
soit donné comme l'équivalent de l'usage
de l'autre.

Si les parties n'ont pas eu cette intention ; si chacune d'elles s'est portée à accorder l'usage de la chose à l'autre , pour
lui faire plaisir plutôt que pour avoir l'u-
sage de la sienne ; ce n'est plus en ce cas
le contrat dont nous traitons qui est une
espece de double contrat de louage &
un contrat commutatif ; mais c'est
un prêt à usage que chacune des parties
se fait ; lequel prêt à usage est de la classe
des contrats de bienfaisance.

Nous avons observé quelque chose de
semblable à l'égard du Contrat d'échange , en notre Traité du Contrat de vente,
n. 618.

465. Enfin à l'égard du consentement
qui est de l'essence de ce contrat , pres-
que tout ce que nous avons dit à cet
égard, sur celui qui doit intervenir dans

le contrat de louage , *ch.* 11. *sect.* 3. *art.*
12. peut recevoir ici application.

§. III.

Du temps pour lequel , par ce contrat ;
chacune des parties accorde l'usage de sa
chose à l'autre.

466. Chacune des parties , par ce
contrat , accorde à l'autre l'usage de sa
chose pour un temps. Il n'est pas abso-
lument nécessaire que ce soit pour le même temps ; car si la jouissance annuelle
de la mienne, est de la valeur du double de celle de la jouissance annuelle de
la vôtre ; pour que la jouissance que vous
m'accordez soit un prix équivalent de la
jouissance de la mienne que je vous accorde
sans aucune soulte, il faut que vous me
l'accordiez pour le double du temps pour lequel je vous accorde celle de la mienne.

467. Lorsque le contrat exprime le
temps pour lequel je vous ai accordé
l'usage ou la jouissance de ma chose , sans
exprimer celui pour lequel vous m'accordez l'usage ou la jouissance de la vôtre , vous êtes censé me l'avoir accordé
pour le même temps.

Néanmoins si la chose dont vous m'a-
vez accordé la jouissance , étoit une terre

dont les fruits ne se recueillent que dans un certain temps de l'année, vous êtes censé m'en avoir accordé la jouissance au moins d'une année, quoique le temps exprimé au contrat, pour lequel je vous ai accordé la jouissance ou l'usage de la mienne soit un temps moindre. Par exemple, vers la fin de Novembre, si un Laboureur donne à un Roulier l'usage d'un de ses chevaux jusqu'au mois de Mars, pour s'en servir à faire des voitures sur le chemin de Paris, & que pour tenir lieu à ce Laboureur du loyer de son cheval, le Roulier lui donne la jouissance d'un certain quartier de vigne, il sera censé avoir accordé la jouissance d'une année de ce quartier de vigne.

468. Lorsqu'on n'a pas exprimé par le contrat ni d'une part ni de l'autre, le temps pour lequel chacune des deux parties accordoit à l'autre l'usage de sa chose, si l'une de ces choses est de celles à l'égard desquelles il est d'usage de sous-entendre un certain temps, lorsqu'on les baille à loyer ou à ferme sans expression du temps; comme lorsque l'une de ces choses est une métairie dont les terres sont distribuées en trois saisons, & dont en conséquence le bail ou ferme est censé fait pour trois ans, lorsque le temps n'est pas exprimé; en ce cas, l'usage que chacune

des parties s'eft réciproquement accordé par ce contrat fans aucune expreffion de temps, eft cenfé accordé de part & d'autre pour ledit temps de trois ans.

469. Lorfque les chofes ne font ni l'une ni l'autre de celles pour le louage defquelles l'ufage ait déterminé un certain temps, quand il n'eft pas exprimé; en ce cas lorfqu'il n'y a aucun temps exprimé par le contrat dont nous traitons, les parties font cenfées ne s'en être accordé réciproquement l'ufage, que jufqu'à ce qu'il plaife à l'une d'elles de redemander fa chofe.

Elle ne peut néanmoins la redemander que *tempore congruo*. Par exemple, fi je vous avois accordé l'ufage d'un métier à broder, pour l'ufage d'une autre chofe, & que vous euffiez commencé un ouvrage fur ce métier, je ne ferois pas recevable à demander que vous me rendiffiez incontinent ce métier; quoique j'offriffe de vous rendre la chofe dont vous m'avez de votre côté accordé l'ufage; je ferois obligé d'attendre le temps qui vous eft néceffaire pour achever cet ouvrage.

§. IV.

Des obligations que renferme ce contrat, &
des actions qui en naissent.

470. Ce contrat étant une espece de
double contrat de louage, dans lequel
chacune des parties est tout à la fois &
le locateur de la chose dont il accorde
l'usage à l'autre, & le conducteur de celle dont on lui accorde l'usage, chacun des
contractans contracte, par rapport à la
chose dont il s'oblige d'accorder l'usage
à l'autre, toutes les mêmes obligations
que contracte un locateur par le contrat
de louage ; & il contracte en même temps
par rapport à la chose dont l'usage lui est
accordé, les mêmes obligations que contracte un conducteur par le contrat de
louage.

Chacun des contractans, comme locateur de la chose dont il s'est obligé de
donner à l'autre l'usage ou la jouissance,
est donc obligé, 1°. de délivrer à l'autre
la chose dont il s'est obligé de lui accorder l'usage ou la jouissance ; 2°. de n'apporter aucun trouble à cette jouissance,
& de le garantir de ceux qui pourroient
y être apportés par d'autres ; 3°. d'entretenir la chose de telle maniere que l'au-

tre contractant en puisse jouir ; 4°. de le
garantir qu'elle n'a point certains défauts
qui l'empêcheroient d'en jouir ; 5°. de le
garantir des charges réelles qui n'ont pas
été déclarées par le contrat. L'autre partie a pour tout cela contre lui l'action *uti-*
lis ex conducto. Tout ce que nous avons
dit dans la seconde Partie du Traité du
Contrat de Louage, chap. 1. sur ces obligations & sur l'action qui en naît, reçoit
ici une entiere application.

Ce n'est pas seulement en sa qualité
de locateur que chacun des contractans
est obligé à tout ce que nous venons de
dire, par rapport à la chose dont il s'engage d'accorder à l'autre l'usage ou la
jouissance. Comme cette jouissance tient
lieu du loyer de celle dont la jouissance
lui est réciproquement accordée par l'autre
contractant, il est tenu non-seulement en
sa qualité de locateur de sa chose, mais encore en sa qualité de conducteur de celle
dont la jouissance lui est accordée, à faire
jouir de la sienne l'autre partie, & à tout
ce que nous venons de dire ; il en est
tenu, *Duplici jure & utrâque actione,*
tam ex locato quam ex conducto.

471. Outre cela, chacun des contractans est encore en sa qualité de conducteur de la chose dont on lui a accordé
l'usage ou la jouissance, tenu de toutes

les obligations dont un conducteur est
tenu par rapport à la chose qui lui est
louée ; sçavoir, d'en jouir en bon pere
de famille, & de ne la faire servir qu'aux
usages pour lesquels elle lui a été accordée ; d'apporter à sa conservation le soin
convenable, & de la rendre en bon état.
Tout ce que nous avons dit à cet égard
en notre Traité du Contrat de louage,
P. 3. *ch*. 1. *art*. 4. sur les obligations du
conducteur , peut s'appliquer à ce contrat.

472. Enfin par ce contrat chacune des
parties contracte les mêmes obligations
que la bonne foi impose au locateur & au
conducteur dans le contrat de louage ,
part. 2. *ch*. 2. *part*. 3. *ch*. 2. *art*. 1.

473. Celui qui par ce contrat a la
jouissance d'une maison ou d'un bien
de campagne, est tenu par rapport à cette
chose des mêmes charges dont sont tenus
les locataires des maisons & les fermiers
des biens de campagne, suivant ce qui
en a été dit, *part*. 3. *chap*. 2. *art*. 3.

474. Dans tous les contrats synallag-
matiques , l'une des parties ne devant pas
être reçue à demander à l'autre l'exécution de son engagement , si elle n'est
prête d'accomplir le sien ; je ne dois pas
dans l'espece de ce contrat être reçu à
vous demander la chose dont vous vous

êtes obligé de m'accorder l'ufage ou la jouiffance, qu'aux offres que je dois vous faire de vous faire jouir de la mienne. Par exemple, fi nous fommes convenus que je vous donnerai pendant un certain temps la jouiffance de ma cave, & que vous me donnerez celle de votre grenier; fi en conféquence je vous fais fommation de me donner la clef de votre grenier, & de m'en laiffer la libre jouiffance, je dois, par la fommation que je vous ferai, vous offrir la clef de ma cave, & vous en laiffer la libre jouiffance. Cela fouffre exception dans le cas auquel par la loi du contrat, vous devriez entrer en jouiffance de ma chofe plus tard que moi de la vôtre.

475. Lorfque l'ufage que nous nous fommes réciproquement accordé eft tel que nous ne pouvons pas avoir cet ufage en même temps, mais feulement tour-à-tour; comme lorfque n'ayant chacun qu'un cheval, nous nous en fommes accordés réciproquement l'ufage pour nous en fervir tour-à-tour pendant un ou plufieurs jours pour labourer; s'il eft porté par la convention que c'eft moi qui dois jouir le premier, je peux vous demander votre cheval pour m'en fervir pendant le nombre de jours convenu, aux offres que je ferai de vous donner après ce temps pendant un égal nombre de jours l'ufage du mien.

Si je ne demandois pas l'exécution de la convention, vous qui avez intérêt qu'elle soit exécutée, vous pourriez m'offrir l'usage de votre cheval, & me mettre en demeure de m'en servir ; & après l'expiration du temps que je devois en avoir le premier l'usage, à compter du jour que vous m'avez mis en demeure, vous pouvez exiger de moi que je vous donne l'usage du mien.

476. Si dans cette espece de convention il n'étoit pas dit lequel de nous deux auroit l'usage le premier, je crois que cela se devroit décider par le sort, & qu'en conséquence chacune des parties peut assigner l'autre devant le Juge pour donner assignation aux parties à certain jour & heure au Greffe ou devant un Notaire, pour être entre les parties tiré au sort laquelle des deux jouira la premiere, & en être dressé procès verbal, auquel sort il sera procédé, même en cas d'absence de l'une des parties qui seroit défaillante.

Ce n'est pas une chose inusitée dans la pratique du Droit que certaines affaires se terminent par le sort : chacun de ceux entre qui des biens sont à partager, peut après que les lots des biens qui sont à partager ont été faits, obliger ses copartageants à les tirer avec lui au sort,

477. Dans le contrat dont nous traitons la jouissance ou l'usage de la chose que je m'oblige de vous donner tenant lieu du loyer de celle dont vous vous obligez de me donner l'usage ; si par une force majeure vous cessez de pouvoir m'en faire jouir, je cesse dès-lors de vous devoir l'usage ou la jouissance de la mienne. Par exemple, si vous m'avez accordé pour trois ans l'usage de votre magasin pour l'usage d'un métier à faire bas que je vous avois accordé pour pareil temps, & qu'au bout d'un certain temps votre magasin soit incendié par le feu du ciel, je cesse dès - lors de vous devoir l'usage de mon métier, & je peux vous le redemander ; la raison est que ce contrat étant comme nous l'avons dit *suprà*, une espece de double contrat de louage, il renferme les mêmes obligations & il se régit par les mêmes principes que le véritable contrat de louage : or c'est un principe à l'égard du contrat de louage, que le locateur qui ne peut faire jouir le conducteur de la chose qu'il lui a louée, quoique ce soit par une force majeure & sans sa faute, n'en peut exiger le loyer, & est obligé de lui en faire remise, comme nous l'avons vu en notre Traité du Contrat de louage, *n.* 139. & 140. Donc dans notre espece, dès que vous

ne pouvez plus me faire jouir de votre magaſin, vous ne pouvez plus prétendre la jouiſſance de mon métier, qui tenoit lieu du loyer que je vous devois pour ce magaſin.

Si lorſque je vous redemande mon métier, il ſe trouvoit un ouvrage monté ſur ce métier, l'équité veut que je vous le laiſſe pendant le temps néceſſaire pour finir l'ouvrage, & je ne dois pas être reçu en ce cas à en exiger plutôt la reſtitution : tout ce que je peux en ce cas exiger à la rigueur, c'eſt que vous en payiez pendant ledit temps le loyer, ſuivant ce qu'il eſt d'uſage de payer dans le lieu par chacun jour pour l'uſage de ces métiers.

Pareillement ſi c'étoit une maiſon dont vous m'aviez accordé la jouiſſance pour celle de mon magaſin, quoique je n'aie plus droit de jouir de votre maiſon depuis que j'ai ceſſé de vous faire jouir de mon magaſin ; néanmoins l'humanité veut que je ne ſois pas reçu à vous déloger avant le prochain terme, à la charge par vous de m'en payer le loyer pour le temps qui ſe ſera écoulé depuis que vous avez ceſſé de jouir de mon magaſin.

478. Mais ſi vous m'aviez donné la jouiſſance d'une maiſon pour la jouiſſance d'une autre que je vous aurois donnée ;

ſi votre maiſon vient à être brûlée par le
feu du ciel, me trouvant ſans maiſon,
il me paroît que je dois être reçu, quoiqu'en ſurterme, à vous déloger de la mienne, dont vous n'avez plus droit de jouir,
puiſque vous ne me faites plus jouir de
la vôtre.

Ce cas-ci eſt différent de celui d'un
véritable bail à loyer. Lorſque je vous
ai donné ma maiſon à loyer, s'il arrive
que pendant le cours du bail, le feu du
ciel ait incendié la maiſon que j'occupe,
quoique je me trouve ſans maiſon, je ne
peux pas vous déloger en ſur-terme ; la
raiſon de différence eſt que dans ce cas-
ci l'incendie n'a pas détruit l'obligation
que j'ai contractée envers vous de vous
en faire jouir. Si la Loi Æde me permet
néanmoins en ce cas de vous en déloger
pour la venir occuper, ce n'eſt que par une
raiſon de faveur tirée du beſoin que j'en
ai, & je ne peux uſer de cette faveur
qu'avec ménagement envers vous, qui
avez pardevers vous le droit étroit ; c'eſt
pourquoi je ne peux pas vous déloger en
ſur-terme. Mais dans le cas du contrat
dont nous traitons, il en eſt bien autrement ; l'incendie de la maiſon dont vous
m'aviez accordé l'uſage ou la jouiſſance,
fait de plein droit ceſſer l'obligation que
j'ai contractée envers vous de vous faire

jouir de la mienne ; car je ne vous devois la jouissance de la mienne que pour vous tenir lieu du loyer de la vôtre : dès que par l'incendie de la vôtre vous cessez de pouvoir m'en faire jouir, je ne vous en dois plus de loyer, & par conséquent je ne vous dois plus la jouissance de la mienne. Si dans le cas auquel je me trouverois logé ailleurs, je dois attendre le terme pour vous déloger, ce n'est que par une raison de faveur, parce que je peux vous accorder cela *sine meo damno* : mais lorsque je me trouve moi-même sans maison, & que vous n'avez plus aucun droit de jouir de la mienne, je ne dois plus être tenu d'attendre le terme pour vous en déloger. Tout ce qu'on pourroit en ce cas vous accorder, c'est que si la maison étoit assez spatieuse, on pourroit vous y laisser un appartement jusqu'au prochain terme, dont vous payeriez le loyer.

479. Lorsque pour la jouissance d'une maison je vous ai donné la jouissance d'un bien de campagne, si au bout de trois mois cette maison est incendiée par le feu du ciel, je dois vous laisser la jouissance de ce bien de campagne jusqu'à la recolte ; mais n'ayant eu la jouissance de votre maison que pendant le quart d'une année, vous n'aurez que le quart de cette recolte

recolte, les frais de femences de labour
& de recolte prélevés.

480. Lorfque la jouiffance de ma chofe étant d'un plus grand prix que celle de
la vôtre, le temps réglé par le contrat,
pendant lequel je devois jouir de la vôtre, eft plus long que celui pendant lequel vous deviez jouir de la mienne; fi
par une force majeure je ceffe de vous
en faire jouir au bout d'un certain temps,
vous ne devez pas répéter de moi incontinent la chofe dont vous m'avez accordé la jouiffance; vous devez me la laiffer
pendant un temps qui foit équivalent à la
jouiffance que vous avez eu de la mienne.
Par exemple, fi notre convention étoit,
que j'aurois pendant fix ans la jouiffance
de votre métier à faire bas, pour trois années que vous auriez de jouiffance de mon
magafin, & qu'après avoir joui l'un & l'autre chacun une année, j'aie ceffé par une
force majeure de pouvoir vous faire jouir
de mon magafin, je devrai encore jouir
pendant un an de votre métier; parce
que par notre traité, trois ans de jouiffance du magafin ayant été convenus pour
l'équivalent de fix ans de jouiffance du
métier, il me faut fuivant la même proportion deux ans de jouiffance de votre
métier, pour avoir l'équivalent de l'année
de jouiffance que vous avez eu de mon
magafin.   T

481. *Quid*, dans le cas inverfe ? Par le traité je ne devois avoir que pendant trois ans la jouiffance de votre métier , pour fix ans de jouiffance que je vous accordois de mon magafin ; après avoir joui chacun pendant un an , j'ai ceffé par une force majeure de pouvoir vous faire jouir du magafin : dans cette efpece, êtes-vous fondé à répéter de moi le prix d'une partie de la jouiffance que j'ai eu de votre magafin ? Pour la négative, on dira que je n'ai pas joui induement de votre métier , puifque vous m'avez accordé cette jouiffance ; qu'il eft vrai que je m'étois obligé de mon côté de vous donner la jouiffance de mon magafin ; mais ce magafin ayant péri par une force majeure, j'ai été libéré de cette obligation, fuivant ce principe de droit , que toutes les obligations d'un corps certain s'éteignent, lorfque la chofe dûe périt par une force majeure , fans la faute du débiteur. Cet argument prouve trop ; car s'il étoit vrai que la jouiffance que j'ai eu pendant un an de votre métier m'eût été entierement dûe , parce que vous me l'aviez accordée par le contrat ; par la même raifon , celle des deux autres années qui reftent à courir du temps pour lequel vous me l'avez accordée par ce contrat, me feroit pareillement dûe : mais il eft

faux que même l'année de jouissance que j'ai eu me fût entierement dûe ; car vous ne me l'aviez accordée que pour me tenir lieu du loyer de la jouissance que vous comptiez avoir de mon magasin ; en me laissant jouir pendant un an de votre métier, vous m'avez payé d'avance le loyer de deux années de mon magasin ; n'ayant pu vous en faire jouir que pendant un an, il ne m'étoit dû pour le loyer de cette année qu'une jouissance de six mois de votre métier ; en ayant joui un an, j'ai eu une jouissance de six mois qui ne m'étoit pas dûe, que vous avez droit de répéter. Cela est conforme aux principes que nous avons établi sur le Contrat de louage, *suprà n.* 139. & 140. que le conducteur qui est empêché de jouir, quoique par force majeure, ne doit pas le loyer pour le temps qu'il n'a pas joui.

Par la même raison, lorsqu'on est convenu que chacune des parties tour-à-tour donneroit à l'autre l'usage de son cheval ; si après m'être servi le premier de votre cheval, je n'ai pu vous donner l'usage du mien, qui est mort, vous pouvez en exiger de moi le loyer ; car m'ayant accordé l'usage de votre cheval pour me tenir lieu du loyer du mien, dont vous comptiez avoir à votre tour l'usage ; dès-lors que je n'ai pu vous le donner, vous

ne m'en deviez pas le loyer ; & par conféquent l'ufage que j'ai eu du vôtre ne
m'étoit pas dû.

Il faut au refte bien examiner quelle a
été l'intention des parties contractantes.
Notre décifion n'a lieu que lorfque leur
intention a été de faire enfemble le contrat commutatif dont nous traitons. Il en
feroit autrement fi elles n'avoient eu d'autre intention que de fe faire plaifir & de
fe faire un prêt réciproque.

§. V

Des droits que chacune des parties contrac-
tantes a par rapport aux chofes dont elle
a accordé la jouiffance à l'autre partie,
ou dont la jouiffance lui a été accordée.

482. Quoique celui qui par ce contrat,
a accordé la jouiffance d'une maifon ou
d'une métairie, pour la jouiffance d'une
autre chofe qui lui a été réciproquement
accordée, foit comme le locateur de cette maifon ou de cette métairie : néanmoins
comme il n'y a ni loyers ni fermes à en
recevoir, la jouiffance de l'autre chofe
qu'il a, à la place de celle qu'il a accordée lui en tenant lieu, il ne peut avoir
les droits que les Coutumes n'accordent
aux locateurs de maifons & de métairies

que pour leurs loyers ou fermes ; c'est pourquoi il ne doit pas avoir le droit qu'ont les Seigneurs d'hôtel de faire garnir l'hôtel de meubles suffisants pour répondre d'un certain nombre de termes de loyer, ni le droit de les suivre lorsqu'ils sont déplacés, ni le droit d'exécuter sans titre exécutoire que la Coutume d'Orléans accorde pour trois termes de loyer ou de ferme. A l'égard du droit de préférence aux autres créanciers du fermier ou locataire sur les meubles qui se trouvent dans la maison ou dans la métairie, & sur les fruits qui y ont été recueillis, les locateurs d'hôtel ou de métairie ayant ce droit non-seulement pour les fermes ou loyers, mais pour toutes les obligations qui résultent du bail ; celui qui par ce contrat a donné la jouissance d'une maison ou d'une métairie en étant comme le locateur, doit avoir le même droit de préférence pour les obligations qui en résultent, *putà* pour les dommages & intérêts qui lui seroient dûs pour les dégradations faites à sa métairie. *Voyez notre Traité, p.* 4. *chap.* 1. *art.* 2.

483. A l'égard de la chose dont la jouissance a été accordée par ce contrat à chacun des contractants, chacun d'eux en étant comme le conducteur, le droit par rapport à cette chose est le même que

celui d'un conducteur : par exemple , si
c'eft une maifon ou une métairie dont la
jouiffance m'a été accordée par ce contrat , mon droit par rapport à cette maifon ou métairie eft le même que celui
d'un locataire ou fermier ; il ne confifte
pareillement que dans une créance & une
action perfonnelle que j'ai contre l'autre
contractant pour qu'il m'en faffe jouir ;
je n'ai aucun droit dans la chofe , & je
peux être expulfé par un tiers qui depuis
l'auroit acquife à titre fingulier fans qu'on
l'ait chargé de l'execution du contrat ,
de même que le peut être un fermier ou
locataire : ce que nous avons dit à cet
égard, *Part.* 4. *fect.* 2. reçoit ici application.

§. V I.

Des manieres dont fe réfout ce Contrat.

484. Le contrat dont il s'agit ici , de
même que le contrat de louage fe réfout
de plein droit pour l'avenir par l'expiration du temps pour lequel les parties fe
font réciproquement accordé l'ufage des
chofes qui en font l'objet.

Il fe réfout de plein droit , même avant
l'expiration du temps , par l'extinction
de la chofe dont l'une des parties avoit
accordé la jouiffance à l'autre , lorfque

c'eft pour le même temps ou pour un temps plus court que la jouiffance de l'autre chofe lui avoit été réciproquement accordée ; car comme nous l'avons vu *fuprà*, *n.* 477. dès que vous ne pouvez plus me faire jouir de la chofe dont vous m'avez accordé la jouiffance, je ceffe d'être tenu de vous faire jouir de la mienne. Il faut décider la même chofe non-feulement dans le cas où c'eft par la deftruction de votre chofe que vous ne pouvez m'en faire jouir, mais dans tous les cas où vous ne le pouvez de quelque maniere que ce foit.

485. De même que le locateur peut en plufieurs cas demander la réfolution du bail à loyer, pareillement dans ce contrat, l'une des parties peut en certains cas en demander la réfolution pour l'avenir ; *putà* fi vous ayant donné pour un certain temps la jouiffance d'une maifon pour la jouiffance d'une autre chofe que vous m'auriez réciproquement accordée, j'étois obligé avant l'expiration du temps, de la rebâtir pour en prévenir la ruine imminente ; ou dans le cas auquel vous en méfuferiez ; *putà* fi vous en faifiez un mauvais lieu ; & même je peux en ce cas demander des dommages & intérêts.

486. Vous ayant donné la jouiffance de ma maifon pour un certain temps pour

la jouissance de la vôtre, ou de quelqu'autre chose que vous m'avez donné réciproquement pour ledit temps, pourrois-je avant l'expiration de ce temps demander la résolution du contrat pour venir occuper moi-même cette maison dont je suis le propriétaire ? La question souffre difficulté. D'un côté on dira pour le propriétaire, que la même raison pour laquelle la Loi *Æde* permet au propriétaire, dans le cas d'un simple bail à loyer, de déloger son locataire avant l'expiration du bail, paroit se rencontrer pareillement dans le cas du contrat dont nous traitons ; cette raison est fondée sur le besoin qu'a de la maison le propriétaire pour l'occuper par lui - même, sur ce qu'on doit présumer qu'il n'eût pas voulu la louer s'il eût prévu ce besoin, & qu'en conséquence on doit sous-entendre dans le bail à loyer qu'il en a fait, une condition par laquelle il s'est tacitement réservé la faculté de résoudre le bail en indemnisant le locataire, s'il venoit à avoir besoin de sa maison pour l'occuper par lui-même : or, dira-t-on, ces raisons paroissent se rencontrer pareillement dans le contrat dont nous traitons. D'un autre côté on dira que dans l'espece du contrat dont nous traitons, lorsque je vous ai baillé la jouissance de ma maison pour un certain temps, pour celle de la vôtre que vous m'avez baillée pendant ledit temps, j'ai contracté envers vous, comme nous l'avons obfervé *fuprà*, n. 470. une double obligation de vous faire jouir de ma maifon ; j'y fuis obligé en la qualité que j'ai de locateur de ma maifon, & j'y fuis encore obligé en l'autre qualité que j'ai de conducteur de la vôtre, la jouiffance de ma maifon étant le loyer que je vous dois pour la jouiffance de la vôtre : je ne me trouve donc pas dans les termes de la Loi Æde. Cette Loi permet bien au propriétaire qui a befoin de fa maifon pour l'occuper lui-même, de réfoudre fon obligation qui réfulte du louage qu'il en a fait ; mais outre l'obligation dont je fuis tenu envers vous, qui réfulte du louage que je vous ai fait de ma maifon, & que la Loi Æde permet de réfoudre, il y a encore une autre obligation, par laquelle je fuis tenu de vous faire jouir de ma maifon ; c'eft celle qui réfulte du louage que vous m'avez fait de la vôtre, par laquelle en qualité de conducteur ou locataire de votre maifon, je fuis tenu de vous laiffer la jouiffance de la mienne que je me fuis obligé de vous donner pour le loyer de la vôtre. Si la Loi Æde a permis au propriétaire qui a befoin de fa maifon pour l'occuper, de réfoudre l'obligation dont

Tv

il eſt tenu en qualité de locateur, on ne peut pas dire de même qu'elle lui ait permis de réſoudre celle-ci : cette Loi qui eſt dans l'eſpece d'un ſimple bail à loyer, n'a pas prévu le cas d'un double contrat de louage, ni par conſéquent le cas de cette obligation. On dira peut-être que ſi la Loi *Æde* n'a pas prévu le cas de ce double contrat, elle y doit être étendue. Je réponds que cette extenſion ne doit pas être admiſe, 1°. parce que la déciſion de la Loi *Æde* eſt une déciſion qui n'eſt pas fondée ſur la raiſon naturelle, & qui eſt purement arbitraire & contraire aux principes généraux, c'eſt *jus ſingulare*, & par conſéquent non ſuſceptible d'extenſion ; 2°. parce que les extenſions d'un cas à un autre ne ſe font que par des argumens par leſquels on conclut *à majori*, *ad minus*, ou du moins *à pari* ; un argument par lequel on conclut *à minori ad majus* n'eſt pas bon ; mais ſi de ce que la Loi *æde* permet au propriétaire qui veut occuper ſa maiſon d'en déloger le locataire dans le cas du ſimple bail à loyer, par lequel il a contraſté une ſimple obligation de l'en faire jouir, on vouloit en conclure qu'elle me le permet pareillement dans le cas du double contrat de louage par lequel j'ai contraſté envers vous, non pas ſeulement une ſimple, mais une double obligation de vous faire jouir de ma maison, il est évident que ce seroit conclure *à minori ad majus*; ce qui est un mauvais argument.

§. VII.

De l'espece de tacite réconduction qui a lieu lorsque les parties ont continué de jouir des choses après l'expiration du temps pour lequel elles s'en étoient par ce contrat réciproquement accordé la jouissance.

487. De même que dans le contrat de louage lorsqu'après l'expiration du temps du bail le conducteur au vu & sçu du locateur continue de jouir de la chose qui lui a été louée, on présume qu'il est tacitement intervenu entre les parties un nouveau contrat, qu'on appelle tacite réconduction; de même dans ce contrat-ci lorsqu'après l'expiration du temps pour lequel les parties par ce contrat s'étoient accordé réciproquement l'usage de certaines choses, elles continuent de part & d'autre d'en jouir, on doit pareillement présumer une nouvelle convention tacitement intervenue entre elles, par laquelle elles se font de nouveau réciproquement accordé l'usage desdites choses; & cette nouvelle convention présu-

T vj

mée eft une efpece de double réconduction tacite.

488. Pour quel temps doit être préfumée
faite cette double tacite réconduction ?
Lorfque l'une & l'autre des chofes dont
les parties fe font réciproquement accordé la jouiffance, font de celles pour le
louage defquelles l'ufage n'a déterminé
aucun temps, tels que font les meubles,
la tacite réconduction n'eft cenfée faite
que pour autant de temps que les deux
parties voudront qu'elle dure, par les
raifons que nous avons apportées au
Traité du Contrat de louage, *n.* 371 ;
c'eft pourquoi chacune des parties peut
quand elle le voudra, faire ceffer cette
tacite réconduction, & répéter fa chofe
en offrant de rendre celle dont elle jouit ;
fauf que lorfque ce font des chofes dont
nous ne jouiffons que tour-à-tour, je ne
peux faire ceffer la tacite réconduction,
que je ne vous aie laiffé jouir de ma chofe autant de temps que j'ai joui de la
vôtre.

Lorfque l'une des chofes dont
nous nous fommes par ce contrat réciproquement accordé la jouiffance, eft
de celles pour le louage defquelles l'ufage
a déterminé un certain temps ; comme fi
à Orleans j'ai loué pour fix ans ma maifon
à un Tapiffier, à la charge que pour me

tenir lieu du loyer, il me fourniroit de
meubles pendant ledit temps pour meubler celle que j'occupe ; fi après l'expiration des fix années nous avons continué de jouir , lui de ma maifon & moi
de fes meubles , on préfume qu'il eft intervenu entre nous une double tacite réconduction dont le temps fera d'un an
non-feulement pour la maifon , mais même pour les meubles ; car il eft de la nature de la réconduction qu'elle foit cenfée
faite pour le même loyer qui eft porté au
premier contrat ; la jouiffance des meubles de ce Tapiffier qu'il m'avoit accordé pendant le temps qu'il jouiroit de ma
maifon, étoit ce qui me tenoit lieu du
loyer de ma maifon par le premier contrat : nous devons donc être cenfés tacitement convenus par la réconduction de
ma maifon pour le temps d'un an, qu'il me
laifferoit pendant ledit temps la jouiffance de fes meubles ; qui me tiendroit lieu
du loyer de ma maifon , comme la jouiffance de ma maifon lui tiendroit lieu du
loyer de fes meubles ; c'eft pourquoi il
ne peut pas pendant l'année que doit durer cette réconduction me demander
que je lui rende fes meubles , en offrant
de me rendre ma maifon , comme je ne
peux de mon côté , en offrant de lui
rendre fes meubles, ni le déloger avant

l'expiration de l'année , ni même demander qu'il me paye en argent le loyer pour le reſtant de l'année ; car ne s'étant obligé de me donner d'autre loyer que la jouiſſance de ſes meubles , en me les laiſſant , il ne peut être obligé à autre choſe.

Lorſque je vous ai donné pour un certain temps , *putà* de neuf ans , la jouiſſance d'une métairie diſtribuée en trois ſaiſons , pour la jouiſſance de quelqu'autre choſe que vous m'avez réciproquement accordé pour le même temps ; ſi après l'expiration dudit temps nous avons continué de part & d'autre de jouir , & qu'il y ait par conſéquent une double tacite réconduction , le temps de la tacite réconduction des métairies diſtribuées en trois ſaiſons étant de trois ans , il faut par les raiſons ci-deſſus déduites décider que la tacite réconduction aura lieu pour trois ans tant à l'égard de la métairie qu'à l'égard des choſes dont la jouiſſance m'a été donnée pour me tenir lieu de la jouiſſance de la métairie.

489. Lorſqu'après l'expiration du tems pour lequel je vous avois par ce contrat accordé la jouiſſance de ma choſe pour la jouiſſance d'une autre choſe , je vous ai rendu celle dont vous m'avez accordé la jouiſſance , & vous avez continué de

jouir de la mienne ; il eſt évident qu'il ne peut y avoir lieu en ce cas à la double tacite réconduction , puiſque je n'ai pas continué de jouir ; mais on doit en ce cas ſuppoſer un bail tacite que je vous ai fait de ma choſe pour le prix qui ſera réglé par experts , ſuivant les principes établis , *n.* 37. *ſur la fin* , & ce bail tacite ſera , ſuivant la nature de la choſe , cenſé fait ou pour trois ans , ſi c'eſt une métairie diſtribuée en trois ſaiſons , ou pour un autre temps ; ou ſi c'eſt un meuble , pour autant de temps que je vous en ſouffrirai jouir , & que vous en voudrez jouir.

490. Lorſque par le contrat vous m'avez accordé pour le temps de ſix ans la jouiſſance de votre maiſon , pour la jouiſſance de la mienne que je vous ai accordé pour le temps de trois ans , parce que la jouiſſance de la mienne étoit de valeur du double de celle de la vôtre ; ſi après l'expiration du temps de trois ans pour lequel je vous ai accordé la jouiſſance de ma maiſon , vous ayez continué d'en jouir à mon vu & ſçu , y a-t-il lieu à une double tacite réconduction de nos maiſons ? Non ; car la tacite réconduction étant formée par la continuation de jouiſſance après l'expiration du temps de celle d'un précédent bail , pour qu'il y ait double tacite réconduction de nos maiſons reſpectives , il faut

qu'il y ait double continuation de jouiffance refpective ; il faut que chacun de
nous ait continué de jouir de la maifon
aprés l'expiration du temps pour lequel
la jouiffance lui en avoit été donnée ; ce
qui ne fe trouve pas ici ; car fi vous avez
continué de jouir de ma maifon après l'expiration du temps pour lequel je vous en
avois baillé la jouiffance, on ne peut pas
dire de même que j'ai continué de jouir
de la vôtre après l'expiration du temps
pour lequel vous m'en avez baillé la jouiffance, puifque ce temps n'eft pas encore
fini.

Je conviens qu'ayant joui de ma maifon à mon vu & fçu depuis l'expiration
du temps de trois ans pour lequel je vous
en avois baillé la jouiffance, il y a lieu à
une tacite réconduction de ma maifon
pour un an. Mais quel en fera le loyer ?
fera-ce une fomme d'argent telle qu'elle
fera réglée par experts ? fera-ce une jouiffance de deux années· de votre maifon
que j'aurai après l'expiration des trois années qui me reftent encore à en jouir ?
J'ai trouvé les avis partagés fur cette
queftion : pour le fecond fentiment, on
difoit que les tacites réconductions font
préfumées faites pour le même loyer &
aux mêmes conditions que le premier
contrat : or ce qui me tenoit lieu du loyer

de ma maison par le premier contrat que nous avons fait enfemble, étant la jouiffance de la vôtre pendant le double du temps que vous jouiriez de la mienne, on doit préfumer que nous fommes pareillement convenus tacitement par la tacite réconduction de ma maifon, que pour le loyer de l'année de cette tacite réconduction de ma maifon, vous me bailleriez pendant deux ans la jouiffance de la vôtre. Ma réponfe eft : je conviens de ce principe que la tacite réconduction eft préfumée faite pour le même loyer & aux mêmes conditions, lorfque cela eft poffible : mais dans l'efpece préfente il ne me paroît pas poffible que la tacite réconduction de ma maifon puiffe fe faire aux mêmes conditions. La jouiffance de votre maifon qui par le premier contrat me tenoit lieu du loyer de la mienne, étoit une jouiffance dont j'entrois en poffeffion, en même temps que vous entriez en jouiffance de la mienne. Au contraire, vous ne pouvez me faire entrer en poffeffion de la jouiffance de votre maifon, que vous me donneriez pour le loyer de la tacite réconduction de la mienne, qu'après l'expiration des trois années, pendant lefquelles j'ai droit d'en jouir en vertu du premier contrat : mais peut-on dire en ce cas que les conditions de la tacite réconduction feroient les mêmes que celles du premier contrat : la jouiffance de votre maifon que vous m'avez donné par le premier contrat, pour me tenir lieu du loyer de la mienne, étoit un loyer que je commençois de percevoir dès le commencement du contrat, & que je continuois de percevoir à mefure que vous jouiffiez de ma maifon ; au lieu que le loyer de la tacite réconduction feroit un loyer, que je ne pourrois commencer de percevoir que plufieurs années après l'expiration du temps de cette réconduction. La tacite réconduction ne peut donc en ce cas fe faire aux mêmes conditions : il eft donc néceffaire d'en regler le loyer par eftimation, comme dans les cas aux-quels les parties ne fe font pas expliquées du prix.

ARTICLE II.

Seconde Efpece de Contrat.

491. C'eft une efpece de contrat de la claffe des contrats *do ut des*, lorfque l'un des contractans donne ou s'oblige de donner une chofe à l'autre contractant, pour tenir lieu de loyer d'une autre chofe que l'autre contractant s'oblige de fon côté de lui donner pour un certain temps.

Comme lorfque nous convenons enfemble que vous vous obligez de me donner un petit héritage, pour me tenir lieu du loyer de ma maifon dont je m'oblige de mon côté de vous faire jouir pendant fix ans.

Ce contrat en renferme deux : 1°. il renferme un contrat par lequel vous me vendez en quelque façon votre héritage; je dis *en quelque façon*, car ce contrat n'eft pas proprement un contrat de vente, étant de l'effence du contrat de vente que le prix confifte dans une fomme d'argent, au lieu que par ce contrat, le prix ne confifte pas dans une fomme d'argent, mais dans la jouiffance de ma maifon dont je m'oblige de vous faire jouir pour vous tenir lieu du vôtre ; mais, quoique ce contrat ne foit pas proprement *Contrat de vente*, il eft fort reffemblant à ce contrat : vous me vendez en quelque façon votre héritage ; vous contractez envers moi par rapport à cet héritage, les mêmes obligations que contracte un vendeur ; il naît de ces actions l'action *utilis ex empto* que j'ai contre vous pour que vous m'en faffiez la tradition, & pour que vous me le garantiffiez. De mon côté, je vous achete en quelque façon votre héritage ; la jouiffance de ma maifon pendant le temps convenu devant vous tenir lieu du prix ; je fuis obligé *utili actione ex vendito* , à vous faire avoir cette jouiffance.

2°. Ce contrat renferme une efpece de contrat de louage ou bail à loyer que je vous fais de ma maifon pour le temps convenu : ce n'eft pas le véritable contrat de louage ou bail à loyer, étant de l'effence du contrat de louage ou bail à loyer, que le loyer confifte en deniers , au lieu que par ce contrat , c'eft votre héritage qui me tient lieu du loyer de ma maifon ; mais fi ce contrat n'eft pas le véritable contrat de louage ou de bail à loyer, il lui eft très-reffembant ; je fuis vis-à-vis de vous comme le locateur de ma maifon ; je contracte envers vous les mêmes obligations que contracte un locateur ou bailleur ; vous avez contre moi l'action *utilis ex conducto* pour que je vous en faffe jouir, femblable à celle qu'a un locataire contre fon bailleur , & cette action concourre avec l'action *utilis ex vendito* que vous avez contre moi aux mêmes fins, comme il a été dit ci-deffus : de votre côté , vous êtes vis-à-vis de moi par rapport à ma maifon comme un locataire , vous contractés par ce contrat par rapport à ma maifon les mêmes obligations que contracte un locataire, telles que celles d'en jouir en bon pere de famille ; de veiller à fa confervation ; j'ai contre vous à cet égard l'action *utilis ex conducto*, auffi bien que pour vous obliger à me faire la tradition de votre héritage & à me le garantir, cet héritage devant par ce contrat me tenir lieu du loyer du mien ; l'action *ex conducto* que j'ai pour me le faire livrer ou garantir, concourre avec l'action *ex empto* que j'ai contre vous aux mêmes fins, comme il a été dit ci-deffus.

492. Ce contrat, fuivant les principes du Droit Romain que nous avons rapportés *fuprà, n. 460. in fin.* étoit un contrat réel, qui ne devenoit contrat que par l'exécution de la part de l'une des parties ; mais ces principes, comme nous l'avons obfervé à l'endroit cité, n'étant pas reçus dans notre Droit François, ce contrat dans notre Droit François eft de même que les contrats de vente & de louage, un contrat confenfuel, qui reçoit fon entiere perfection par le feul confentement des parties, & produit dès-lors toutes les obligations que nous venons d'expliquer.

493. Si dans l'efpece de ce contrat, votre héritage que vous m'avez promis de me donner pour me tenir lieu des loyers de ma maifon eft péri depuis le contrat, avant que je vous en aye mis en poffeffion : *putà*, fi dans une inondation il

a été emporté par la riviere dont il étoit voisin, ou s'il a été englouti dans un tremblement de terre, sur qui tombera. la perte ? Serez - vous nonobstant cela fondé à jouir de ma maison pendant le temps convenu ?

Le contrat dont nous traitons, renfermant comme nous l'avons dit, une espece de contrat de vente que vous me faites de votre héritage, la question doit se décider suivant les principes du contrat de vente ; or suivant ces principes que nous avons rapporté en notre Traité du Contrat de vente, *part.* 4. aussi - tôt que le contrat est parfait par le consentement des parties, la chose vendue devient aux risques de l'acheteur ; & si par quelque force majeure elle périt quoiqu'avant la tradition, l'acheteur en souffre la perte, & n'est pas pour cela déchargé du prix : donc dans cette espece, la perte de votre héritage qui est arrivée depuis le contrat par force majeure, doit tomber sur moi qui en suis comme l'acheteur ; & je ne suis pas pour cela déchargé de l'obligation de vous donner pendant le temps convenu la jouissance du mien ; cette jouissance en étant comme le prix.

Nec obstat, que vous étiez débiteur envers moi de votre héritage, non-seulement *quasi ex vendito*, mais *quasi ex con-*

ducto, puifque cet héritage par le contrat que nous avons fait enfemble, me tient lieu du loyer de ma maifon dont je dois vous faire jouir : car le principe que le débiteur d'un corps certain eft déchargé de fon obligation, par la perte de la chofe qui arrive par force majeure, eft un principe qui n'eft pas particulier au contrat de vente, mais qui eft général & commun à toutes les obligations d'un corps certain, de quelque contrat, & de quelque caufe que ce foit qu'elles naiffent.

Il eft vrai que dans le véritable contrat de louage ou de bail à loyer, le conducteur ou preneur ne peut pas être libéré de fon obligation de cette maniere. La raifon eft, que dans ce contrat le loyer confifte dans une certaine fomme d'argent ou dans une certaine quantité de fruits, & non dans un corps certain & déterminé. Or, le principe que l'obligation s'éteint par la perte de la chofe due, n'a lieu qu'à l'égard des obligations de corps certains, & non à l'égard des obligations d'une fomme d'argent, ou de quelque quantité comme de vin, de bled, &c. comme nous l'avons vû en notre Traité des Obligations *n.* 262. Mais dans le contrat dont il eft ici queftion, c'eft un corps certain, c'eft votre héritage qui tient lieu du loyer que vous me devez pour la jouiffance de ma

maiſon ; d'où il ſuit que vous pouvez être
liberé de ce loyer par la perte de votre
héritage arrivée depuis le contrat par force
majeure : en cela ce contrat differe du
véritable contrat de louage ou bail à
loyer.

On m'a oppoſé contre cette déciſion
la loi *fin. ff. de condict. cauſ. dat.* où il eſt
dit, que ſi je vous ai donné de l'argent
ut mihi ſtichum dares, l'eſclave étant mort
je peux répéter l'argent que je vous ai
donné. La réponſe eſt, que l'eſpece de
cette loi comme l'ont obſervé les inter-
prêtes, eſt très-différente de celle d'un
contrat de vente, & par conſéquent de
celle de notre contrat, qui eſt par rapport à votre héritage un contrat reſſem-
blant au contrat de vente. Dans l'eſpece
de la loi oppoſée : je ne vous avois donné
mon argent que ſous la condition que
vous me donneriez *ſtichus* : j'avois appoſé
cette condition à l'aliénation que j'avois
faite de mon argent ; & par conſéquent
cette condition étant défaillie par la mort
de *ſtichus*, j'ai droit de répéter *ſtichus* ;
mais dans le contrat de vente, & dans
ceux reſſemblans au contrat de vente, il
en doit être autrement, comme en convient le Juriſconſulte lui-même en la loi
oppoſée ; les obligations que les parties
contractent par ces contrats, étant des
obligations

obligations qui quoique réciproques font pures & fimples, & dont l'une ne dépend point de l'exécution de l'autre comme d'une condition.

493. Paffons à un autre cas auquel ce n'eft pas votre héritage ; mais c'eft ma maifon dont je m'étois obligé de vous faire jouir pendant fix ans, qui a été détruite par une force majeure peu après le contrat : ne pouvant plus vous en faire jouir, ferez-vous débiteur envers moi de votre héritage que vous deviez me donner pour le loyer de ma maifon ? Cette queftion fe décide fur des principes différens de ceux par lefquels nous avons décidé la précédente. Le contrat que nous avons fait enfemble, qui par rapport à votre héritage eft une efpece de contrat de vente, eft par rapport à ma maifon dont je me fuis obligé de vous faire jouir, une efpece de contrat de louage ou de bail à loyer. La queftion doit donc fe décider fuivant les principes du contrat de louage ou bail à loyer, que nous avons établis n. 139. Or fuivant ces principes, le loyer n'eft pas dû au locateur, lorfque le locataire a été empêché de jouir quoique par force majeure, & le locataire qui l'auroit payé en auroit la répétition. Donc dans notre efpece, non-feulement vous ne me

V.

devez pas votre héritage, mais si vous me l'aviez déja donné, vous en devriez avoir la répétition : car cet héritage, suivant le contrat que nous avons fait ensemble, devoit me tenir lieu du loyer de ma maison ; & n'en ayant pas joui, vous n'en devez pas de loyer.

En cela les principes du contrat de louage ou bail à loyer, font différens de ceux du contrat de vente. Dans celui-ci, comme c'est la chose vendue qui est l'objet du contrat, il suffit qu'elle ait existé lors du contrat, quoique par force majeure elle ait cessé depuis d'exister même avant la tradition, pour que le contrat ait reçu toute sa perfection, & pour qu'il ait produit toutes les obligations qui en naissent, & par conséquent celle qui oblige l'acheteur a en payer le prix. Mais dans le contrat de bail à loyer, ce n'est pas la chose, mais c'est une jouissance successive de cette chose jusqu'à la fin du bail, qui fait l'objet du contrat : donc, lorsque le conducteur est par une force majeure empêché de jouir, la jouissance dont on espéroit la future existence, qui devoit être l'objet du contrat venant à ne pas exister, le contrat comme destitué ou pour le total ou pour partie de la chose qui en devoit faire l'objet est nul, ou pour le total lorsque le locataire a été privé de toute la jouiſſance, ou pour la partie de la jouiſſance dont il a été privé; & il ne peut par conſéquent produire dans le locataire l'obligation de payer le loyer de la jouiſſance ou de la partie de jouiſſance que le locateur n'a pû lui procurer.

494. Si dans l'eſpece propoſée l'accident qui a détruit ma maiſon, & qui m'a empêché de continuer à vous en faire jouir, n'eſt arrivé qu'au bout d'un certain temps pendant lequel vous en avez joui, vous me devez le loyer pour le temps que vous en avez joui; mais vous ne devez pas être reçu à m'offrir pour ce loyer une partie de votre héritage, parce que je n'euſſe pas voulu l'acquérir pour partie; vous devez en ce cas me payer en argent une partie de ſa valeur Par exemple, ſi vous avez joui de ma maiſon pendant le temps de ſix mois ſeulement, qui eſt la douzieme partie des ſix années dont votre héritage devoit être le loyer, & que votre héritage ſoit de valeur de douze cens livres, vous me devez payer cent livres pour le loyer des ſix mois de votre jouiſſance. Pareillement, je ne ſerois pas fondé à vouloir retenir la douzieme partie de votre héritage pour le loyer des ſix mois de votre jouiſſance, je dois me contenter que vous m'en payiez le loyer en

deniers, car vous n'euffiez pas voulu me le vendre pour partie.

ARTICLE III.

Troifieme efpece.

495. C'eft une efpece de contrat de la claffe des contrats *facio ut facias* , par lequel chacun des contractants donne à l'autre un ouvrage à faire, & fe charge réciproquement d'en faire un autre pour lui.

Par exemple , un Maçon a entrepris la conftruction d'une maifon ; un Charpentier a entrepris celle d'une autre maifon ; ils conviennent enfemble que le Charpentier fera à la décharge du Maçon toute la charpente de la maifon dont le Maçon a entrepris la conftruction ; & que réciproquement le Maçon fera à la décharge du Charpentier toute la maçonnerie de la maifon dont le Charpentier a entrepris la conftruction.

Ce contrat differe du véritable contrat de louage d'ouvrage, en ce que dans celui-ci le prix doit confifter dans une fomme de deniers, au lieu que dans le contrat dont nous traitons , le prix de l'ouvrage que vous m'avez donné à faire ne confifte pas dans une fomme de deniers ; mais c'eft un autre ouvrage que vous vous chargez de faire pour moi, qui me tient lieu du prix qui m'est dû pour celui que vous m'avez donné à faire.

496. Il est de l'essence de ce contrat, qu'il y ait deux ouvrages à faire qui en soient l'objet : l'un que je vous donne à faire, & que vous vous chargez de faire ; & l'autre que vous me donnez réciproquement à faire, & que je me charge de faire.

Il faut que chacun desdits ouvrages, de même que dans le Contrat de louage, *n.* 395. & 396. soit un ouvrage *à faire*, possible & licite. Il faut pareillement que chacun desdits ouvrages soit un ouvrage dont celui qui le donne à faire fournisse à l'autre la principale matiere. Comme dans l'espece ci-dessus proposée, le Maçon qui a donné au Charpentier à faire la charpente de la maison qu'il a entrepris de construire, lui fournira le terrein & les murs sur lesquels il doit travailler, *& vice-versâ.*

Mais si un Orfévre avoit convention avec un Architecte, que l'Architecte lui construiroit un certain bâtiment, & que pour tenir lieu du prix, l'Orfévre feroit à l'Architecte certaine vaisselle d'argent, dont l'Orfévre fournira la matiere : ce ne feroit pas le contrat dont nous traitons, mais un autre contrat de la claſſe *facio ut des*, qui par rapport au bâtiment qu'on a donné à conſtruire à l'Architecte, tient du contrat de louage d'ouvrage ; mais qui par rapport à la vaiſſelle que l'Orfévre s'oblige de faire & de donner, tient du contrat de vente, *ſuprà n*. 394.

497. Le contrat dont nous traitons, contient en quelque façon un double contrat de louage d'ouvrage ; chacun des contractans eſt tout à la fois & le locateur de l'ouvrage qu'il donne à faire, & le conducteur de celui qu'il ſe charge de faire.

498. Chacun d'eux en ſa qualité de locateur de l'ouvrage qu'il a donné à faire, s'oblige par le contrat envers l'autre contractant, non à lui payer comme dans le contrat de louage aucune ſomme de deniers pour le prix de l'ouvrage, mais à faire l'ouvrage qu'il s'eſt chargé de faire, qui par ce contrat tient lieu du loyer de celui qu'il a donné à faire.

Si l'autre contractant avoit fait des augmentations à l'ouvrage qu'il lui a donné à faire, il ſeroit tenu, ſuivant les diſtinctions que nous avons faites *n*. 407. *& 408.* à lui en payer le prix tel qu'il ſeroit reglé par des arbitres.

Chacun des contractans en ſa qualité de

locateur de l'ouvrage qu'il a donné à faire, est tenu de faire ce qui dépend de lui pour mettre l'autre contractant en état de le faire, *suprà, n.* 410. & si l'ouvrage que je vous ai donné par ce contrat à faire, étoit un ouvrage que j'avois moi-même entrepris d'une autre personne qui me l'avoit donné à faire, & que cela dépendit de cette personne, je suis obligé de faire faire par cette personne ce qui dépend d'elle, pour vous mettre en état de faire l'ouvrage que je vous ai sous-baillé ; & faute par elle de le faire, je suis tenu envers vous de vos dommages & intérêts, sauf mon recours contre cette personne.

499. Chacun des contractans en même temps qu'il est le locateur de l'ouvrage qu'il a donné à faire, étant aussi le conducteur de celui qu'il s'est chargé de faire, il contracte par rapport à cet ouvrage les mêmes obligations que contracte un conducteur d'ouvrage par le contrat de louage d'ouvrage. Tout ce que nous avons dit à cet égard, *part.* 7. *ch.* 2. *sect.* 2. reçoit par rapport à lui une entiere application.

500. Chacun des ouvrages qui font l'objet de ce contrat, est même avant qu'il soit fini, aux risques de celui qui l'a donné à faire, suivant les distinctions que nous avons faites *ibidem ch.* 3. par rapport au contrat de louage.

Sur les manieres dont ce contrat peut se résoudre : voyez ce que nous avons dit *ibidem ch.* 4. à l'égard du contrat de louage d'ouvrage.

F I N.

TABLE
DES MATIERES
PAR ORDRE ALPHABETIQUE.

A

V v

C

F

G

H.

I.

L.

O.

R.

RENTE.

X

S

Fin de la Table des Matiéres.